顾问 靳诺 刘伟

中国大学生创业报告

2020 REPORT ON COLLEGE STUDENTS ENTREPRENEURSHIP
EDUCATION AND PRACTICE IN CHINA

主编　胡百精　毛基业

执行主编　田传锋　石明明　许艳芳

中国人民大学出版社
· 北京 ·

《中国大学生创业报告 2020》编委会

顾　　问：靳　诺　刘　伟
主　　编：胡百精　毛基业

执行主编：田传锋　石明明　许艳芳
编写组成员（按姓氏笔画排序）：
马志德（Majid Ghorbani）　王　强　王建英　石明明
许艳芳　李姗姗　陈　姚　罗晓娜　徐京悦　凌楚定
郭　蕊　谢莉娟

主　　办：中国人民大学
　　　　　全国普通高校毕业生新闻出版行业就业创业指导委员会
承　　办：中国人民大学创业学院
　　　　　中国人民大学商学院
协　　办：中国人民大学尤努斯社会事业与微型金融研究中心

目 录 ▶

主报告　大学生社会创业意愿与创业行为调查报告 ……………………… 1

　一、研究背景 …………………………………………………………………… 1

　二、文献分析 …………………………………………………………………… 4

　三、研究设计 …………………………………………………………………… 21

　四、在校大学生调查结果 …………………………………………………… 25

　五、社会创业大学生调查结果 ……………………………………………… 47

　六、研究结论 …………………………………………………………………… 80

　七、对策建议 …………………………………………………………………… 87

第一章　在校大学生创业调查报告 ……………………………………… 101

　一、引言 ………………………………………………………………………… 101

　二、在校大学生对创业活动的理解 ………………………………………… 104

　三、在校大学生的创业动机和创业意愿 …………………………………… 112

　四、在校大学生创业教育及其评价 ………………………………………… 126

　五、高校创业教育对在校大学生创业意愿和创业动机的影响 ………… 137

第二章　大学生自主创业者调查报告 …………………………………… 146

　一、大学生自主创业者及其创业企业概况 ………………………………… 146

　二、大学生自主创业者的创业动机分析 …………………………………… 158

　三、大学生自主创业支持及其评价 ………………………………………… 164

　四、大学生自主创业者创业绩效影响因素研究 …………………………… 174

第三章　大学生社会创业案例 …………………………………………… 195

　一、造梦公益：贫民窟的探索 ……………………………………………… 195

　二、零壹——骨的 Family，Good Family ………………………………… 205

　三、宁夏 C 公益——公益创业的选择与勇气 …………………………… 213

四、是光四季诗歌：有爱就是光 ················ 220

五、乡村笔记：走在连接城乡、消除不平等的路上 ········ 235

第四章　大学生创业支持政策 ···················· 241

一、引言 ·································· 241

二、国务院及各部委政策沿革及最新变迁 ··········· 242

三、各省份政策重点及最新变迁 ················ 261

主报告　大学生社会创业意愿与创业行为调查报告

一、研究背景

(一) 社会创业的兴起

社会创业是与传统创业不同的新型创业方式，强调用商业化的手段解决社会问题。它通过创立社会组织或社会企业为受益群体提供公共产品或服务，可以解决环保、扶贫、养老、助残、慈善救济、医疗卫生等领域存在的社会问题。这种新的创业形式，既可以像传统非营利性组织那样提供公共产品或服务，又能通过商业模式解决组织自身的可持续发展问题。

社会创业最早于 20 世纪七八十年代在西方国家出现[①]。从 20 世纪 70 年代持续到 90 年代的三次石油危机，对欧洲福利国家造成重创：经济下滑，失业率激增，财政压力巨大，国家陷入危机。在这种背景下，欧洲国家开始大刀阔斧地改革，包括去中心化、部分公共服务私有化、社会服务预算缩减，这直接导致非营利性组织的资金来源被切断。与此同时，住房、老龄化、弱势群体就业等社会问题层出不穷，社会新需求不断涌现，而政府部门没有足够的政策和精力加以有效应对和解决。因此，在这些福利国家退出的领域，或者政府不能有效应对的社会经济领域，开始出现社会创业，对这些新需求予以积极回应。同一时期，美国经济滞胀、中东石油危机等一系列事件的出现，导致美国福利体系开始紧缩、政府资金大幅缩减。

---

① 1976 年，孟加拉国著名经济学家尤努斯教授创办孟加拉乡村银行，将消除贫困、促进人们之间的公平发展作为银行发展目标。尤努斯教授的努力，也可视为社会创业的另一个开端。

为了解决政府资金退出带来的问题、实现自身的可持续发展，美国部分非营利性组织开始进行社会创业，并向社会创业型企业转型，通过从事商业性活动进行创收。到 20 世纪八九十年代，美国一些私人组织如阿育王基金会针对社会企业提供一对一咨询、种子资金、商业工具等免费服务，鼓励具有创业精神的社会企业家进行社会创新，推动社会创业在教育、环保、乡村开发、扶贫、人权、医疗保健、助残、儿童等领域的发展。与欧洲的社会创业相比，美国的社会创业与自由主义价值观和市场精神一脉相承，更多地体现出商业化特征和市场化倾向，强调社会企业家精神。因此，美国社会创业的外延更加宽泛，组织形态和发展模式相对更多元化。

总之，社会创业的出现，并不是为了替代现有的非营利性部门，而是在社会环境错综复杂的背景下，弥补政府、市场、非营利性部门力量不足、低效的空白领域，起到补充、协同作用，共同解决社会问题。社会创业是否具有生命力，取决于能否以不同于现代三大部门的创新方式解决社会问题，这种创新体现在多个层面，如在遵循社会使命基础上的创收、服务群体的细分、产品/服务的创新等。与慈善组织相比，社会创业的优势在于可持续性，这种可持续性既在于解决社会问题方式的可持续性，也在于财务的可持续性。

（二）社会创业在中国

自 1978 年改革开放后，在短短 40 多年的时间里，中国社会经历了翻天覆地的变化，实现了人类历史上罕见的跨越式发展。与此同时，贫困人口、食品安全、环境污染、弱势群体的利益保护等社会问题开始日益凸显，"看病贵""上学难""未富先老"等民生问题也愈加受到人们的关注。面对巨变的社会环境，单纯依靠以往的社会组织、慈善机构、传统企业难以有效应对。随着经济发展进入"新常态"和经济结构转型升级时代的到来，更需要新的力量和创新的方式来应对众多社会问题。社会创业作为一种新的创业形式，无疑可以成为中国创新社会治理、解决社会问题的重要载体。

早在 2000 年，社会创业的概念就进入了中国。2006 年起，英国文化教育协会启动的社会企业家技能培训项目培训了超过 3 200 名社会企业家，并与合作伙伴一起向 117 家社会企业提供了 3 700 万元人民币以支持社会创业。从那时起，中国的社会创业进入高速发展阶段[①]。近 10 多年来，社会创业在中国越来越受到人们的关注，社会企业发展迅猛，数量快速上升。中国社会企业与影响力投资论坛于 2019

---

① 中国慈展会组委会办公室. 中国慈展会社会企业认证报告（2015—2017）.（2018-06-01）［2019-03-24］. http://www.cncf.org.cn/storage/ueditor/file/2018/06/01/3edc8e87c6a869783183b546947a394c.pdf.

年 4 月发布的《中国社会企业与社会投资行业扫描调研报告 2019》估算了我国社会企业的规模：以严格的标准看，我国有 1 684 家社会企业；以非严格的标准看，我国有 175 万多家社会企业。

无疑，站在市场、政府、非营利性组织三大部门的交汇混合地带，社会创业既有市场的盈利属性，又在某种程度上代表着公共利益的诉求，而且体现出显著的公民责任精神。社会创业的发展，可以为中国社会矛盾的调和、公共服务的提供以及社会治理的实践带来更多新的可能。

(三) 本报告的研究动机

2009 年，十一届全国人大二次会议正式提出了"鼓励大学毕业生自主创业"的建议。2014 年 9 月，李克强总理在达沃斯论坛上提出了"大众创业、万众创新"的新理念，希望激发全民创业精神和创新热情，以推进我国经济发展方式的转变，实现创新驱动的发展战略，并带动社会就业。大学生作为中国社会的重要力量，是"大众创业、万众创新"的主力军，理应成为社会创业的引领者。大学生进行社会创业，既能以创业带动就业，在大学生就业方面发挥重要作用，也能在解决社会民生问题、构建社会主义和谐社会方面发挥独特作用。

在这种现实背景下，中国在校大学生是否了解社会创业？大学生社会创业现状如何？如何为大学生社会创业提供必要的教育和环境支持，以激发大学生社会创业的热情？这些都是极为重要的理论和现实问题。

尽管我国大学生社会创业于 2008 年开始受到社会关注[①]，但遗憾的是，国内外现有研究较少关注大学生这一群体。颜志刚等为了解大学生对社会企业的认知情况，在韶关学院开展了一项小范围的调查活动，发现超过一半（56.48%）的学生对社会企业的概念很模糊，大部分学生分不清楚慈善机构、社会企业、营利性企业的区别[②]。李远煦选取浙江省 29 所高校 40 个社会创业团队的学生进行了调查，发现绝大多数学生对社会创业有基本正确的认知，已经认识到社会创业与传统慈善行为的区别，但由于缺乏系统、科学的社会创业教育，他们对社会创业的了解程度并不高[③]。王博等基于对北京 10 所高校的调查发现，只有 8% 的大学生知道社会企业，而不知道社会企业的大学生高达 92%[④]。这些为数不多且相互矛盾的研究结果

---

① 最初被称为公益创业，其中具有代表性的是零点研究咨询集团推出的"大学生公益创业行动"项目，该项目旨在扶持有公益理想的大学生和大学生团队。

② 颜志刚，周海宁，范芳玲. 大学生对社会企业的认知及实践：以韶关学院为例. 韶关学院学报，2014 (9).

③ 李远煦. 社会创业大学生创业教育的新范式. 高等教育研究，2015 (3).

④ 王博，王浩杰，严煦. 当代大学生对社会企业的认知状况调查与思考. 北京农业职业学院学报，2016 (1).

表明，我们缺乏对中国当代大学生社会创业实际情况的了解和认识。

为弥补现有研究的不足，了解中国大学生社会创业的相关情况，我们首次在全国范围内开展了大学生社会创业的调查研究。通过对不同层次、不同地区、不同类型高校大学生社会创业特质、社会创业意愿、社会创业行为、社会创业生态等主题的调查，提供该领域的全国性数据。

本报告其余部分由文献分析、研究设计、在校大学生调查结果、社会创业大学生调查结果、研究结论、对策建议等构成，具体如图0-1所示。

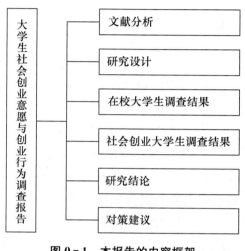

图0-1 本报告的内容框架

二、文献分析

尽管社会创业领域在20世纪八九十年代就吸引了学者们的目光，但社会创业领域真正受到学术界的关注，则是近10多年来的事情。作为社会科学的重要研究领域，学者们分别从社会学、经济学、管理学等多个角度对社会创业进行了研究。从现有研究成果看，主要是针对一般创业者进行的，针对大学生群体的研究并不多。本部分主要围绕现有社会创业的研究成果，从中梳理本报告关注的主要问题。

经过对国内外文献的检索分析，我们发现，国内外学术界对社会创业的研究主要从四个层面展开：社会创业的含义与特征、微观层面对社会创业者的研究、中观层面对社会企业的研究、宏观层面对社会创业生态的研究等（见图0-2）。

本报告围绕如图0-2所示的主题进行文献分析，为本报告研究问题的确定、调查问卷的设计及调查结果分析提供理论框架。

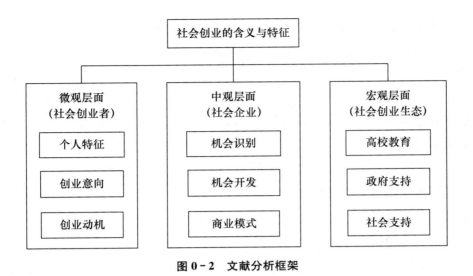

图 0-2 文献分析框架

(一) 社会创业的含义与特征

1. 社会创业的含义

由于各国的社会创业实践不同，因此不同国家的学者从不同角度对社会创业进行了研究。欧洲学术界对社会创业的研究，主要是从非营利性组织的视角展开的。美国学术界对社会创业的研究视野则要宽泛一些，既包括对创业型非营利性组织的研究，也包括对社会创业企业的研究。总的说来，目前学术界对社会创业的理解存在四种流派（见表 0-1）。

表 0-1 社会创业概念的不同流派

学派	代表人物	主要观点
EMES 学派	Borzaga 和 Defourny（2001）、Nyssens（2006）、Defourny 和 Nyssens（2011）	强调镶嵌在经济活动中的社会目标与社会企业特殊的治理结构
创收学派	Weisbrod（1998）、Dees（1998）	关注非营利性组织的商业化行为
光谱学派	Dees（1996）、Alter（2007）	强调社会创业是处于纯慈善性质的传统非营利性组织与纯营利性质的商业企业之间的连续体，这些组织兼顾社会目标与经济目标
社会企业家精神学派	Dees 和 Anderson（2006）	强调熊彼特所主张的企业家精神，认为创新是社会创业的核心要素

第一种是 EMES 学派[1]。这一学派以欧洲的社会企业为样本，强调镶嵌在经济活动中的社会目标与社会企业特殊的治理结构，这种特殊的治理结构多见于欧洲社会企业[2]。

第二种是创收学派。这一学派主要关注非营利性组织的商业化行为，强调非营利性组织利用商业活动支持它们的使命，将社会创业视为非营利性组织商业化运作的重要策略之一[3]。

第三种是光谱学派。这一学派以光谱概念理解多样化的社会创业。在光谱两端是纯营利性质的商业企业与纯慈善性质的传统非营利性组织，中间地带则是许多兼顾社会目标与经济目标的社会企业[4]。光谱学派最重要的贡献在于，强调社会创业需要满足社会与经济双重目标之特殊属性。

第四种是社会企业家精神学派。这一学派强调熊彼特所主张的企业家精神，认为创新是社会创业的核心要素，强调企业创造和维持社会价值的任务，并通过承担和不懈追求新的机会来服务于该使命。在该学派看来，社会创业是熊彼特式的社会企业家运用市场或非市场手段，通过新的理念与创意来实现社会目标与商业目标的组织。从这一角度理解社会创业，则社会创业被视为用符合企业家精神的手段解决社会问题[5]。

虽然上述学派对社会创业的理解并不完全相同，但有一些基本的要素可以提炼出来。社会创业通常应该包含以下几个要素：第一，具有明确的社会目标。社会创业以解决社会问题、实现社会目标和环境目标为组织使命，拥有强烈的社会责任感和使命感。每个社会企业都会根据自己的优势，确定自己要实现的具体社会目标、环境目标。概括起来，社会企业的社会目标主要包括满足社会特殊需要、创造就业机会、关爱特殊人群、促进环境保护、推动可持续发展等。第二，通过商业手段运作。社会企业从事明确而持续的商业交易活动，赚取利润，主要以商业交易活动的收入为基础来维持组织的生存和发展。因而，它具有较强的财务自给能力，较少依

[1] 该学派的全名是欧洲社会企业研究网络，是 1996 年由来自欧洲 15 个国家的研究者成立的研究团体，并形成了研究社会企业的独特方法。

[2] Afuah A, Tucci C. Internet business models and strategies: text and cases. New York: McGraw-Hill/Irwin, 2001; Defourny J, Nyssens M. Social enterprise in Europe: at the crossroads of market, public policies and third sector. Policy & Society, 2010, 29 (3): 231-242; Nyssens M. Social enterprise: at the crossroads of market, public policies and civil society. London and New York: Routledge, 2006.

[3] Weisbrod B A. To profit or not to profit: the commercial transformation of the nonprofit sector. Cambridge: Cambridge University Press, 1998; Dees J G. Enterprising nonprofits. Harvard Business Review, 1998, 76 (1): 54-67.

[4] Dees J G. The social enterprise spectrum: philanthropy to commerce. Boston: Harvard Business School Press, 1996; Alter K. Social enterprise typology. Virtue Ventures LLC, 2007 (3): 1-124.

[5] Dees J G, Anderson B B. Framing a theory of social entrepreneurship: building on two schools of practice and thought. an occasional paper series1, 2006 (3): 39-66.

赖外部资金支持。

有鉴于此，本报告将社会创业定义为利用商业手段解决社会问题的新型创业形式，并围绕这一定义展开研究。

2. 社会创业的特征

社会创业是一种新的创业形式，不同学者从不同角度对社会创业的特征进行了描述。Dees 认为，社会创业在以下五方面进行了社会变革：第一，社会创业的使命是创造可持续的社会价值；第二，不断寻求新的机会服务于该使命的实现；第三，社会创业是一个持续创新、不断适应于学习的过程；第四，社会创业过程中应该突破资源限制的瓶颈；第五，对员工和所服务的顾客高度负责[1]。刘振等基于过程的视角，将社会创业看作由经济视角转变到社会视角而采取的新目标与新手段之间的关系，并比较了社会创业和传统创业之间的区别（见表0-2）[2]。

表0-2　社会创业与传统创业的比较

类别	传统创业	社会创业
目标	以市场机会为前提，创业者整合资源，创造经济价值	以解决社会问题为前提，创业者整合资源，创造社会价值和经济价值
导向	利润最大化导向	社会需求导向，兼顾利润
资源	受限相对较少	受限较多，特别是在资金和人力资源方面
创业者	团队居多	个人居多
价值观	经济价值为主，兼顾社会价值	社会价值为主，但需要经济价值作为基础

这些区别主要体现在：第一，目标不同。传统创业以市场机会为前提，创业者通过整合各类资源，创造经济价值。社会创业则以解决社会问题为前提，创业者通过整合资源，既创造社会价值，也创造经济价值。第二，导向不同。传统创业以利润为导向，追求投资者的利润最大化。社会创业则以社会需求为导向，在解决社会问题的基础上，追求合理利润，以实现社会企业的财务可持续性，维持社会企业的生存和发展。第三，资源不同。传统创业在资源方面受限较少，容易获得资金和人力资源支持，面临的国家监管政策也比较稳定。社会创业在资源方面受到的限制较多，很难得到传统资本的支持，人力资源的获取也存在一定困难，在国家监管政策方面也面临着诸多不确定性。第四，创业者不同。传统创业以团队居多；社会创业则以个人为主。第五，价值观不同。传统创业以经济价值为主，兼顾社会价值；社

---

[1]　Dees J G. Enterprising nonprofits. Harvard Business Review, 1998, 76 (1): 54-67.

[2]　刘振，杨俊，张玉利. 社会创业研究：现状述评与未来趋势. 科学学与科学技术管理，2015 (6).

会创业则以社会价值为主，但需要创造经济价值作为可持续发展的基础。

社会创业的含义及特征为本报告提供了重要的概念和理论支撑。

（二）微观层面的研究——社会创业者

1. 社会创业者的创业特质

社会创业者被认为是医治社会痼疾的时代英雄[①]，他们的创业动机通常是利他的，如帮助弱势群体、解决社会问题、追求社会公正等[②]。通过对社会创业者行为特征的分析，研究者发现除了具有一般创业者所具有的行为特征，如识别和利用机会、寻求和调用资源之外[③]，社会创业者还有一些特殊的行为特征，如以创新的方式解决问题、推动社会变革等[④]。Miller 等认为，这些特殊的行为特征，主要是源于社会创业相对于一般创业的挑战性[⑤]。社会创业的挑战性主要体现在两个方面：一方面，由于社会创业活动同时创造社会价值和经济价值，因此它要求创业者将不同逻辑的关键要素融合在一起，而这些要素之间可能并不存在共同点，甚至可能存在冲突[⑥]，这就要求社会创业者以创新的方式解决问题；另一方面，社会创业活动所致力解决的社会问题，往往发生在市场缺失或者存在制度空白的地方[⑦]，这就要求社会创业者在文化、经济、监管等制度基础还不够完善的时候，推动社会变革、创造社会价值[⑧]。综合以往研究者对社会创业者行为特征的理解，Bacq 和 Janssen 认为社会创业者应当是有远见的人，他们以创造社会价值为主要目标，他们不仅能

[①] 邹爱其，焦豪. 国外社会创业研究及其对构建和谐社会的启示. 外国经济与管理，2008 (1).

[②] Gupta P, Chauhan S, Paul J, et al. Social entrepreneurship research: a review and future research agenda. Journal of Business Research，2020 (113)：209−229；Miller T L, Grimes M G, McMullen J S, et al. Venturing for others with heart and head: how compassion encourages social entrepreneurship. Academy of Management Review，2012, 37 (4)：616−640；Stephan U, Drencheva A. The person in social entrepreneurship: a systematic review of research on the social entrepreneurial personality//Ahmetoglu G, Chamorro-Premuzic T, Klinger B, et al. The Wiley handbook of entrepreneurship. Chichester: John Wiley & Sons Ltd.，2017.

[③] Frese M, Gielnik M M. The psychology of entrepreneurship. Annual Review of Organizational Psychology and Organizational Behavior，2014, 1 (1)：4552−4556.

[④] Saebi T, Foss N J, Linder S. Social entrepreneurship research: past achievements and future promises. Journal of Management，2019, 45 (1)：70−95.

[⑤] Miller T L, Grimes M G, McMullen J S, et al. Venturing for others with heart and head: how compassion encourages social entrepreneurship. Academy of Management Review，2012, 37 (4)：616−640.

[⑥] Tracey P, Phillips N, Jarvis O. Bridging institutional entrepreneurship and the creation of new organizational forms: a multilevel model. Organization Science，2011, 22 (1)：60−80.

[⑦] Austin J, Stevenson H, Wei-Skillern J. Social and commercial entrepreneurship: same, different, or both? Entrepreneurship Theory and Practice，2006, 30 (1)：1−22.

[⑧] Dacin P A, Dacin M T, Matear M. Social entrepreneurship: why we don't need a new theory and how we move forward from here. Academy of Management Perspectives，2010, 24 (3)：37−57；陈劲，王皓白. 社会创业与社会创业者的概念界定与研究视角探讨. 外国经济与管理，2007 (8).

够发现和开发机会，而且能够充分利用实现社会使命所需的资源，以创新的方式解决其所在社区没有得到适当解决的社会问题[①]。

由于社会创业者和一般创业者在行为特征上的不同，在关于社会创业的早期微观研究中，研究者们尝试通过一些个性特质来区分社会创业者和其他创业者[②]。首先，有研究基于理论建构式定性分析，指出社会创业者在心理、情感方面具有利他性。如 Miller 等提出，同情是社会创业者的根本动机，并指出同情通过整合思维、利他效益分析、利他承诺影响社会创业过程[③]；Arend 和 Renko 则认为同情的独特性不足，主张关注社会创业者的情感变化[④]。其次，有研究尝试验证社会创业者的共性特质。如 Wood 证明移情有助于创造社会价值，经验开放性有利于获取经济收益[⑤]；Yiu 等指出社会创业者早年的困苦经历有利于催生利他情感，是推动社会创业的情感因素[⑥]。这些研究很好地回应了创业者特质理论关于创业者群体共性特征不足、创业者特质间相互矛盾的缺陷与瓶颈。

2. 社会创业意愿及其影响因素

遵循微观视角下的创业研究脉络，后期学者们将心理学的一些概念引入社会创业研究中并形成了新的概念，如社会创业意愿。意愿是个体将要采取某种行为的一种早期心理表现，它为个体在较长时间内有组织地开展一系列活动提供了方向和诱因，从而提高了行为产生的可能性[⑦]。社会创业意愿则是指个体通过创业来追求社会使命的行为意向[⑧]。这是因为，和其他能够通过意愿进行预测的行为一样，社会

---

① Bacq S，Janssen F. The multiple faces of social entrepreneurship：a review of definitional issues based on geographical and thematic criteria. Entrepreneurship and Regional Development，2011，23（5）：373-403.

② Mair J，Noboa E. Social entrepreneurship：how intentions to create a social venture get formed//Mair J，Robinson J，Hockerts K. Social entrepreneurship. New York：Palgrave MacMillan，2006：121-136；刘振，杨俊，张玉利. 社会创业研究：现状述评与未来趋势. 科学学与科学技术管理，2015（6）.

③ Miller T L，Grimes M G，McMullen J S，et al. Venturing for others with heart and head：how compassion encourages social entrepreneurship. Academy of Management Review，2012，37（4）：616-640.

④ Arend R J. A heart-mind-opportunity nexus：Distinguishing social entrepreneurship for entrepreneurs. Academy of Management Review，2013，38（2）：313-315；Renko M. Early challenges of nascent social entrepreneurs. Entrepreneurship Theory and Practice，2013，37（5）：1045-1069.

⑤ Wood S. Prone to progress：using personality to identify supporters of innovative social entrepreneurship. Journal of Public Policy & Marketing，2012，31（1）：129-141.

⑥ Yiu D W，Wan W P，Ng F W，et al. Sentimental drivers of social entrepreneurship：a study of China's Guangcai（Glorious）program. Management & Organization Review，2014，10（1）：55-80.

⑦ Ajzen I. The theory of planned behavior. Organizational Behavior and Human Decision Processes，1991，50（2）：179-211；Bandura A. Social foundations of thought and action：a social cognitive theory. Englewood Cliffs，NJ：Prentice-Hall. 1986.

⑧ Bacq S，Alt E. Feeling capable and valued：a prosocial perspective on the link between empathy and social entrepreneurial intentions. Journal of Business Venturing，2018，33（3）：333-350.

创业是一种需要提前计划的行为，不是一种条件反射行为①。研究者发现，个体社会创业意愿的形成，是其实际实施社会创业行为的前提条件②。因此，研究者开始把研究问题由"谁是社会创业者"转向"个体的社会创业意愿是如何形成的"，即通过探索个体社会创业意愿的形成过程，来探究哪些因素导致人们选择进行社会创业。

参考 Frese 等③关于心理学视角下微观层面创业研究的总结框架，可以将影响社会创业意愿形成的因素分为四类：动机/情感类因素、认知类因素、人格特征、个人经历（见图 0-3）。

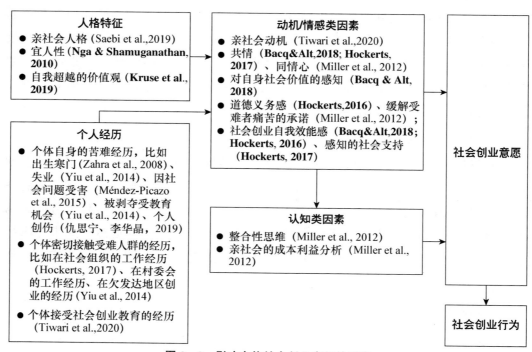

图 0-3　影响个体社会创业意愿的因素

注：加粗的部分表示该研究文献中的研究样本为大学生。

---

①　Krueger N F，Reilly M D，Carsrud A L. Competing models of entrepreneurial intentions. Journal of Business Venturing，2000，15（5-6）：411-432.

②　Bacq S，Alt E. Feeling capable and valued：a prosocial perspective on the link between empathy and social entrepreneurial intentions. Journal of Business Venturing，2018，33（3）：333-350；Hockerts K. Determinants of social entrepreneurial intentions. Entrepreneurship Theory and Practice，2017，41（1）：105-130；Kruse P，Wach D，Wegge J. What motivates social entrepreneurs？a meta-analysis on predictors of the intention to found a social enterprise. Journal of Small Business Management，2020（12）：1-32；Zaremohzzabieh Z，Ahrari S，Krauss S E，et al. Predicting social entrepreneurial intention：a meta-analytic path analysis based on the theory of planned behavior. Journal of Business Research，2019（96）：264-276.

③　Frese M，Gielnik M M. The psychology of entrepreneurship. Annual Review of Organizational Psychology and Organizational Behavior，2014，1（1）：4552-4556.

（1）动机/情感类因素。

学者们把经典的计划行为理论应用到对个体社会创业意愿前因的分析中。Mair 和 Noboa[①] 基于对计划行为理论的解读，率先推导出可能影响个体社会创业意愿的动机/情感类因素，包括同情心、道德义务感、社会创业自我效能感[②]、感知的社会支持；之后，Hockerts 通过实证研究对这四个因素的影响效应进行了检验，发现除了道德义务感之外，其他三个因素都会对个体的社会创业意愿产生影响[③]。其中，同情心这一独特的情感类因素对个体社会创业意愿的具体影响机理引起了后来的研究者的兴趣。Bacq 和 Alt 揭示了同情心影响个体社会创业意愿的两个关键机理：一方面，同情心增强了个体开展社会创业活动的信心[④]；另一方面，同情心提升了个体对自身社会价值的感知。除了同情心之外，研究者还发现，共情、亲社会动机、缓解受难者痛苦的承诺等因素也会影响个体社会创业意愿的形成[⑤]。

（2）认知类因素。

目前，仅有 Miller 等[⑥]从理论层面论述了促进个体开展社会创业活动的认知类因素，包括整合性思维、亲社会的成本收益分析。具有整合性思维的个体拒绝把问题和选择界定为"非此即彼"，他们愿意对问题采取更灵活、更全面的看法，因此，他们也更能够把经济目标和社会目标整合起来，把实现经济目标作为实现社会目标的手段[⑦]。Miller 等认为整合性思维、亲社会的成本收益分析，受到同情心这一情感类因素的影响[⑧]。

---

① Mair J，Noboa E. Social entrepreneurship：how intentions to create a social venture get formed//Mair J，Robinson J，Hockerts K. Social Entrepreneurship. New York：Palgrave MacMillan，2006：121-136.

② 社会创业自我效能感是指个体关于自我能否成功进行社会创业的认知。

③ Hockerts K. Determinants of social entrepreneurial intentions. Entrepreneurship Theory and Practice，2017，41（1）：105-130.

④ Bacq S，Alt E. Feeling capable and valued：a prosocial perspective on the link between empathy and social entrepreneurial intentions. Journal of Business Venturing，2018，33（3）：333-350.

⑤ Miller T L，Grimes M G，McMullen J S，et al. Venturing for others with heart and head：how compassion encourages social entrepreneurship. Academy of Management Review，2012，37（4）：616-640；Tiwari P，Bhat A K，Tikoria J. Mediating role of prosocial motivation in predicting social entrepreneurial intentions. Journal of Social Entrepreneurship，2020（4）：1-24；傅颖，斯晓夫，陈卉. 基于中国情境的社会创业：前沿理论与问题思考. 外国经济与管理，2017（3）；刘志阳，庄欣荷. 社会创业定量研究：文献述评与研究框架. 研究与发展管理，2015（2）.

⑥ Miller T L，Grimes M G，McMullen J S，et al. Venturing for others with heart and head：how compassion encourages social entrepreneurship. Academy of Management Review，2012，37（4）：616-640.

⑦ Miller T L，Grimes M G，McMullen J S，et al. Venturing for others with heart and head：how compassion encourages social entrepreneurship. Academy of Management Review，2012，37（4）：616-640；Tracey P，Phillips N，Jarvis O. Bridging institutional entrepreneurship and the creation of new organizational forms：a multilevel model. Organization Science，2011，22（1）：60-80.

⑧ Miller T L，Grimes M G，McMullen J S，et al. Venturing for others with heart and head：how compassion encourages social entrepreneurship. Academy of Management Review，2012，37（4）：616-640.

（3）人格特征。

影响个体社会创业意愿的人格特征因素主要包括亲社会人格、宜人性以及自我超越的价值观，这些因素往往通过影响个体的亲社会动机或者同情心，进一步影响个体的社会创业意愿。其中，亲社会人格是指个体"为他人的福利和权利考虑，关切和同情他人，并以有利于他人的方式行事的持久性倾向"[1]。研究者认为，具有亲社会人格的人通常拥有较强的同情心，从而更有可能产生社会创业意愿[2]。宜人性是大五人格中的一种，它反映了个体的友善、亲和程度。Nga 和 Shamuganathan 研究发现，宜人性有利于个体社会创业意愿的形成，因为宜人性较强的个体通常会表现出较强的同情心，从而更有可能产生社会创业意愿[3]。自我超越的价值观主要包括仁慈、普遍主义的价值观。其中，仁慈描述的是一个人注重提升、保护那些与自己熟悉的人的福利，如帮助他人、忠诚、宽容以及真正的友谊等；普遍主义则强调平等、和平等，特别指个体能够理解、欣赏、宽容他人并保护人类和自然的福祉。Kruse 等研究发现，具有自我超越价值观的个体往往愿意投入大量精力帮助他人、改善他人的生活条件，因为他们具有较强的亲社会动机，而亲社会动机有利于个体社会创业意愿的形成[4]。

（4）个人经历。

研究者发现，促进个体产生社会创业意愿的因素往往可以追溯到一些特殊的个人经历。与人格特征影响个体社会创业意愿的机制类似，个人经历往往通过影响个体的动机/情感类因素进一步影响个体的社会创业意愿。这些经历可以分为三类：第一类是个体自身的苦难经历，比如出生寒门[5]、失业[6]、因社会问题受害[7]、被剥

---

① Penner L A, Finkelstein M A. Dispositional and structural determinants of volunteerism. Journal of Personality and Social Psychology，1998（74）：525−537.

② Miller T L, Grimes M G, McMullen J S, Vogus T J. Venturing for others with heart and head：how compassion encourages social entrepreneurship. Academy of Management Review，2012，37（4）：616−640.

③ Nga J K H, Shamuganathan G. The influence of personality traits and demographic factors on social entrepreneurship start up intentions. Journal of Business Ethics，2010，95（2）：259−282.

④ Kruse P, Wach D, Costa S, et al. Values matter, don't they？ — Combining theory of planned behavior and personal values as predictors of social entrepreneurial intention. Journal of Social Entrepreneurship，2019，10（1）：55−83.

⑤ Zahra S A, Rawhouser H N, Bhawe N. Globalization of social entrepreneurship opportunities. Strategic Entrepreneurship Journal，2008，2（2）：117−131.

⑥ Yiu D W, Wan W P, Ng F W, et al. Sentimental drivers of social entrepreneurship：a study of China's Guangcai（Glorious）program. Management & Organization Review，2014，10（1）：55−80.

⑦ Méndez-Picazo M T, Ribeiro-Soriano D, Galindo-Martín M N. Drivers of social entrepreneurship. European Journal of International Management，2015，9（6）：766−779.

夺受教育机会[1]、个人创伤[2]。研究者认为有过苦难经历的个体，更容易对他人的苦难感同身受，因此他们往往具有更强的同情心[3]，从而更有可能产生社会创业意愿[4]。第二类是个体密切接触受难人群的经历，比如在社会组织的工作经历[5]、在村委会的工作经历、在欠发达地区创业的经历[6]等。研究者认为，个体密切接触受难人群的经历，会让他们更加理解受难人群的具体诉求，从而增强他们通过社会创业解决社会问题的自我效能感。个体的社会创业自我效能感越强，其社会创业意愿也越强[7]。第三类是个体接受社会创业教育的经历。Tiwari 等的研究发现，个体接受社会创业教育的经历，会通过提升个体的亲社会动机增强其社会创业意愿[8]。

综合来看，在影响个体社会创业意愿形成的微观层面因素中，人格特征和个人经历主要通过动机/情感类因素影响个体的社会创业意愿，而动机/情感类和认知类因素则会直接影响个体社会创业意愿的形成。相比影响个体社会创业意愿的动机/情感类因素，有关影响个体社会创业意愿形成的认知类因素的研究还比较缺乏。

3. 社会创业动机及其影响因素

社会创业动机是融合了创业者利他主义精神与自我价值实现愿望而产生的创业意愿，是创业者进行社会创业必备的创业特质，是进行社会创业的根本驱动力。社会创业动机既包括抽象动机，也包括具体动机。抽象动机包含必要性感知、拉引因素和推动因素。Gawell 提出了必要性感知的概念，认为必要性感知是对所感知到的需要做出的反应，如对健康生活方式的需要可以促使人们感知到有必要采取某种特

---

① Yiu D W, Wan W P, Ng F W, et al. Sentimental drivers of social entrepreneurship: a study of China's Guangcai (Glorious) program. Management & Organization Review, 2014, 10 (1): 55−80.

② 仇思宁，李华晶. 从个人创伤到社会创业：基于亲社会性的多案例研究. 研究与发展管理，2019 (5).

③ Saebi T, Foss N J, Linder S. Social entrepreneurship research: past achievements and future promises. Journal of Management, 2019, 45 (1): 70−95; Yiu D W, Wan W P, Ng F W, et al. Sentimental drivers of social entrepreneurship: a study of China's Guangcai (Glorious) program. Management & Organization Review, 2014, 10 (1): 55−80.

④ Hockerts K. Determinants of social entrepreneurial intentions. Entrepreneurship Theory and Practice, 2017, 41 (1): 105−130.

⑤ Hockerts K. Determinants of social entrepreneurial intentions. Entrepreneurship Theory and Practice, 2017, 41 (1): 105−130.

⑥ Yiu D W, Wan W P, Ng F W, et al. Sentimental drivers of social entrepreneurship: a study of China's Guangcai (Glorious) program. Management & Organization Review, 2014, 10 (1): 55−80.

⑦ Hockerts K. Determinants of social entrepreneurial intentions. Entrepreneurship Theory and Practice, 2017, 41 (1): 105−130.

⑧ Tiwari P, Bhat A K, Tikoria J. Mediating role of prosocial motivation in predicting social entrepreneurial intentions. Journal of Social Entrepreneurship, 2020 (4): 1−24.

定行动①。Yitshaki 和 Kropp 提出了拉引因素、推动因素②。其中，拉引因素指创办企业背后的原因，如能抓住机会、单独工作、掌控自己的工作等；推动因素代表推动个人走出现有工作情境的因素，如工作挫折、发展机会渺茫等。推动因素与个人或外在因素相关，拉引因素是由内在抉择驱动的自我激励。除抽象动机外，研究者还提出了不少具体动机，如想做对社会负责的事情③、渴望帮助别人④、促使社会变化⑤等。

（三）中观层面的研究——社会企业

1. 社会创业机会识别

机会识别是创业的核心内容，它不仅是创业过程的起点，而且解释了创业行为发生的动力⑥。与传统商业创业相似，社会创业也遵循如下过程：以一个可以察觉的社会机会开始，把社会机会转化成创业理念，明确并获取实施创业必需的资源，使企业发展成长并在未来实现创业目标。因此，社会创业是对传统商业创业过程的完美演绎，识别社会创业机会，是社会创业的第一步，也是最重要的一步。

所谓社会创业机会，就是解决社会问题、创造社会价值的机会，这可能源于一个明显的或不太明显的社会问题，还有可能源于某种未被满足的社会需求。传统创业以利润最大化为前提，而社会创业以社会价值为使命，以商业化运营为手段，这种手段与目的的关系，使社会创业机会属性存在独特性。识别社会创业机会的显著目的是解决社会问题或创造社会价值，因此，社会创业机会与商业创业机会不同。具体而言，Austin 等认为，商业创业倾向于关注突破性的新需求，而社会创业往往注重通过创新的方式更有效地服务于基本和长期的需求⑦。对于一个商业企业家来说，一个创业机会必须有较大的或持续增长的总市场规模，行业必须具有结构上的

---

① Gawell M. Social entrepreneurship-innovative challengers or adjustable followers? Social Enterprise Journal, 2013, 9 (2): 321-358.

② Yitshaki R, Kropp F. Motivations and opportunity recognition of social entrepreneurs. Journal of Small Business Management, 2016, 54 (2): 546-565.

③ Christopoulos D C, Vogl S. The motivation of social entrepreneurs: the roles, agendas and relations of altruistic economic actors. Journal of Social Entrepreneurship, 2014, 6 (1): 213-254.

④ Germak A J, Robinson J A. Exploring the motivation of nascent social entrepreneurs. Journal of Social Entrepreneurship, 2013, 5 (1): 5-21.

⑤ Christopoulos D C, Vogl S. The motivation of social entrepreneurs: the roles, agendas and relations of altruistic economic actors. Journal of Social Entrepreneurship, 2014, 6 (1): 213-254.

⑥ Doherty B, Haugh H, Lyon F. Social enterprises as hybrid organizations: a review and research agenda. International Journal of Management Reviews, 2014, 16 (4): 417-436.

⑦ Austin J, Stevenson H, Wei-Skillern J. Social and commercial entrepreneurship: same, different, or both? Entrepreneurship Theory and Practice, 2006, 30 (1): 1-22.

吸引力。对于一个社会企业家来说，一种公认的社会需求或市场失灵，通常可保证一个足够大的市场规模。Zahra 等提出了社会创业机会的五个关键特征：普及性、相关性、紧迫性、可获得性以及创新性[①]。普及性是指人类社会需求的普遍存在，这是导致社会创业机会存在的主要原因；相关性是指创业者的背景和价值观、拥有的技能和资源与机会相匹配；紧迫性是指企业家对不可预测的事件反应迅速和及时；可获得性是指对利用传统福利机制解决社会问题所面临的困难的感知程度；创新性是指社会企业有别于传统公益组织，为解决一个特定的社会问题，必须进行重大创新和社会变革。这五个特征也区分了社会创业机会与商业创业机会。

Alvare 和 Barney 把社会创业机会来源分为机会发现与机会创造，认为机会创造偏向于拼凑逻辑，而机会发现偏向于理性逻辑[②]。此外，识别社会创业机会需要创业者的特殊才能，其中之一是创业警觉。创业警觉是指创业者对外界环境的变化或新出现的机会的敏感性[③]。Tang 等的研究表明，创业警觉不仅能使社会创业者意识到亟待解决的社会问题，而且能促使其发现解决问题的方法，从而对社会创业机会识别产生积极作用[④]。

2. 社会创业机会开发

社会创业机会开发是创业者利用已识别的创业机会，结合现有资源建立企业或其他组织，并通过运营创业企业或其他组织为社会提供产品和服务、解决社会问题、实现价值创造的过程。目前，社会创业机会开发研究主要包括三个主题。一是创业所需资源的种类。资源是影响社会创业机会开发的最重要的因素，丰富的资源能帮助创业者抓住机会进行社会创业，支持组织实现社会与经济两方面的可持续性，进而提高社会创业产生的社会影响力。社会企业主要依赖三种基本类型的资源：财务资源、人力资源、社会资源。二是资源可得性和创新性使用。资源的稀缺性是社会创业和传统商业创业都必须面对的困境，所以能否冲破资源束缚、获取异质性资源往往决定着社会创业的成败。现有文献认为，资源拼凑、资源优化是解决资源稀缺性和创业资源需求这一对矛盾的有效途径[⑤]。其中，资源拼凑被定义为利

---

①　Zahra S A, Rawhouser H N, Bhawe N. Globalization of social entrepreneurship opportunities. Strategic Entrepreneurship Journal，2008，2（2）：117-131.

②　Alvarez S A, Barney J B. Entrepreneurial opportunities and poverty alleviation. Entrepreneurship Theory and Practice，2014，38（1）：159-184.

③　Kirzner. Perception, Opportunity, and Profit. Chicago：University of Chicago Press，1979.

④　Tang J, Kacmar K M, Busenitz L. Entrepreneurial alertness in the pursuit of new opportunities. Journal of Business Venturing，2010，27（1）：77-94.

⑤　Desa G, Basu S. Optimization or bricolage? Overcoming resource constraints in global social entrepreneurship. Strategic Entrepreneurship Journal，2013，7（1）：26-49.

用现有手头资源创造新产品或服务，它能在资源匮乏的情况下，对现有资源进行重新配置和转换，实现"从无到有"。资源拼凑对社会创业有着独特作用。此外，社会创业往往面临着制度缺失的问题，资源拼凑则能打破常规，在缺乏制度支持的情况下进行创业。资源优化不同于资源拼凑，它是指在创业企业对目标有清晰的想法，并知道需要哪些资源才能达到目标的情况下，搜寻这些资源并用市场价格获得它们。三是合法性构建。合法性来自文化一致性，在证明社会价值和获取资源方面很重要。社会企业家想要达成的社会变革，通常会面临制度上的抵制，因为社会企业家在解决社会问题的过程中运用的创新手法并不为人所熟知。因此，获取合法性是社会创业成功的关键因素。关于社会创业者如何获取社会创业合法性，现有研究指出，利益相关者参与、跨部门合作等都是获取合法性可以采取的策略[①]。

3. 社会企业的商业模式

尽管商业模式是一个重要的概念，但学术界未能就商业模式的定义达成共识。原磊认为，商业模式的定义可以分为经济类、运营类、战略类和整合类，而且上述四者之间存在一个渐进的演变过程[②]。经济类定义强调，商业模式的本质是企业创造价值的方式，需要说明企业如何在特定价值链或价值网络中向客户提供产品和服务，并从中获取利润[③]。运营类定义认为，商业模式是企业内部的整体运营模式和运营结构，涉及企业内部流程和基础架构如何创造价值[④]。战略类定义认为，企业的商业模式是企业对可能具有的不同发展方向和战略布局的全面考察，包括企业的目标客户群、市场定位、企业组织行为模式、企业竞争优势、核心资源以及可持续发展等。整合类定义认为，商业模式是一个概念工具，它包括三个要素，即价值主张、价值建构、盈利模式。价值主张主要描述一家公司为客户及成员创造的价值；价值建构主要描述如何提供产品和服务，即如何创造价值，这一命题包括价值链、核心能力、合作伙伴，以及将产品与服务送达客户的配送渠道和与客户交流的沟通渠道；盈利模式描述收入的来源和基于价值架构的企业成本结构。商业模式的定义虽各有不同，但都凸显出商业模式的两个特性：第一，商业模式注重描述企业运作的整体性和系统性；第二，商业模式至少包括价值创造与价值获取两种机制。商业模式将价值创造与价值获取有机地结合起来，形成价值创造和价值获取两种机制在

---

① 刘志阳. 公益创投应成为社会创业主要融资方式. 光明日报，2016-11-24.

② 原磊. 商业模式体系重构. 中国工业经济，2007（6）.

③ Afuah A，Tucci C. Internet business models and strategies：text and cases. New York：McGraw-Hill/Irwin，2001.

④ Timmers P. Business models for electronic markets. Journal of Electronic Markets，1998（8）：3-8.

企业内部的平衡。

与传统企业的商业模式相比，对社会企业商业模式的研究仍处于起步阶段，其大多借鉴传统企业的商业模式。严中华等通过案例研究指出，社会企业的商业模式应该保持其经济价值创造和社会价值创造双重底线和平衡，不是单纯依靠某一个要素或某些要素，而是要实现所有这些要素的完美结合①。曾涛以与社会企业进行各种价值交换的对象和交换方式作为商业模式结构的主要内容，提出了"商业模式的结构要素模型"，并将其表示为直观的三角体系统模型②。三角体的四个面代表社会企业主体和与其进行各种价值交换的对象，三角体内部构成了价值交换空间，社会企业与利益相关者在其中进行着价值创造和交换。这个动态过程可以解构为价值对象、价值主张、价值实现方式、内部构造、资源配置和价值潜力这六个要素，它们构成了三角体的六条棱，其具体表现和相互关系共同构成了商业模式复杂的内部结构。

综合上述文献研究，本报告将社会企业商业模式定义为：社会创业组织在解决社会问题的前提下，通过整合组织内外部资源，明确组织自身和利益相关者的交互关系，建立相应的流程与路径所形成的创造社会与经济双重价值的动态系统，主要包括价值创造、价值获取等要素，具体包括商业模式选择、定价策略、收入来源、盈亏情况等。

(四) 宏观层面的研究——社会创业生态

国内外关于创业生态的研究文献比较丰富。Gartner 从个人特征、组织、过程、环境等四个维度描述了新企业创建框架，指出创业生态是由资源的可获得性、周边大学和科研机构、政府干预、人们的创业态度等因素组成的③。Gnyawali 和 Fogel 认为，创业生态是创业过程中社会经济条件、创业和管理技能、政府政策和规章、创业资金支持、创业非资金支持等多种因素的有机结合④。蔡莉等在分析 Gartner 等学者观点的基础上，指出创业生态是在企业创建的整个过程中，对创业产生影响的一系列外部因素及其组成的有机整体，包括政策法规环境、科技环境、市场环

① 严中华，姜雪，林海. 社会创业组织商业模式要素组合分析：以印度 Aravind 眼科医院为例. 科技管理研究，2011（21）.
② 曾涛. 企业商业模式研究. 成都：西南财经大学，2008.
③ Gartner W B. A conceptual framework for describing the phenomenon of new venture creation. Academy of Management Review，1985（10）：696-706.
④ Gnyawali D R, Fogel D S. Environments for entrepreneurship development：key dimensions and research implications. Entrepreneurship Theory and Practice，1994（4）：43-62.

境、融资环境、文化环境、人才环境[①]。汪忠等将创业生态的概念运用到社会创业领域，指出社会创业生态是由社会企业赖以存在和发展的创业生态环境所构成的彼此依存、相互影响、共同发展的动态平衡系统[②]。

本报告认为，Gnyawali 和 Fogel 提出的五维度创业环境模型比较详尽地描述了创业环境。与其他创业环境模型比较起来，五维度模型的构成机制更具科学性。为此，本报告借鉴 Gnyawali 和 Fogel 的五维度创业环境模型，将社会创业生态分为高校教育（社会创业和管理技能）、政府支持（政策和规章）、社会支持（创业资金支持、非资金支持、社会经济条件）三类，并分别进行文献分析。

1. 高校教育

高校教育能够为社会创业者提供创业和管理技能。在过去 20 多年的时间里，社会创业成为美国教育界的显学，出现在顶尖商学院和行政学院中，这些学院争相研究和开设相关课程。美国哈佛大学和斯坦福大学等著名学府在 MBA 专业中开设了社会创业课程，成立了以社会创业为主题的研究中心；哈佛商学院 2004 年 9 月开始招收第一批"社会创业"博士生；哥伦比亚大学和纽约大学斯坦恩商学院开设与社会创业相关的课程已有数年。在我国，湖南大学于 2004 年起开设社会创业课程，并出版了相关教材，是国内高校社会创业教育领域的先行者。之后，北京大学、清华大学、上海交通大学、中国人民大学等高校陆续开设了社会创业领域的课程，并提供各种创业活动实践支持。

刘蕾、邓逸雯从社会创业教育的环境基础（背景评价）、资源配置（输入评价）、过程行动（过程评价）、成果绩效（成果评价）四个方面构建了高校社会创业教育评价指标体系[③]。通过对我国十所高校社会创业教育现状进行剖析，他们发现：高校所在城市的社会创业氛围较好，但教育理论研究和创业技术研发有待加强；高校创业教育资源丰富，创业过程支持体系完善，但对社会创业的针对性教育有待深化；教育成果逐步显现，但典型性和示范性项目有待深入挖掘。他们建议，高校可以通过以下方式提升社会创业教育质量：建立支持体系，打造动态开放的生态系统；优化资源配置，加大对社会创业项目的支持力度；坚持过程管理，构建多层次立体化的教育体系；嵌入"立德树人"的价值取向，提升社会创业教育的综合价值。

---

① 蔡莉，崔启国，史琳. 创业环境研究框架. 吉林大学社会科学学报，2007 (1).
② 汪忠，吴倩，胡兰. 基于 DEA 方法的社会企业双重绩效评价研究. 中国地质大学学报，2013 (4).
③ 刘蕾，邓逸雯. 高校公益创业教育：评价指标体系构建与现状分析. 高等教育管理，2020 (1).

2. 政府支持

政府部门是社会企业形成与发展的外在推手。现有研究发现，政府可以通过购买服务、设立公益孵化器、公益创投、资金扶持等方式，积极支持社会企业的发展，为社会企业提供资源。政府购买不仅能拓宽社会创业产品的需求市场，而且能部分解决社会企业在发展初期的资金瓶颈问题。此外，政府还能在税收、创新等方面提供扶持政策与财政资助①。

曾建国以北京、上海、长沙三地大学生作为调查样本，研究发现，这三个城市在社会创业环境指标五个维度的评价中，得分最低的指标是政府政策和规章，说明这三个城市的政府政策和规章是大学生社会创业者进行社会创业的重要障碍②。王博等的研究也发现，近年来，我国政府对公益组织、大学生创新创业等都给予了一定的政策扶持，对社会资源分配有一定的良性引导作用，但由于缺乏实质性、大力度的创新性扶持，社会企业始终没有得到各方的有效关注，依然在夹缝中生存③。此外，政府没有给非营利性组织和社会企业留出明晰的空间，并没有相关的法律对其合法性进行保障，加剧了其发展困境。

3. 社会支持

（1）资金支持。

社会企业除了可与商业企业一样在资本市场上进行融资以外，还可因其公益性特征而获得政府补助、社会捐赠等。近年来，社会投资正成为社会企业发展的主要投资者。社会投资的主体是跨部门、多元化的，包括基金会、银行、政府、多边投资机构、公益创投机构等。社会投资的投资方式也是多种多样的，包括资助与赠予、公益创投、债权、社区发展金融、信贷联盟、社会投资基金、股权投资等多种形式。社会投资中最重要的种类是公益创投。公益创投起源于20世纪90年代中期的美国，同时被引入英国并迅速扩散至整个欧洲大陆。公益创投是借鉴商业创业投资的运行机制，对社会目标组织给予持续的金融支持并参与其管理的社会资本形态。相较于慈善投资和商业创投，它既追求社会价值最大化，也考虑一定的财务回报。公益创投对于解决社会目标组织发展过程中的社会难题具有显著作用，已经成为市场化解决社会问题的新兴融资工具。与传统商业创投一样，公益创投能够为社

① 王世强. 社会企业在全球兴起的理论解释及比较分析. 南京航空航天大学学报（社科版），2012（3）.
② 曾建国. 大学生社会创业环境比较分析：基于北京、上海、长沙三城市的实证研究. 继续教育研究，2014（6）.
③ 王博，王浩杰，严煦. 当代大学生对社会企业的认知状况调查与思考. 北京农业职业学院学报，2016（1）.

会企业提供战略咨询、公司治理、财务预算、运营管理和网络构建等一系列管理支持，其与被投资的社会企业之间往往会建立起一种管家关系，而这种管家角色会促使它们参与到被投资企业的成长过程中，并会在必要的时候实施矫正措施[①]。

（2）非资金支持。

在非资金支持方面，社会企业支持机构发挥着重要作用。所谓社会企业支持机构指间接为社会企业提供各种服务的机构，包括社会投资中介服务组织、社会企业孵化服务机构及社会企业网络培育组织等，它们共同构成影响社会企业发展的支持服务体系，为社会企业提供传播、能力建设、孵化、创业空间、融资服务、资源对接、认证、社群运营、论坛等服务。其中，社会投资中介服务组织在社会投资的供求双方之间发挥中介作用，为社会企业提供金融投资、专业技能、创新指导、绩效评估、社会网络等多方面的服务；社会企业孵化服务机构为初创期的社会企业提供发展必需的商业运营知识与技能，服务形式包括商业咨询、技能培训、启动经费、信息平台、社会网络资源等；社会企业网络培育组织的活动领域包括倡导和教育公众、推广社会企业最佳经验、促成跨部门合作与沟通、开展相关研究等方面[②]。据统计，我国现有 30～40 家社会创业非资金支持机构[③]。

王博等则从媒体的角度对创业非资金支持进行了讨论。他们认为，媒体等第三方宣传不力，在大学生创业、公益创投等新兴术语都被媒体热炒的同时，社会企业鲜被提及[④]。在传媒数字化的时代，由于社会企业创业者自身和媒体界人士对此概念认识不够深入，而相关领域专家学者又大多停留在书斋研究的层面，导致没有向社会公众很好地介绍这一概念。当有相关领域的事件发生时，媒体和公众也大多聚焦在其公益层面上，社会企业的模式并没有获得足够的关注。

（3）社会经济条件。

社会经济条件直接或间接影响创业环境中创业资金支持、创业非资金支持、政府政策和规章、创业和管理技能，因此它是社会创业环境中最基本的因素。社会经济条件由两个方面构成：地区经济状况和特点、社会对创业及创业者的态度。社会经济条件影响社会创业资金支持的力度。一个地区经济状况越好，所在地区的财政和居民收入也越高，相对而言，投入社会创业领域的资金也越多，社会创业者获得

① 辛传海. 公益风险投资：社会企业融资的有效途径. 中央财经大学学报，2011（12）；刘志阳. 公益创投应成为社会创业主要融资方式. 光明日报，2016-11-24；刘志阳，邱舒敏. 公益创业投资的发展与运行：欧洲经验与中国启示. 经济社会体制比较，2014（2）.

② 汪忠，吴倩，胡兰. 基于 DEA 方法的社会企业双重绩效评价研究. 中国地质大学学报，2013（4）.

③ 邓国胜. 社会企业的发展需要耐心资本和中间平台. 公益时报，2019-12-04.

④ 王博，王浩杰，严煦. 当代大学生对社会企业的认知状况调查与思考. 北京农业职业学院学报，2016（1）.

资金支持也越容易。社会经济条件还影响社会创业非资金支持的力度。如果某个区域内社会对社会创业行为持认可态度，那么，社会对社会创业者及其创业行为在非资金支持方面的力度将会增大。

曾建国以北京、上海、长沙三地大学生作为调查样本，研究发现，这三个城市在社会创业环境指标五个维度的评价中，得分最高的都是社会经济条件，说明这三个城市都具备了支持与鼓励大学生社会创业最基本的有利条件[①]。

三、研究设计

(一) 研究内容

围绕社会创业这一主题，我们将大学生群体分为未创业的在校大学生（简称"在校大学生"）、社会创业大学生两类，针对他们各自的特点设计研究问题。

针对在校大学生，主报告主要从微观、宏观两个层面进行研究（见图 0-4）。在微观层面，主要研究在校大学生的社会创业认知、社会创业特质、社会创业意愿及社会人口特征；在宏观层面，主要研究高校社会创业教育现状。此外，我们还研究了在校大学生的社会创业特质、社会人口特征和高校社会创业教育对在校大学生社会创业意愿的影响。

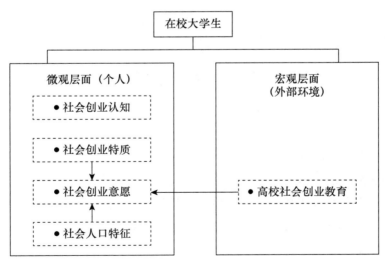

图 0-4　在校大学生的研究框架

---

① 曾建国. 大学生社会创业环境比较分析：基于北京、上海、长沙三城市的实证研究. 继续教育研究，2014（6）.

针对社会创业大学生，主报告主要从微观、中观、宏观三个方面展开研究（见图0-5）。微观层面主要分析社会创业大学生的社会人口特征、社会创业认知、社会创业特质，并与普通创业大学生进行比较，旨在捕捉社会创业大学生的群体图像；中观层面主要研究社会创业大学生在社会创业机会识别、社会创业机会开发、商业模式、经营状况等方面的表现，细致描述整个社会创业过程，为大学生创办的社会企业画像；宏观层面主要分析大学生社会创业所处的社会创业生态等，刻画大学生进行社会创业所面临的外部环境，如高校社会创业教育、政府支持、社会支持等，为大学生创办社会企业的外部生态环境画像。此外，本报告还分析了微观层面因素（社会人口特征、社会创业特质）、宏观层面因素（高校社会创业教育）对大学生社会创业行为的影响。

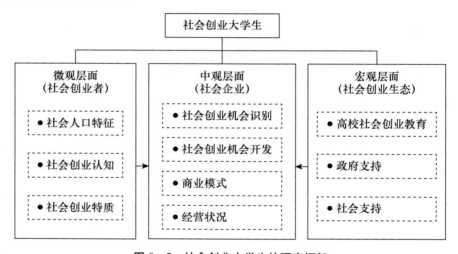

图0-5　社会创业大学生的研究框架

（二）研究方法

主报告采用问卷调查法。问卷调查法是目前国内外社会调查中广泛使用的一种方法，其中问卷是指为统计和调查所用的以提问的方式表述问题的表格。一般来说，问卷较之访谈更为详细、完整，更易于控制。问卷调查法的主要优点在于标准化和成本低，因为问卷是通过几轮反复验证设计好的工具，所以问卷设计符合规范化要求并可以进行量化分析。

（三）问卷设计

我们在文献分析和研究问题的基础上，通过和专家多次讨论，针对在校大学生、社会创业大学生的各自特点，分别设计了调查问卷。

1. 在校大学生问卷

在校大学生填写的问卷内容包括三部分：基本信息、基础问卷、社会创业问卷。其中，基本信息主要采集在校大学生的社会人口因素信息，如性别、年龄、所在年级、专业、学校、学习成绩、家庭收入水平、父母学历等；基础问卷主要采集与创业相关的信息，如职业发展状况、创业意愿、创业动机、创业教育感知等；社会创业问卷主要采集与社会创业相关的信息，如对社会创业的认知、社会创业意愿、社会创业大学生的个人特征、社会创业教育感知等。

2. 社会创业大学生问卷

社会创业大学生填写的问卷内容同样包括三部分：基本信息、基础问卷、社会创业问卷。其中，基本信息与在校大学生相似，主要采集创业者社会人口因素信息，如性别、年龄、学历、专业、学校、学习成绩、家庭收入水平、父母学历等；基础问卷主要采集与创业相关的信息，如创业动机、商业模式选择、资金来源、经营状况、创业成功与失败要素等；社会创业问卷主要采集与社会创业相关的信息，如对社会创业的认知、社会创业大学生的个人特征、社会创业机会识别、社会创业机会开发、商业模式选择、经营状况等。

在正式调查研究前，先由专家对问卷进行填写，以检验量表的信度，合格后进行正式调研。

(四) 问卷发放

本次问卷的发放对象为全国普通高等学校的大学生。根据高校层次，将全国高校分为双一流高校、普通本科院校以及高职院校，同时以各层次高校数量在全国高校数量中的占比为基础，综合考虑学校类型（人文社科类院校、理工科院校）、学校地域分布、学生水平等因素，随机选取了30所高校，其中双一流高校5所，普通本科院校15所，高职院校10所，涵盖了综合型大学、人文社科类院校、理工科院校。高校分布于全国各地区，由于东南沿海等发达地区创业氛围相对更浓厚，因此该地区样本占比较高。30所高校的具体名单如表0-3所示。

表0-3　样本学校

双一流高校	普通本科院校	高职院校
中国人民大学（154）	南京林业大学（119）	辽宁农业职业技术学院（117）
武汉大学（116）	成都中医药大学（118）	苏州职业大学（117）

续表

双一流高校	普通本科院校	高职院校
同济大学（116）	天津工业大学（117）	台州职业技术学院（117）
重庆大学（118）	河北财经大学（120）	贵州航天职业技术学院（116）
东北大学（115）	宁波大学（118）	广东水利电力职业技术学院（116）
	广州中医药大学（117）	西宁城市职业技术学院（117）
	北京邮电大学（118）	潍坊职业学院（120）
	长春工业大学（119）	广西交通职业技术学院（117）
	安徽师范大学（117）	郑州电力高等专科学校（116）
	福州大学（118）	新疆建设职业技术学院（118）
	昆明理工大学（117）	
	湘潭大学（119）	
	宁夏大学（118）	
	南昌航空大学（118）	
	西北工业大学（120）	

注：表中括号内为各高校受调查者人数。

（五）问卷回收

本调查对所选择的 30 所高校的样本，运用线上自填式问卷调研法进行调研。问卷的发放者主要为被调研学校的学生，我们通过各种全国性或地区性高校学生联盟、各类大学生俱乐部等平台联系并确定每个学校的问卷负责人。为保证有效样本数量，更准确地刻画社会创业大学生的画像，在问卷调查过程中，我们积极联系各高校的创业社团、创业学院等创业群体聚集平台有针对性地发放问卷，使更多有社会创业实践的大学生参与本次问卷调查。其余大学生样本均为校内随机抽取，问卷由被调查者自行填写提交。

问卷调查起止日期为 2020 年 11 月 10 日至 12 月 9 日。调查结束后，有效样本回收情况如下：在校大学生样本为 2 637 人，其中，来自双一流高校的样本为 431 人，占 16.34%，来自普通本科院校的样本为 1 308 人，占 49.61%，来自高职院校的样本为 898 人，占 34.05%；创业者样本为 926 人，其中，来自双一流高校的样本为 209 人，占 22.57%，来自普通本科院校的样本为 449 人，占 48.49%，来自高职院校的样本为 268 人，占 28.94%。全部 926 名创业者样本中，社会创业大学生样本数为 305 人，约占 1/3。

四、在校大学生调查结果

(一) 样本的基本情况

1. 女性大学生的比例略高于男性

在全部 2 637 名在校大学生样本中，男性受调查者占 47.48%，女性受调查者占 52.52% (见图 0-6)。这表明，此次调查的在校大学生样本中，女性大学生的比例略高于男性大学生。

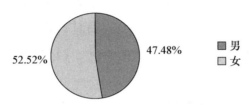

图 0-6　在校大学生样本性别分布

2. 样本年龄比较集中，介于 18 岁至 25 岁之间

本次调查问卷显示，受调查者年龄跨度较大，从 18 岁至 40 岁，其中绝大部分 (92.04%) 受调查者的年龄为 18～25 岁 (见图 0-7)。这说明，受调查的大学生年龄段比较集中。

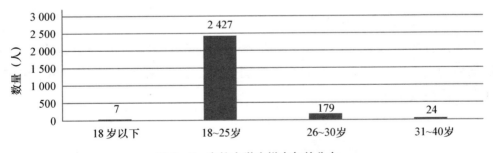

图 0-7　在校大学生样本年龄分布

3. 主要来自自然科学、商科两个专业

在调查样本的专业分布中，自然科学所占比例最高 (57.79%)，商科所占比例次之 (24.42%)，社会科学所占比例仅为 17.18%，如图 0-8 所示。这说明，接受本次调查的大学生主要来自自然科学、商科两个专业。

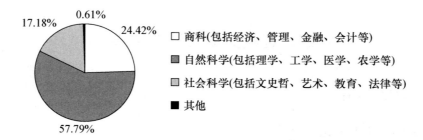

图 0-8　在校大学生样本专业分布

4. 主要是本科生、高职生

从学历分布来看，大约一半受调查者是本科生（49.07%），约 1/3 的受调查者是高职生（34.05%），硕士生、博士生较少（合计占比 16.88%），如图 0-9 所示。这说明，本次的调查对象主要是本科生、高职生，这与高校各学历的人数比例分布情况基本相同[①]。

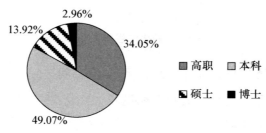

图 0-9　在校大学生样本学历分布

5. 以非双一流高校学生为主体

在受调查的样本中，大部分受调查者（83.66%）来自非双一流高校；来自双一流高校的大学生（16.34%）较少（见图 0-10）。这说明，本次调查中受调查者以非双一流高校学生为主体。

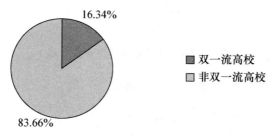

图 0-10　在校大学生样本就读高校层次分布

---

① 根据 2019 年国家统计局公布的教育数据，全国大学生中博士生占比 1.3%，硕士生占比 7.4%，本科生占比 52.8%，高职生占比 38.6%。

6. 多数受调查的大学生学习成绩在中等以上

受调查者中，学习成绩位于 20%～前 40% 的样本数量最多（38.91%）；学习成绩位于前 20%、40%～前 60% 的样本数量相近（分别为 26.92%、25.98%），三者合计为 91.81%（见图 0-11）。这说明，多数受调查者的学习成绩在中等以上。

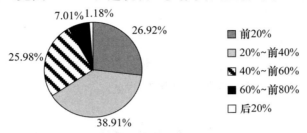

图 0-11 在校大学生样本学习成绩分布

(二) 在校大学生的社会创业认知

社会创业认知是指大学生对社会创业的含义及特征的理解。为此，主报告从大学生是否了解社会创业、如何理解社会创业的内涵及特征、社会创业成功观等维度，考察在校大学生对社会创业的认知情况。

总体上看，大部分在校大学生对社会创业有比较清晰的了解和认知，但仍需加大对社会创业的宣传、教育力度。具体调查结果如下。

1. 多数在校大学生了解社会创业

我们设计了五个选项调查在校大学生对社会创业的了解情况，这五个选项分别为完全不了解、基本上不了解、不确定、基本了解、完全了解。调查结果表明，超过一半的在校大学生对社会创业这一新的创业形式表示完全了解（10.21%）或基本了解（42.13%），只有近 1/5 的受调查者表示基本不了解（18.52%）或完全不了解（1.03%）社会创业，近 1/3 的同学表示不确定是否真正了解社会创业（28.11%）（见图 0-12）。这表明，多数在校大学生了解社会创业，但不了解社会创业的大学生比例也不算低，值得重点关注。

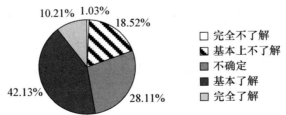

图 0-12 在校大学生对社会创业的了解情况

2. 在校大学生倾向于将社会创业理解为一项事业

本调查从四个维度测量在校大学生对社会创业内涵的理解。在对每个维度计算平均值后，发现在校大学生在"开创一项新事业以解决社会问题"（4.02）、"开发一项新产品或服务以解决社会问题"（3.97）两个选项上得分较高，而在"开展一项冒险性活动以解决社会问题"（3.84）、"开办一家新公司以解决社会问题"（3.83）两个选项上得分较低（见图0-13）。这表明，在校大学生在对社会创业内涵的理解上，更愿意将社会创业视为一项新事业，更加关注提供的产品和服务，而对社会创业的形式以及冒险特征的关注相对不足。

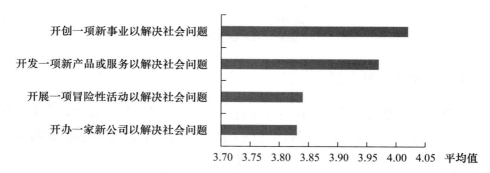

图0-13 在校大学生对社会创业内涵的理解

注：为了调查大学生对社会创业内涵的了解情况，我们设计了四个维度的调查题目，采用 Likert 5 点量表，每个维度设置五个选项，从"完全不同意"到"完全同意"，依次赋值1到5。

3. 在校大学生对社会创业动机这一维度的理解分歧较大

本调查从创业机会、创业目标、创业动机三个维度考察在校大学生对社会创业特征的理解。就创业机会而言，近3/4的在校大学生（73.08％）认为，商业创业机会通常源于待解决的市场问题或者待满足的市场需求，而社会创业机会通常源于待解决的社会问题或者待满足的社会需求；就创业目标而言，近2/3在校大学生（65.76％）认为，商业创业以创造经济价值为主要目标，社会创业以创造社会价值为主要目标；就创业动机而言，超过一半的在校大学生（60.14％）认为，进行商业创业的动机通常以利己为主导，而进行社会创业的动机则以利他为主导（见图0-14）。这表明，在校大学生能够从社会创业机会、社会创业目标、社会创业动机三个维度理解社会创业的特征，但相对而言，对社会创业动机的理解分歧较大。

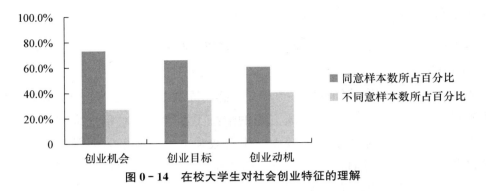

图 0 - 14　在校大学生对社会创业特征的理解

4. 在校大学生更注重从所解决的社会问题的种类和解决结果层面来理解社会创业成功与否

本调查从三个维度测量在校大学生对社会创业成功观的理解。在对每个维度计算平均值后发现，在校大学生在"解决社会上的任何问题，就算成功"（4.08）、"不管严不严重，解决的社会问题越多，就越成功"（4.02）这两个选项上的得分较高，而在"解决的社会问题越严重，就越成功"（3.80）这一选项上的得分较低（见图 0 - 15）。这说明，在校大学生更注重从所解决的社会问题的种类和解决结果层面理解社会创业成功与否，对所解决的社会问题的本质性差异关注偏少，这可能与他们缺少社会体验、缺少对社会问题的深层次感知有关。

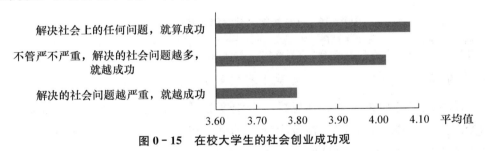

图 0 - 15　在校大学生的社会创业成功观

注：为了调查大学生对社会创业成功观的了解情况，我们设计了三个维度的调查题目，采用 Likert5 点量表，每个维度设置五个选项，从"完全不同意"到"完全同意"，依次赋值 1 到 5。

(三) 在校大学生的社会创业特质

社会创业特质是指社会创业者的个人特征，如同情心、整合性思维、亲社会人格等，这些特质可能会激发在校大学生的创业意愿、创业行为。按照前面文献分析中的框架，主报告从情感类因素、认知类因素、人格特征、个人经历等方面考察在校大学生的社会创业特质。

总的看来，无论从情感类因素、认知类因素、人格特征还是个人经历来看，在校大学生都具有较好的社会创业特质。具体调查结果如下。

1. 从情感类因素看，在校大学生有较强的社会创业自我效能感、道德义务感、同情心

本调查从社会问题感知程度、道德义务感、同情心、社会创业自我效能感四个维度测量在校大学生社会创业特质方面的情感类因素。在对每个维度计算平均值后，发现在情感类因素方面，在校大学生有较强的社会创业自我效能感（5.55）、道德义务感（5.54）、同情心（5.52）；相对而言，社会问题感知程度较低（4.94）（见图0-16）。这表明，无论从自信心、道德、同情心方面看，在校大学生都具有较好的社会创业特质，但在校大学生的社会问题感知程度较低，会在一定程度上影响大学生对社会创业机会的识别。

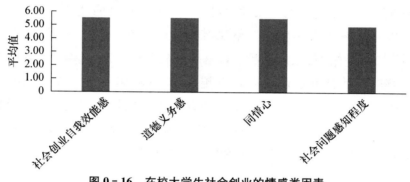

图 0-16　在校大学生社会创业的情感类因素

注：为了调查大学生社会创业的情感类因素，我们设计了四个维度的调查题目，采用 Likert7 点量表，每个维度设置七个选项，从"强烈不同意"到"强烈同意"，依次赋值1到7。

2. 从认知类因素看，在校大学生有较好的整合性思维、创业思维

本调查从创业思维、整合性思维两个维度测量在校大学生社会创业特质方面的认知类因素。调查结果表明，在校大学生的创业思维（5.51）、整合性思维（5.55）的平均值都高于中位值4（见图0-17）。这说明，在校大学生有较好的整合性思维、创业思维，具备进行社会创业的认知特征。

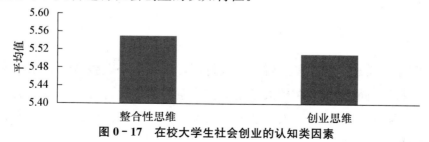

图 0-17　在校大学生社会创业的认知类因素

注：为了调查大学生社会创业的认知类因素，我们设计了两个维度的调查题目，采用 Likert7 点量表，每个维度设置七个选项，从"强烈不同意"到"强烈同意"，依次赋值1到7。

3. 从人格特征看，在校大学生有很强的亲社会人格、自我超越的价值观

本调查从亲社会人格、自我超越的价值观两个维度测量在校大学生社会创业特质方面的人格特征。在校大学生的亲社会人格（5.59）、自我超越的价值观（5.52）的平均值都高于中位值4（见图0-18）。这说明，在校大学生有很强的亲社会人格、自我超越的价值观，具备进行社会创业的人格特征。

图0-18　在校大学生社会创业的人格特征

注：为了调查大学生的人格特征，我们设计了两个维度的调查题目，采用Likert7点量表，每个维度设置七个选项，从"强烈不同意"到"强烈同意"，依次赋值1到7。

4. 从个人经历看，在校大学生有较丰富的社会组织工作经历和较好的社会经济地位

本调查从社会经济地位、社会组织工作经历两个维度测量在校大学生社会创业特质方面的个人经历。调查结果表明，在校大学生社会组织工作经历的平均值为5.53，社会经济地位的平均值为5.37，远高于中位值4（见图0-19）。这说明，在校大学生普遍有较丰富的社会组织工作经历、较好的社会经济地位，具备进行社会创业的个人经历特征。

图0-19　在校大学生的个人经历

注：为了调查大学生的个人经历，我们设计了两个维度的调查题目，采用Likert7点量表，每个维度设置七个选项，从"强烈不同意"到"强烈同意"，依次赋值1到7。

（四）在校大学生的社会创业意愿及其影响因素

1. 在校大学生社会创业意愿的描述性分析

社会创业意愿是指大学生进行社会创业的心理倾向性，如是否愿意进行社会创

业及意愿的强烈程度等。本调查用五个选项描述大学生的社会创业意愿，这五个选项分别是可能有、不确定、可能没有、肯定有、肯定没有。在调查样本中，近一半的在校大学生（49.86%）表示肯定有或可能有社会创业意愿；只有不到1/3的在校大学生（28.40%）表示肯定没有或可能没有社会创业意愿（见图0-20）。这说明，大多数在校大学生有较为强烈的社会创业意愿，而社会创业意愿不强的大学生比例不高，从一个侧面反映了当今大学生进行社会创业的积极心态。

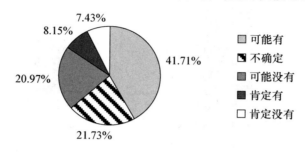

图 0-20 在校大学生的社会创业意愿

2. 社会人口因素对在校大学生社会创业意愿的影响

已有研究表明，社会人口因素会对社会创业者的创业意愿产生影响。那么，社会人口因素是否会对在校大学生的社会创业意愿产生影响及产生何种影响？主报告以社会创业意愿为因变量，以问卷第一部分中的社会人口因素为自变量，分别采用分组比较、回归分析的方法进行研究。

（1）分组比较。

分组比较的优势是简单、直观。利用分组比较发现，社会人口因素中，年龄、学制、家庭收入水平等因素可能会对在校大学生的社会创业意愿产生影响，其他因素如性别、专业、学历、户口、所在年级、就读高校层次、成绩、父母创业经历等因素的影响不明显。具体调查结果如下[①]。

1）年龄介于26岁与30岁之间的大学生社会创业意愿更强。

从年龄层面看，26～30岁的在校大学生中，接近2/3的人（59.78%）肯定有或可能有社会创业意愿，表明这个年龄段的在校大学生社会创业意愿最强；在18～25岁的在校大学生中，大约一半的人（49.36%）肯定有或可能有社会创业意愿，表明这个年龄段的在校大学生社会创业意愿次之；18岁以下、31～40岁的在校大学生社会创业意愿相对较弱（见表0-4）。卡方检验结果（$\chi^2=33.6571$，$P<0.01$）也证明了这一结论。上述调查结果表明，年龄会对社会创业意愿产生影响。

---

① 本报告只展示对大学生社会创业意愿有影响的社会人口因素的调查结果。

相对而言，年龄较小或年龄较大的大学生，社会创业意愿都比较低。这可能是因为年龄较小的大学生，社会经验、人生阅历尚不丰富，对社会问题的感知程度较弱；而年龄偏大的大学生，则面临家庭经济等压力，不喜欢承担社会创业风险。

表0-4　年龄对在校大学生社会创业意愿强度的影响　　（%）

年龄	肯定有/可能有	不确定	可能没有/肯定没有	合计
26～30 岁	59.78	18.99	21.23	100.00
18～25 岁	49.36	21.88	28.76	100.00
31～40 岁	33.33	20.83	45.83	100.00
18 岁以下	28.57	42.86	28.58	100.00

2）非全日制的在校大学生社会创业意愿更强。

就学制而言，非全日制大学生中，将近 2/3 的人（64.91%）表示肯定有或可能有社会创业意愿，而全日制大学生中，只有不到 1/2 的人（49.53%）表示肯定有或可能有社会创业意愿（见表0-5）。卡方检验结果（$\chi^2=13.4335$，$P<0.01$）也证明了这一结论。这说明，非全日制大学生的社会创业意愿比全日制大学生强烈，这可能是因为非全日制大学生就业压力较大的缘故。

表0-5　学制对在校大学生社会创业意愿强度的影响　　（%）

学制	肯定有/可能有	不确定	可能没有/肯定没有	合计
非全日制	64.91	26.32	8.77	100.00
全日制	49.53	21.63	28.84	100.00

3）在校大学生的家庭收入水平与社会创业意愿正相关。

从家庭收入层面看，家庭收入在中上水平的大学生中，超过一半的人（61.36%）表示肯定有或可能有社会创业意愿；家庭收入在高收入水平的大学生中，也有超过一半的人（57.33%）表示肯定有或可能有社会创业意愿。与此相反，低收入水平家庭的大学生中，只有不到一半的人（41.86%）表示肯定有或者可能有社会创业意愿；中下收入水平家庭的大学生中，只有略超 1/3 的人（36.72%）表示肯定有或者可能有社会创业意愿（见表0-6）。卡方检验结果（$\chi^2=101.4333$，$P<0.01$）也证明了这一结论。这说明，在校大学生的家庭收入水平与社会创业意愿正相关，这可能是因为家庭收入水平较高的大学生，可以较容易地解决创业资金问题，而且面对的生活压力较小，有更强的抗风险能力，从而更愿意投入社会创业活动中。

表 0-6 家庭收入水平对在校大学生社会创业意愿强度的影响 （%）

家庭收入水平	肯定有/可能有	不确定	可能没有/肯定没有	合计
中上	61.36	15.66	22.98	100.00
高	57.33	14.67	28.00	100.00
中等	47.28	23.67	29.05	100.00
低	41.86	26.74	31.40	100.00
中下	36.72	27.08	36.20	100.00

（2）回归分析。

分组讨论的缺陷是无法估计各个影响因素的显著性。为了弥补上述缺陷，主报告以社会创业意愿为因变量，以问卷第一部分中的社会人口因素为自变量，做 Ordered-Logit 回归检验。结合 2020 年问卷数据和现有文献，我们建立如下模型：

$$Y_i = \beta_1 Personal_i + \beta_2 Family_i$$

其中 Y 为被解释变量，表示在校大学生的社会创业意愿。社会创业意愿变量采用 Likert 5 分法进行衡量，由低到高分别赋值 1 至 5，其中 1 表示"肯定没有"，5 表示"肯定有"。

解释变量为社会人口因素，主要包括个人特征（$Personal$），如性别、年龄、专业、学历、学制、所在年级、就读高校层次等；家庭特征（$Family$），如户口、家庭收入水平、父亲学历、母亲学历、父母创业经历等。β_i 为社会人口因素（个人特征、家庭特征）对所在大学生社会创业意愿的影响。

表 0-7 列示了社会人口因素的相关系数矩阵。从表 0-7 中可以看到，性别、年龄、学历等社会人口因素的相关系数均很低，说明不存在较严重的多重共线性问题，因此可以进行 Ordered-Logit 回归。社会人口因素对在校大学生社会创业意愿影响的回归结果见表 0-8。

如表 0-8 所示，年龄、家庭收入水平、学制等社会人口因素会显著影响在校大学生的社会创业意愿。就年龄而言，26～30 岁的大学生，社会创业意愿强，且在 1% 的水平上显著；18～25 岁的大学生，社会创业意愿也相对较强，且在 10% 的水平上显著；18 岁以下、31～40 岁的大学生，社会创业意愿相对较弱。就家庭收入水平而言，家庭收入为中下水平的学生社会创业意愿弱，且在 10% 的水平上显著。就学制而言，非全日制学生更倾向社会创业，且在 10% 的水平上显著，这可能是因为非全日制大学生的就业压力较大。

表0-7　社会人口因素的相关系数矩阵

	性别	年龄	专业	学历	家庭收入水平	父亲学历	母亲学历	户口	学制	所在年级	就读高校层次	父母创业经历	社会创业意愿
性别	1												
年龄	0.05**	1											
专业	0.02	0.07***	1										
学历	−0.03	0.48***	0.08***	1									
家庭收入水平	0.02	0.12***	0.02	0.10***	1								
父亲学历	0.02	0.09***	0.06***	0.15***	0.26***	1							
母亲学历	0.04*	0.08***	0.05***	0.13***	0.26***	0.63***	1						
户口	−0.04**	0.05***	−0.02	−0.04**	0.14***	0.25***	0.23***	1					
学制	0.05***	0.21***	−0.02	0.29***	0.09***	0.09***	0.07***	0.06***	1				
所在年级	−0.05**	0.28***	0.02	0.10***	0.01	0.01	−0.01	−0.01	0.15***	1			
就读高校层次	0.05***	0.50***	0.11***	0.72***	0.07***	0.09***	0.07***	−0.02	0.28***	0.18***	1		
父母创业经历	−0.032	0.043*	−0.015	0.078***	0.052***	0.047**	0.056***	0.056***	0.139***	−0.008	0.076***	1	
社会创业意愿	0.027	0.039**	−0.016	−0.043**	0.124***	0.133***	0.109***	−0.035*	0.065***	0.016	0.014	0.005	1

注：表中为Pearson相关系数。本书各表中***、**、*皆分别表示在1%、5%、10%的水平上显著。

表 0-8 社会人口因素对在校大学生社会创业意愿影响的回归结果

自变量		创业意愿
性别		0.119
		(1.65)
年龄	18 岁以下	−0.09
		(−0.12)
	18~25 岁	0.667*
		(1.70)
	26~30 岁	1.151***
		(2.87)
	31~40 岁	—
专业	商科（包括经济、管理、金融、会计等）	0.69
		(1.30)
	自然科学（包括理学、工学、医学、农学）	0.468
		(0.89)
	社会科学（包括文史哲、艺术、教育、法律）	0.593
		(1.11)
	其他	—
学历	高职	0.031
		(0.08)
	本科	−0.45
		(−1.23)
	硕士	−0.133
		(−0.49)
	博士	—
家庭收入水平	低	−0.295
		(−0.95)
	中下	−0.487*
		(−1.90)
	中等	−0.268
		(−1.11)
	中上	0.125
		(0.51)
	高	—

续表

自变量		创业意愿
父亲学历	高中以下	−0.447
		(−1.42)
	高中或中专	−0.287
		(−1.01)
	本科或大专	0.114
		(0.41)
	研究生及以上	—
母亲学历	高中以下	−0.153
		(−0.53)
	高中或中专	−0.223
		(−0.86)
	本科或大专	−0.09
		(−0.35)
	研究生及以上	—
户口		−0.004
		(−0.06)
学制		−0.493*
		(−1.79)
所在年级	大一	0.255
		(0.37)
	大二	0.048
		(0.07)
	大三	0.221
		(0.32)
	大四	0.007
		(0.01)
	硕士在读	0.089
		(0.12)
	博士在读	—
就读高校层次		−0.266
		(−1.14)

续表

自变量	创业意愿
父母创业经历	−0.032
	（−0.41）
样本量	2 637
R^2	0.024 3

注：括号里报告了相应回归系数的标准误差。

3. 社会创业特质对在校大学生社会创业意愿的影响

除社会人口因素外，在校大学生的社会创业特质是否会对其社会创业意愿产生影响？主报告以社会创业意愿为因变量，以在校大学生的社会创业特质为自变量，进行 Ordered-Logit 回归。结合 2020 年问卷数据和现有文献，我们建立如下模型：

$$Y_i = \beta_1 Feeling_i + \beta_2 Knowledge_i + \beta_3 Trait_i + \beta_4 Experience_i + \beta_5 Control_i$$

其中 Y 为被解释变量，表示在校大学生的社会创业意愿。社会创业意愿变量采用 Likert 5 分法进行衡量，由低到高分别赋值 1 至 5，其中 1 表示"肯定没有"，5 表示"肯定有"。

社会创业特质变量主要包括情感类因素（$Feeling$），如社会创业自我效能感、道德义务感、同情心、社会问题感知程度；认知类因素（$Knowledge$），如整合性思维、创业思维；人格特征（$Trait$），如亲社会人格、自我超越的价值观；个人经历（$Experience$），如社会经济地位、社会组织工作经历。这 10 个变量均由 Likert 7 分法来衡量，由低到高分别赋值 1 至 7，其中 1 表示"强烈不同意"，7 表示"强烈同意"。

此外，借鉴已有研究，本部分控制了个人和家庭特征变量（$Control$）。个人特征变量包括年龄、性别、学历、专业、就读高校层次等，家庭特征变量包括户口、家庭收入水平等。β_i 为社会创业特质、个人和家庭控制变量对大学生社会创业意愿的影响。

表 0-9 列示了社会创业特质的相关系数矩阵。从表 0-9 中可以看到，社会创业自我效能感、道德义务感等社会创业特质因素间的相关系数相对较低，说明不存在较严重的多重共线性问题，因此可以进行 Ordered-Logit 回归。社会创业特质对在校大学生社会创业意愿影响的回归结果见表 0-10。

表0-9　社会创业特质的相关系数矩阵

	社会创业意愿	社会创业自我效能感	道德义务感	同情心	社会问题感知程度	整合性思维	创业思维	亲社会人格	自我超越的价值观	社会经济地位	社会组织工作经历
社会创业意愿	1										
社会创业自我效能感	-0.01	1									
道德义务感	0.01	0.65***	1								
同情心	0.00	0.68***	0.60***	1							
社会问题感知程度	0.02	0.26***	0.28***	0.26***	1						
整合性思维	0.01	0.63***	0.62***	0.67***	0.26***	1					
创业思维	0	0.49***	0.65***	0.64***	0.24***	0.58***	1				
亲社会人格	-0.01	0.39***	0.59***	0.69***	0.24***	0.45***	0.62***	1			
自我超越的价值观	0.16***	-0.01	-0.01	-0.01	0.01	-0.02	-0.02	-0.02	1		
社会经济地位	0.01	0.62***	0.60***	0.63***	0.27***	0.67***	0.59***	0.59***	-0.01	1	
社会组织工作经历	0.05**	0.01	0.01	-0.01	0.02	-0.006	-0.01	-0.01	0.57***	-0.01	1

注：表中为Pearson相关系数。

表0-10　社会创业特质对在校大学生社会创业意愿影响的回归结果

自变量		社会创业意愿	
		(1)	(2)
情感类因素	社会创业自我效能感	−0.089	−0.055
		(−1.047)	(−0.638)
	道德义务感	0.043	0.035
		(0.454)	(0.365)
	同情心	−0.003	0.008
		(−0.034)	(0.100)
	社会问题感知程度	0.018	0.028
		(0.611)	(0.959)
认知类因素	整合性思维	0.163	0.147
		(1.564)	(1.400)
	创业思维	−0.013	−0.002
		(−0.191)	(−0.027)
人格特征	亲社会人格	−0.102	−0.095
		(−1.102)	(−1.014)
	自我超越的价值观	0.366***	0.312***
		(9.031)	(7.420)
个人经历	社会经济地位	−0.004	0.000
		(−0.082)	(0.002)
	社会组织工作经历	0.011	−0.024
		(0.146)	(−0.306)
社会人口因素	性别		Yes
	年龄		Yes
	专业		Yes
	学历		Yes
	学制		Yes
	所在年级		Yes

续表

自变量		社会创业意愿	
		(1)	(2)
社会人口因素	就读高校层次		Yes
	户口		Yes
	家庭收入水平		Yes
	父亲学历		Yes
	母亲学历		Yes
	父母创业经历		Yes
R^2		0.011 7	0.032 4
样本量		2 637	2 637

注：括号里报告了相应回归系数的标准误差。

由表 0 - 10 可以看出，大学生自我超越的价值观会显著影响其社会创业意愿。自我超越的价值观越强的大学生，越愿意进行社会创业，其影响在 1‰ 的水平上显著；其他因素的影响并不显著。这说明，自我超越的价值观能够增强大学生的创业自信，并提升其社会创业意愿。

(五) 高校社会创业教育

学校是在校大学生学习与生活的重要场景，也是其接受社会创业教育的主要来源，学校完善的社会创业与支持体系能对大学生社会创业起到主要的支持作用。因此，需要了解现有高校的社会创业教育情况，掌握在校大学生对社会创业教育的切实需求，为高校社会创业教育的开展提供经验数据。

1. 社会创业教育情况

(1) 在校大学生对社会创业课程的满意度较高。

本调查从五个维度测量在校大学生对社会创业课程的满意程度。调查结果表明，在校大学生对社会创业课程的满意程度在不同维度的平均值介于 3.89 与 4.08 之间，高于中位值 3.5（见图 0 - 21）。这说明，在校大学生对所在院校的社会创业课程满意度较高。其中，在校大学生对社会创业相关课程、解决社会问题类产品开发课程、社会创业案例分析课程等具有实操性的课程满意度较高，而对社会企业管理课程、环保产品开发课程之类理论性与技术性很强的课程满意度略低。

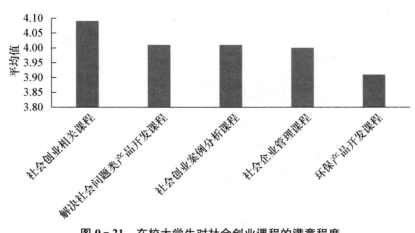

图 0-21 在校大学生对社会创业课程的满意程度

注：为了调查在校大学生对社会创业课程的满意程度，我们利用 Likert 6 点量表，设计了五个维度的调查题目，每个维度设置六个选项，从"非常不满意"到"非常满意"，依次赋值 1 到 6。

（2）高校在社会创业孵化器、社会创业注册咨询等方面需要加大投入力度。

本调查从社会企业相关理论性课程、社会创业竞赛、社会企业家进校指导等七个维度测量高校社会创业活动开展情况。调查结果显示，七个维度的平均值介于4.50 与 4.86 之间，远高于中位值 3.5。其中，社会企业相关理论性课程（4.86）、社会创业竞赛（4.79）、社会企业家进校指导（4.71）、社会企业相关实践性课程（案例分析、实地考察参观等）（4.71）等维度的平均分较高，而社会创业注册咨询及政策咨询（4.64）、社会创业孵化器（4.63）、社会企业相关培训活动（讲座、沙龙等）（4.50）等维度的平均值较低（见图 0-22）。

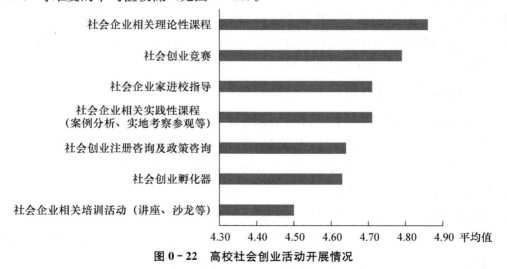

图 0-22 高校社会创业活动开展情况

注：为了调查高校社会创业活动开展情况，我们设计了七个维度的调查题目，采用 Likert 6 点量表，每个维度设置六个选项，从"肯定没有"到"非常多"，依次赋值 1 到 6。

这说明，除开设与社会企业相关的理论性课程外，高校普遍开展了社会创业竞赛、社会企业家进校指导、社会企业相关实践性课程（案例分析、实地考察参观等）等活动，但社会创业注册咨询及政策咨询、社会创业孵化器、社会企业相关培训活动（讲座、沙龙等）相对较少。

（3）在校大学生对所在院校的社会创业氛围比较满意。

本调查从三个维度测量在校大学生对所在院校社会创业氛围的满意程度。调查结果表明，三个维度的平均值介于 4.81 与 5.19 之间，高于中位值 4（见图 0-23）。这说明，在校大学生对所在院校的社会创业氛围比较满意，但仍有提高的空间。

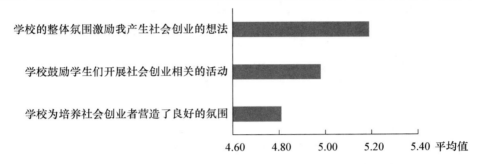

图 0-23　在校大学生对所在院校社会创业氛围的满意程度

注：为了调查高校的社会创业气氛，我们设计了三个维度的调查题目，采用 Likert7 点量表，每个维度设置七个选项，从"强烈不同意"到"强烈同意"，依次赋值 1 到 7。

2. 在校大学生的需求

（1）在校大学生更关注与社会创业具体内容相关的课程。

为了调查大学生对社会创业课程的需求，我们从对环保产品开发课程、社会企业管理课程、解决社会问题类产品开发课程、社会创业案例分析课程、社会创业相关课程的需求五个维度设计了调查题目，每个维度设置是、否两个选项。调查结果表明，在校大学生对环保产品开发课程（64.28%）、社会企业管理课程（61.55%）、解决社会问题类产品开发课程（61.17%）的需求相对较高，而对社会创业相关课程（52.18%）的需求相对较低（见图 0-24）。这表明，在校大学生更关注与社会创业具体内容相关的课程，而非一些笼统性的社会创业课程。

（2）在校大学生对高校设立独立的社会创业类专业、社会创业或创新（研究）中心等有一定的需求。

本调查从社会创业或创新（研究）中心、社会创业类专业两个维度测量在校大学生对相关机构的需求情况。调查结果表明，大学生对社会创业类专业（3.85）、社会创业或创新（研究）中心（3.98）的需求高于中位值 3（见图 0-25）。这说明，现阶段在校大学生对高校设立独立的社会创业类专业、社会创业或创新（研究）中心等有一定的需求。具体而言，大学生对高校设立独立的社会创业或创新（研究）中心的需求尤为强烈。

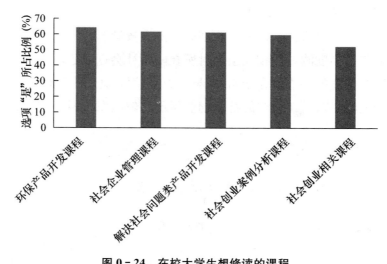

图 0-24　在校大学生想修读的课程

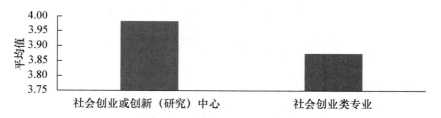

图 0-25　在校大学生对社会创业机构的需求

注：为了调查在校大学生对社会创业机构的需求情况，我们设计了两个维度的调查题目，每个维度设置五个选项，从"比较不重要"到"非常重要"，依次赋值1到5。

（3）在校大学生对学校为社会创业提供相关政策的期望较为强烈。

本调查从社会创业算学分、学校科研成果优先向创业或社会创业的学生转让等五个维度测量在校大学生对学校为社会创业提供相关政策的需求情况。调查结果表明，在校大学生对学校为社会创业提供相关政策的需求的平均值介于3.52与3.92之间，高于中位值3（见图0-26）。这说明，在校大学生比较希望学校能够为社会创业提供相关政策支持。具体而言，在校大学生对社会创业算学分、学校科研成果优先向创业或社会创业的学生转让、放宽学习年限创建社会企业等政策有着强烈需求。

3. 高校社会创业教育对在校大学生社会创业意愿的影响

已有研究表明，与没有经历过创业教育的大学生相比，有创业教育经历的大学

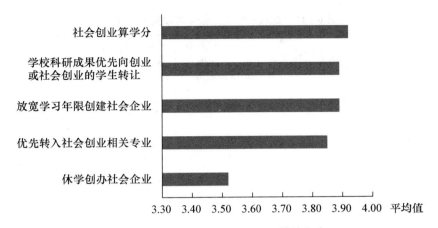

图 0 - 26 在校大学生对学校政策的需求

注：为了调查大学生对学校社会创业政策的需求情况，我们设计了不同维度的调查题目，每个维度设置五个选项，从"完全不同意"到"完全同意"，依次赋值 1 到 5。

生创业意愿更强。为研究高校社会创业教育对在校大学生社会创业意愿的影响，主报告以社会创业意愿为因变量，以在校大学生的高校社会创业教育为自变量，进行 Ordered-Logit 回归。结合 2020 年问卷数据和现有文献，我们建立如下模型：

$$Y_i = \beta_1 Class_i + \beta_2 Practice_i + \beta_3 Help_i + \beta_4 Control_i$$

其中 Y 为被解释变量，表示在校大学生的社会创业意愿。社会创业意愿变量采用 Likert 5 分法进行衡量，由低到高分别赋值 1 至 5，其中 1 表示"肯定没有"，5 表示"肯定有"。

高校社会创业教育变量主要包括在校大学生对所在高校社会创业课程的满意程度（Class）、在校大学生所在高校社会创业活动举办情况（Practice）以及在校大学生对所在高校社会创业氛围的评价情况（Help）三个解释变量。前两个变量由 Likert 6 分法来衡量，由低到高分别赋值 1 至 6，其中 1 表示"非常不满意"或"肯定没有"，6 表示"非常满意"或"肯定多"；第三个变量由 Likert 7 分法来衡量，由低到高分别赋值 1 至 7，其中 1 表示"强烈不同意"，7 表示"强烈同意"。

此外，借鉴已有研究，我们控制了个人和家庭特征变量、社会创业特质（Control）。个人特征变量包括年龄、性别、学历、专业、学制、所在年级、就读高校层次等，家庭特征变量包括户口、家庭收入水平等；社会创业特质包括社会创业自我效能感、道德义务感等。β_i 为高校社会创业教育、社会人口因素控制变量对在校大学生社会创业意愿的影响。

各变量之间的相关系数矩阵如表 0 - 11 所示。

表 0 - 11　高校社会创业教育的相关系数矩阵

	在校大学生社会创业意愿	在校大学生对所在高校社会创业课程的满意程度	在校大学生所在高校社会创业活动举办情况	在校大学生对所在高校社会创业氛围的评价情况
在校大学生社会创业意愿	1			
在校大学生对所在高校社会创业课程的满意程度	0.15***	1		
在校大学生所在高校社会创业活动举办情况	0.14***	0.46***	1	
在校大学生对所在高校社会创业氛围的评价情况	0.15***	0.50***	0.32***	1

注：表中为 Pearson 相关系数。

　　从表 0 - 11 中可以看到，在校大学生对所在高校社会创业课程的满意程度、在校大学生所在高校社会创业活动举办情况、在校大学生对所在高校社会创业氛围的评价情况的相关系数不高，说明这些自变量之间不存在严重的多重共线性问题，可以进行 Ordered-Logit 回归。高校社会创业教育对在校大学生社会创业意愿影响的回归结果见表 0 - 12。

表 0 - 12　高校社会创业教育对在校大学生创业意愿影响的回归结果

自变量	社会创业意愿
在校大学生对所在高校社会创业课程的满意程度	0.235** (2.27)
在校大学生所在高校社会创业活动举办情况	−0.002 (−0.02)
在校大学生对所在高校社会创业氛围的评价情况	0.215*** (3.65)
个人和家庭特征、社会创业特质	控制
样本量	2 637
R^2	0.027 5

注：括号里报告了相应回归系数的标准误差。

　　由表 0 - 12 中可以看出，高校社会创业课程开设情况、高校创业氛围会显著影响在校大学生的社会创业意愿。具体而言，就高校社会创业课程开设情况而言，对高校社会创业课程开设情况越满意的学生，越倾向于社会创业，且在5%的水平上显著。这表明，社会创业理论教育通过传授社会创业基础知识，可以增强大学生创业者的社会创业意识，培养良好的社会创业精神和观念，从而对在校大学生的社会创业意愿产生积极影响。就高校社会创业氛围而言，对高校社会创业氛围的评价会显著影响在校大学生的社会创业意愿，且在1%的水平上显著。这表明，提升高校的社会创业氛围，可以让在校大学生更加关注社会创业，从而提高在校大学生的社会创业意愿。相对而言，高校社会创业活动举办情况对在校大学生的社会创业意愿影响不显著。

五、社会创业大学生调查结果

本次调查中，回收的创业者问卷共926份，进行社会创业的大学生样本数为305人，占全部样本的32.94%。其中，尚在学校就读的社会创业大学生所占比例超过91.53%，已毕业大学生所占比例很小。主报告从社会创业大学生画像（微观层面）、社会企业画像（中观层面）、社会创业生态（宏观层面）三个角度，描述大学生进行社会创业的相关情况。

(一) 微观层面——社会创业大学生画像

1. 社会创业大学生的社会人口特征

本报告从个人特征、家庭特征两个层面描述社会创业大学生的社会人口特征。其中个人特征包括性别、年龄、专业、学历、就读高校层次、成绩等，家庭特征包括户口、家庭收入水平、父母亲学历等。

(1) 男性比例高于女性。

在全部305个社会创业大学生样本中，男性受调查者占54.07%，女性受调查者占45.93%（见图0-27）。这说明，在受调查的社会创业大学生群体中，男性所占比例高于女性。

45.93%　54.07%　■男性　□女性

图 0-27　社会创业大学生的性别分布

（2）大部分社会创业大学生年龄介于18岁与25岁之间。

在全部305个社会创业大学生样本中，绝大部分大学生（91.52%）年龄介于18岁与25岁之间，少量大学生年龄介于26岁与30岁之间（见图0-28）。

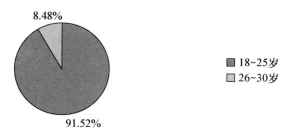

图 0-28　社会创业大学生的年龄分布

（3）来自自然科学专业的大学生相对较多。

在全部305个社会创业大学生样本中，近一半的创业者来自自然科学专业（48.27%），其次是商科（28.12%）、社会科学（23.61%）（见图0-29）。这说明，在受调查的社会创业大学生中，来自自然科学专业的学生相对较多。

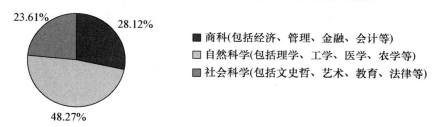

图 0-29　社会创业大学生的专业分布

（4）以本科生为主。

在全部305个社会创业大学生样本中，约2/3的社会创业大学生（66.43%）为本科生，其次为硕士生（16.87%）、高职生（12.72%），博士生最少（3.98%）（见图0-30）。这说明，受调查的社会创业大学生以本科生为主。

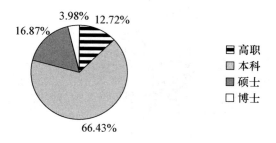

图 0-30　社会创业大学生的学历分布

（5）来自非双一流高校的大学生较多。

在全部 305 个社会创业大学生样本中，超过 3/4 的创业者来自非双一流高校，来自双一流高校的创业者仅占约 1/4（见图 0-31）。这表明，在受调查的社会创业大学生中，非双一流高校学生所占比例高于双一流高校学生。

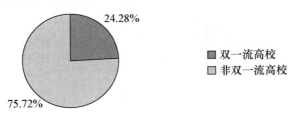

图 0-31　社会创业大学生就读高校层次分布

（6）大部分受调查的社会创业大学生成绩较好。

在全部 305 个社会创业大学生样本中，成绩位于 20%～前 40% 的大学生，社会创业比例最高（48.21%）；成绩位于前 20% 的大学生，社会创业比例次之（28.49%）；成绩位于后 60% 的大学生，社会创业比例最低（23.30%）（见图 0-32）。这说明，受调查的社会创业大学生大部分成绩较好。

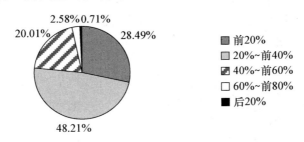

图 0-32　社会创业大学生的学习成绩分布

（7）农业户口与非农业户口基本平衡。

在全部 305 个社会创业大学生样本中，农业户口的大学生占比为 50.24%，非农业户口的大学生占比为 49.76%（见图 0-33）。这说明，受调查的社会创业大学生中农业户口、非农业户口基本平衡。

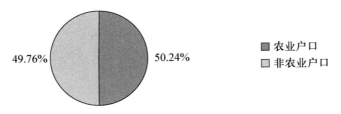

图 0-33　社会创业大学生的户口分布

（8）主要来自中等收入家庭。

在全部 305 个社会创业大学生样本中，超过 1/2 的学生来自中等收入家庭；来自中上收入、中下收入、高收入及低收入家庭的大学生相对较少（见图 0-34）。这说明，调查样本主要来自中等收入家庭。

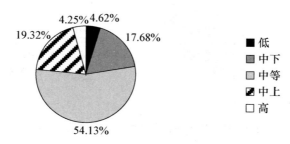

图 0-34 社会创业大学生的家庭收入水平分布

（9）父亲的学历主要为高中或中专、本科或大专。

在全部 305 个社会创业大学生样本中，父亲学历为高中或中专的将近一半；约 1/3 的社会创业大学生其父亲学历为本科或大专；父亲学历为高中以下的社会创业大学生占比为 16.67％，父亲学历为研究生及以上的社会创业大学生占比最低（5.05％）（见图 0-35）。这说明，受调查的社会创业大学生中，父亲的学历主要为高中或中专、本科或大专。

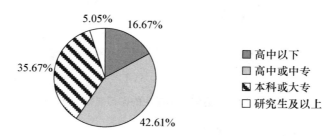

图 0-35 社会创业大学生父亲学历的分布

（10）母亲的学历主要为高中或中专、本科或大专。

在全部 305 个社会创业大学生样本中，接近一半大学生的母亲学历为高中或中专；超过 1/4 的社会创业大学生其母亲学历为本科或大专；母亲学历为高中以下的社会创业大学生占比为 21.21％，母亲学历为研究生及以上的社会创业大学生占比最低（2.72％）（见图 0-36）。这说明，受调查的社会创业大学生中，母亲的学历主要为高中或中专、本科或大专。

2. 社会创业大学生的社会创业认知

主报告从对社会创业内涵、社会创业特征及社会创业成功观的理解三个角度考

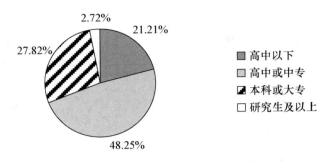

图 0 - 36 社会创业大学生母亲学历的分布

察社会创业大学生对社会创业的认知情况。

（1）社会创业大学生倾向于将社会创业理解为一项新事业。

本调查从四个维度测量社会创业大学生对社会创业内涵的理解。调查结果表明，四个维度的平均值均高于中位值 3。相对而言，社会创业大学生选择"开创一项新事业以解决社会问题"的平均值最高（4.00）；选择"开展一项冒险性活动以解决社会问题"的平均值次之（3.88）。相对而言，选择"开发一项新产品或服务以解决社会问题"（3.87）、"开办一家新公司以解决社会问题"（3.79）的平均值较低（见图 0 - 37）。这说明，社会创业大学生倾向于将社会创业视为一项解决社会问题的事业。

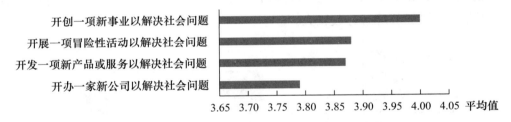

图 0 - 37 社会创业大学生对社会创业内涵的理解

注：为了调查社会创业大学生对社会创业内涵的理解情况，问卷设计了四个不同维度，采用 Likert5 点量表进行衡量，每个维度有五个选项，依照同意强度赋值 1 到 5。

与普通创业大学生相比，社会创业大学生对产品或服务的开发、公司形式方面重视程度不够（见表 0 - 13）。卡方检验结果显示，两类大学生群体在产品或服务开发维度的差异比较显著（$\chi^2 = 9.307$，$P < 0.05$）。这表明，社会创业大学生在对提供产品或服务、公司形式选择这些商业实践方面的理解上不如普通创业大学生。

表 0 - 13 不同创业大学生对社会创业内涵的理解

维度	平均值 （社会创业大学生/普通创业大学生）
开发一项新产品或服务以解决社会问题	3.87/4.05

续表

维度	平均值 （社会创业大学生/普通创业大学生）
开办一家新公司以解决社会问题	3.79/3.93
开创一项新事业以解决社会问题	4.00/4.00
开展一项冒险性活动以解决社会问题	3.88/3.87

（2）社会创业大学生对社会创业目标、动机层面的理解分歧较大。

本调查从创业机会、创业目标、创业动机三个层面测量社会创业大学生对社会创业特征的认知情况。调查结果表明，就创业机会而言，超过 2/3 的社会创业大学生（69.2%）认为，商业创业机会通常源于待解决的市场问题或者待满足的市场需求，而社会创业机会通常源于待解决的社会问题或者待满足的社会需求；就创业目标而言，不到 2/3 的社会创业大学生（66.5%）认为，商业创业以创造经济价值为主要目标，社会创业以创造社会价值为主要目标；就创业动机而言，不到 2/3 的社会创业大学生（64.0%）认为，进行商业创业的动机通常以利己为主导，而进行社会创业的动机则以利他为主导（见图 0-38）。这表明，社会创业大学生能从创业机会、创业目标、创业动机三个层面理解社会创业的特征，但相对而言，在创业目标、创业动机层面的理解分歧较大。

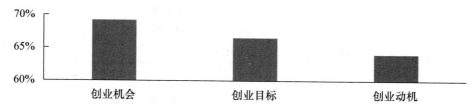

图 0-38 社会创业大学生对社会创业特征的理解

与普通创业大学生相比，社会创业大学生对社会创业机会、社会创业目标等的理解分歧较大（见表 0-14）。卡方检验结果表明，两类大学生对社会创业动机的理解的差异，在统计上显著（$\chi^2=28.901$，$P<0.01$）。

表 0-14 不同创业大学生对社会创业特征的理解

维度	持前文观点样本数所占百分比 （社会创业大学生/普通创业大学生）
创业动机	64.0%/81.1%
创业目标	66.5%/70.6%
创业机会	69.2%/72.9%

（3）社会创业大学生倾向于从所解决的社会问题的种类和解决结果层面评价社会创业成功与否。

本调查从三个维度测量社会创业大学生对社会创业成功观的理解。调查结果表明，受调查者在三个维度的平均值介于 3.69 和 4.11 之间（见图 0-39）。从图 0-39 中可以看出，社会创业大学生较为关注所解决的社会问题的种类（3.95）和解决结果（4.11），对社会问题的本质性差异关注较少（3.69）。

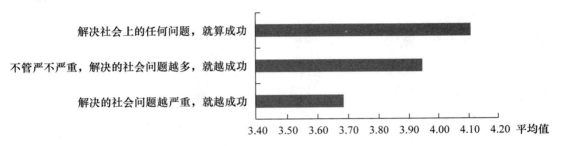

图 0-39　社会创业大学生的社会创业成功观

注：为了调查社会创业大学生对社会创业成功观的理解情况，问卷设计了三个不同维度，采用 Likert5 点量表进行衡量，每个维度有五个选项，依照同意强度赋值 1 到 5。

与普通创业大学生相比，社会创业大学生更加关注所解决的社会问题的种类和解决结果，而对所解决的社会问题的性质关注不够（见表 0-15）。卡方检验结果表明，两类大学生在对所解决的社会问题性质的关注度方面的差异具有统计上的显著性（$\chi^2 = 9.473$，$P < 0.05$）。这表明，社会创业大学生的社会创业行为在社会影响力方面思考不够，尚不及普通创业大学生，其社会创业实践尚不能深入到推动社会运动的层面。

表 0-15　不同创业大学生的创业成功观

维度	平均值 （社会创业大学生/普通创业大学生）
解决的社会问题越严重，就越成功	3.69/3.88
解决社会上的任何问题，就算成功	4.11/4.01
不管严不严重，解决的社会问题越多，就越成功	3.95/3.92

3. 社会创业大学生的社会创业特质

主报告从情感类因素、认知类因素、人格特征、个人经历等几个方面，从直观的角度考察社会创业大学生的社会创业特质。

（1）在情感类因素中，社会创业大学生有较强的社会创业自我效能感、道德义务感、同情心。

本调查从社会问题感知程度、道德义务感、同情心、社会创业自我效能感四个维度测量社会创业大学生的社会创业特质。如图0-40所示，社会创业大学生有较强的社会创业自我效能感（5.55）、道德义务感（5.54）、同情心（5.52）。相对而言，社会问题感知程度较低（4.94）。

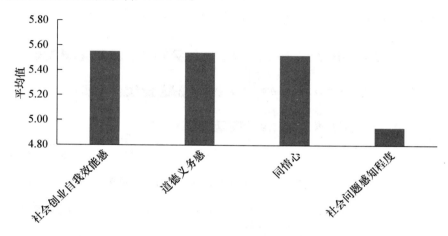

图0-40 社会创业大学生的社会创业特质——情感类

注：为了调查社会创业大学生情感类因素，问卷设计了四个不同维度，采用Likert7点量表进行衡量，每个维度有七个选项，依照同意强度赋值1到7。

与普通创业大学生相比，社会创业大学生的道德义务感、同情心、社会创业自我效能感都较高，但社会问题感知程度较低（见表0-16）。卡方检验结果表明，两类大学生在社会创业自我效能感（$\chi^2=24.692$，$P<0.05$）、同情心（$\chi^2=21.787$，$P<0.10$）、道德义务感（$\chi^2=41.107$，$P<0.01$）、社会问题感知程度（$\chi^2=24.692$，$P<0.05$）等方面的差异具有统计上的显著性。

表0-16 不同创业大学生的社会创业特质——情感类因素

维度	平均值 （社会创业大学生/普通创业大学生）
社会创业自我效能感	5.55/5.47
道德义务感	5.54/5.45
同情心	5.52/5.44
社会问题感知程度	4.94/5.20

（2）从认知类因素看，社会创业大学生的创业思维、整合性思维较好。

在认知类因素方面，本调查从创业思维、整合性思维两个维度测量社会创业大学生的社会创业特质。调查结果表明，社会创业大学生的整合性思维（5.48）、创业思维（5.47）的平均值都高于中位值 4。这说明，社会创业大学生有较好的创业思维、整合性思维（见图 0 - 41）。

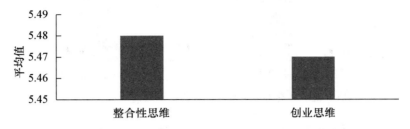

图 0 - 41　社会创业大学生的社会创业特质——认知类因素

注：采用 Likert7 点量表，每个维度提供强烈不同意到强烈同意共七个选项，赋值按照同意强度由弱到强分别赋值 1 至 7。

与普通创业大学生相比，社会创业大学生的整合性思维、创业思维的平均值略低（见表 0 - 17）。卡方检验结果表明，两类大学生在整合性思维（$\chi^2 = 30.337$，$P < 0.01$）、创业思维（$\chi^2 = 38.396$，$P < 0.10$）方面的差异具有统计上的显著性。这说明，社会创业大学生的思维特质不及普通创业大学生，这或许是社会创业大学生自我评价偏低造成的。

表 0 - 17　不同创业大学生的社会创业特质——认知类因素

维度	平均值 （社会创业大学生/普通创业大学生）
整合性思维	5.48/5.67
创业思维	5.47/5.63

（3）从人格特征看，社会创业大学生的亲社会人格、自我超越的价值观很强。

在人格特征方面，本调查用亲社会人格、自我超越的价值观两个维度测量社会创业大学生的社会创业特质。调查结果表明，社会创业大学生的亲社会人格（5.48）、自我超越的价值观（5.42）的平均值高于中位值 4（见图 0 - 42）。这说明，社会创业大学生有很强的亲社会人格、自我超越的价值观。

与普通创业大学生相比，社会创业大学生的亲社会人格、自我超越的价值观的平均值略低（见表 0 - 18）。卡方检验结果表明，两类大学生在亲社会人格（$\chi^2 = 29.175$，$P < 0.05$）、自我超越的价值观（$\chi^2 = 49.765$，$P < 0.01$）方面的差异，在统计上显著。这可能是由于社会创业大学生的自我评价、自信心不及普通创业大学生造成的。

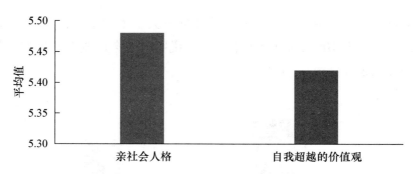

图 0 - 42　社会创业大学生的社会创业特质——人格特征

　　注：采用 Likert7 点量表，人格特征两个维度提供强烈不同意到强烈同意共七个选项，按照同意强度由弱到强分别赋值 1 至 7。

表 0 - 18　不同创业大学生的社会创业特质——人格特征

维度	平均值 （社会创业大学生/普通创业大学生）
亲社会人格	5.48/5.71
自我超越的价值观	5.42/5.69

　　（4）从个人经历看，社会创业大学生有较好的社会经济地位和较丰富的社会组织工作经历。

　　在个人经历方面，本报告用社会经济地位、社会组织工作经历两个维度测量社会创业大学生的社会创业特质。调查结果表明，社会创业大学生社会经济地位的平均值为 5.34，社会组织工作经历的平均值为 5.48，均高于中位值 4（见图 0 - 43）。这说明，社会创业大学生普遍有较好的社会经济地位，有较丰富的社会组织工作经历。

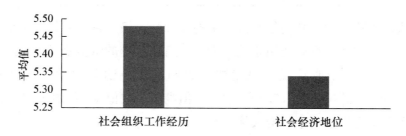

图 0 - 43　社会创业大学生的社会创业特质——个人经历

　　注：采用 Likert7 点量表，个人经历两个维度提供强烈不同意到强烈同意共七个选项，赋值按照同意强度由弱到强分别赋值 1 至 7。

　　与普通创业大学生相比，社会创业大学生的社会经济地位、社会组织工作经历不如普通创业大学生（见表 0 - 19）。卡方检验结果表明，两类大学生在社会组织工作经历（$\chi^2 = 29.103$，$P < 0.01$）、社会经济地位（$\chi^2 = 46.458$，$P < 0.01$）方面的差异在统计上显著。

表 0 - 19　不同创业大学生的社会创业特质——个人经历

维度	平均值 （社会创业大学生/普通创业大学生）
社会组织工作经历	5.48/5.69
社会经济地位	5.34/5.39

4. 社会人口因素对大学生社会创业行为的影响

已有研究表明，社会人口因素会对社会创业行为产生影响。那么，社会人口因素是否会对大学生的社会创业行为产生影响及产生何种影响？主报告先进行分组比较，再进行回归分析。

（1）分组比较。

分组比较能够让我们对相关因素有直观的了解。通过对调查数据进行分组比较发现，除专业、学历、户口、父亲学历等因素影响大学生的社会创业行为外，其他因素如性别、年龄、就读高校层次、成绩、母亲学历等都对大学生的社会创业行为影响不大。具体调查结果如下。

1）来自社会科学、自然科学专业的社会创业大学生相对较多。

与普通创业大学生相比，来自自然科学、社会科学专业的社会创业大学生比例较高，来自商科专业的社会创业大学生比例较低（见图 0 - 44）。卡方检验结果（$\chi^2 = 16.512$，$P < 0.01$）也证明了这一结论。这说明，专业会影响大学生的社会创业行为。

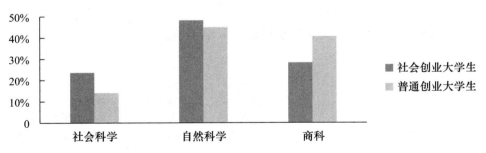

图 0 - 44　专业对不同创业大学生的影响

2）硕士生、本科生创办社会企业的比例相对较高。

与普通创业大学生相比，硕士生、本科生创办社会企业的比例相对较高，博士生、高职生较低（见图 0 - 45）。卡方检验结果（$\chi^2 = 10.049$，$P < 0.05$）也证明了

这一结论。这说明，学历会影响大学生的社会创业行为。

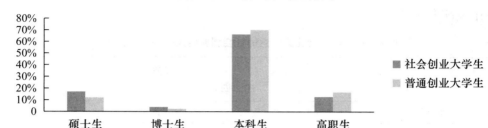

图 0-45　学历对不同创业大学生的影响

3）社会创业大学生中农业户口的相对较多。

与普通创业大学生相比，农业户口的大学生更倾向于社会创业（见图 0-46）。卡方检验结果（$\chi^2 = 3.176$，$P < 0.10$）也证明了这一结论。这说明，户口是影响大学生社会创业行为的一个因素。

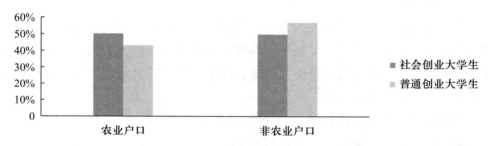

图 0-46　户口对不同创业大学生的影响

4）社会创业大学生的父亲学历相对较高。

与普通创业大学生相比，进行社会创业的大学生，其父亲学历为本科或大专、高中或中专的比例较高（见图 0-47）。卡方检验结果（$\chi^2 = 10.742$，$P < 0.05$）也证明了这一结论。这说明，父亲学历可能会影响大学生的社会创业行为。

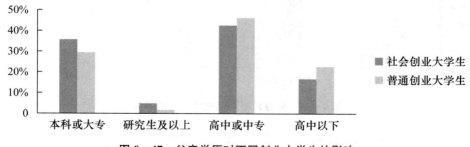

图 0-47　父亲学历对不同创业大学生的影响

（2）回归分析。

为保证分组研究结果的可靠性，主报告以大学生的创业行为为因变量，以大学生的社会人口因素为自变量，进行 Logit 回归分析。结合 2020 年问卷数据和现有文献，我们建立如下模型：

$$Y_i = \beta_1 Personal_i + \beta_2 Family_i + \delta_i$$

其中 Y 为被解释变量，表示大学生的创业行为。如果大学生进行社会创业，则赋值为 0；如果进行普通创业，则赋值为 1。

解释变量为社会人口因素，主要包括个人特征（$Personal$），如年龄、性别、专业、学历、学制、就读高校层次、学习成绩等；家庭特征（$Family$），如户口、家庭收入水平、父亲学历、母亲学历、父母创业经历等。β_i 为社会人口因素（个人特征、家庭特征）对大学生社会创业行为的影响。

表 0-20 列示了社会人口因素的相关系数矩阵。从表 0-20 可以看出，性别、年龄、学历等社会人口因素的相关系数均很低，说明不存在较严重的多重共线性问题，因此可以进行回归。社会人口因素对大学生社会创业行为影响的回归结果见表 0-21。

从表 0-21 可以看出，专业、学历、户口、父亲学历、父母创业经历等因素，都会显著影响大学生的社会创业行为。就专业而言，商科专业大学生选择社会创业的可能性较低，而自然科学和社会科学专业的大学生选择社会创业的可能性较高，且分别在 1% 和 5% 的水平上显著。这可能是因为自然科学专业的大学生有更多的技术和技能，可以开发能解决社会问题的产品；而社会科学专业的大学生，受学科影响，对社会问题的关注度可能更高。就学历而言，大学生的学历越高，对社会创业行为的正向影响越大：硕士学历的大学生更愿意从事社会创业，且在 5% 的水平上显著；博士学历的大学生则在 10% 的水平上对大学生社会创业行为有显著影响。就户口而言，农业户口的大学生更愿意进行社会创业，且在 5% 的水平上显著。这可能是因为农业户口的大学生对社会问题的感知更为强烈的缘故。就父亲学历而言，父亲学历越高，对大学生进行社会创业越具有正向影响：大学生的父亲学历为本科或大专时，对大学生社会创业行为的影响在 10% 的水平上显著；大学生的父亲学历为研究生及以上学历时，对大学生社会创业行为的影响则在 1% 的水平上显著。这可能是因为，父亲学历越高，家庭教育氛围越好，对孩子的鼓励越多，孩子得到的自由选择空间也越大。就父母创业经历而言，父母创业经历在 1% 的水平上对大学生的社会创业行为产生显著影响。这说明，父母的创业行为会在一定程度上激励大学生进行社会创业。

表0-20 社会人口因素的相关系数矩阵

	社会创业行为	性别	年龄	学历	专业	就读高校层次	家庭收入水平	父亲学历	母亲学历	父母创业经历	户口	学习成绩	学制
社会创业行为	1												
性别	0.07*	1											
年龄	0.09**	-0.01	1										
学历	0.12***	0.02	0.53***	1									
专业	0.15***	-0.01	0.01	-0.03	1								
就读高校层次	0.05	0.06	0.09**	0.21***	-0.03	1							
家庭收入水平	0.01	-0.01	0.02	-0.01	-0.01	0.00	1						
父亲学历	0.12***	0.07*	0.13***	0.14***	-0.05	0.01	0.30***	1					
母亲学历	0.08**	0.06	0.09**	0.15***	0.01	0.02	0.31***	0.68***	1				
父母创业经历	0.13***	0.08**	0.06	-0.01	0.01	-0.03	0.09**	0.06	0.14***	1			
户口	0.07*	0.01	-0.04	-0.09**	0.00	0.00	0.18***	0.25***	0.31***	0.10**	1		
学习成绩	-0.02	-0.02	0.06	0.13***	0.07*	0.08**	0.07*	0.06	0.10***	-0.01	0.09**	1	
学制	-0.01	0.02	-0.02	-0.05	-0.05	0.04	0.03	0.01	0.03	-0.01	0.04	0.14***	1

注：表中为Pearson相关系数。

表 0－21　社会人口因素对大学生社会创业行为影响的回归结果

变量		社会创业行为
性别		0.053 (0.04)
年龄		－0.009 (0.11)
专业	商科（包括经济、管理、金融、会计等）	—
	自然科学（包括理学、工学、医学、农学等）	0.096** (0.04)
	社会科学（包括文史哲、艺术、教育、法律等）	0.227*** (0.06)
	其他	－0.415 (0.49)
学历	高职	—
	本科	0.072 (0.04)
	硕士	0.155** (0.08)
	博士	0.284* (0.17)
学制	全日制	—
	非全日制	0.400 (0.35)
	其他	－0.111 (0.26)
是否就读于双一流学校		0.030 (0.05)
学习成绩	前20%	—
	20%～40%	0.012 (0.05)
	40%～60%	0.100 (0.06)
	60%～80%	0.012 (0.12)
	后20%	－0.233 (0.18)
户口		0.089** (0.04)

续表

变量		社会创业行为
家庭收入水平	低	—
	中下	−0.142 (0.11)
	中等	−0.127 (0.11)
	中上	−0.157 (0.12)
	高	−0.031 (0.15)
父亲学历	高中以下	—
	高中或中专	0.090 (0.07)
	本科或大专	0.139* (0.08)
	研究生及以上	0.351*** (0.14)
母亲学历	高中以下	—
	高中或中专	0.019 (0.06)
	本科或大专	0.020 (0.08)
	研究生及以上	0.056 (0.15)
父母创业经历		0.110*** (0.04)
常数		0.940 (0.21)
样本量		659
R^2		0.099

注：括号里报告了相应回归系数的标准误差。

5. 社会创业特质对大学生社会创业行为的影响

除社会人口因素外，大学生的社会创业特质是否会对其社会创业行为产生影响？主报告以大学生的创业行为为因变量，以大学生的社会创业特质为自变量，进行 Logit 回归分析。结合 2020 年问卷数据和现有文献，我们建立如下模型：

$$Y_i = \beta_1 Feeling_i + \beta_2 Knowledge_i + \beta_3 Trait_i + \beta_4 Experience_i + \beta_5 Control_i + \delta_i$$

其中 Y 为被解释变量，表示大学生的社会创业行为。如果大学生进行社会创业，则赋值为 1；如果进行普通创业，则赋值为 0。

社会创业特质变量主要包括情感类因素（Feeling），如社会创业自我效能感、道德义务感、同情心、社会问题感知程度；认知类因素（Knowledge），如整合性思维、创业思维；人格特征（Trait），如亲社会人格、自我超越的价值观；个人经历（Experience），如社会经济地位、社会组织工作经历。这十个变量均由 Likert 7 分法来衡量，由低到高分别赋值 1 至 7，其中 1 表示"强烈不同意"，7 表示"强烈同意"。

此外，借鉴已有研究，本部分控制了个人和家庭特征变量（Control）。个人特征变量包括年龄、性别、学历、专业、就读高校层次、学习成绩等，家庭特征变量包括户口、家庭收入水平等。β_i 为社会创业特质、社会人口控制变量对大学生社会创业行为的影响。

表 0-22 列示了社会创业特质的相关系数矩阵。从表 0-22 可以看到，社会创业自我效能感、道德义务感等社会创业特质因素间的相关系数相对较低，说明不存在较严重的多重共线性问题，因此可以进行回归。社会创业特质对大学生社会创业行为影响的回归结果见表 0-23。

由表 0-23 可以看出，在社会创业特质方面，只有社会问题感知程度、自我超越的价值观会对大学生社会创业行为产生影响，其他因素的影响不显著。具体而言，大学生对社会问题感知程度越高，选择社会创业的可能性越大，且在 1% 的水平上显著；大学生自我超越的价值观越强烈，选择社会创业的可能性越大，且在 5% 的水平上显著。这说明，如何提升大学生的社会问题感知程度以及创业自信心，是高校社会创业教育应该关注的问题。

表 0 - 22　社会创业特质的相关系数矩阵

	社会创业行为	社会创业自我效能感	道德义务感	同情心	社会问题感知程度	整合性思维	创业思维	亲社会人格	自我超越的价值观	社会经济地位	社会组织工作经历
社会创业行为	1										
社会创业自我效能感	-0.14**	1									
道德义务感	-0.17**	0.54***	1								
同情心	-0.13**	0.69***	0.39***	1							
社会问题感知程度	0.14***	0.22***	0.27***	0.25***	1						
整合性思维	-0.14**	0.70***	0.68***	0.63***	0.24***	1					
创业思维	-0.10**	0.71***	0.65***	0.70***	0.27***	0.64***	1				
亲社会人格	-0.09**	0.61***	0.59***	0.56***	0.31***	0.55***	0.44***	1			
自我超越的价值观	0.20***	0.67***	0.68***	0.55***	0.22***	0.69***	0.65***	0.68***	1		
社会经济地位	-0.05	0.57***	0.53***	0.52***	0.33***	0.56***	0.51***	0.65***	0.56***	1	
社会组织工作经历	-0.01	0.59***	0.55***	0.53***	0.18***	0.53***	0.54***	0.69***	0.49***	0.38***	1

注：表中为 Pearson 相关系数。

表 0-23 社会创业特质对大学生社会创业行为影响的回归结果

自变量		社会创业行为
情感类因素	社会创业自我效能感	−0.036 3
		(−0.77)
	道德义务感	−0.109
		(−2.17)
	同情心	0.005 87
		(0.13)
	社会问题感知程度	0.080 4***
		(4.83)
认知类因素	整合性思维	1.451
		(0.61)
	创业思维	1.487
		(0.62)
人格特征	亲社会人格	−5.762
		(−0.60)
	自我超越的价值观	0.143**
		(−2.69)
个人经历	社会经济地位	1.455
		(0.61)
	社会组织工作	1.495
		(0.63)
社会人口因素		控制
R^2		0.182
样本量		659

注：括号里报告了相应回归系数的标准误差。

(二) 中观层面——社会创业企业画像

围绕文献分析的理论框架，主报告主要从社会创业机会识别、社会创业机会开发、商业模式、经营状况等方面刻画大学生创办的社会企业的情况。

1. 社会创业机会识别

(1) 大学生社会创业的主要领域是青少年特殊教育、弱势群体支持、社区发展。

　　从图 0 - 48 中可以看出，大学生创办的社会企业所在的行业主要是青少年特殊教育（27.71%）、弱势群体支持（24.49%）、社区发展（14.42%）；其他行业分布在养老（12.68%）、农村发展（9.23%）、无障碍服务（7.81%）、生态发展（3.25%）、其他（0.41%）等领域。这些行业领域是当前我国社会问题较多的领域，说明大学生社会创业对社会问题的识别比较精确，解决的社会问题范围比较广。

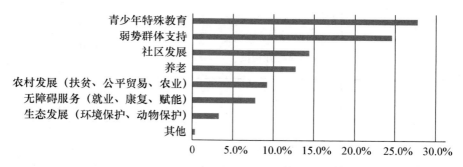

图 0 - 48　大学生社会创业所在的行业领域

　　（2）大学生社会创业主要的服务群体是学生、老年人群。

　　从图 0 - 49 中可以看出，大学生创办的社会企业所服务的对象主要是学生（27.7%）、老年人群（24.5%），其他人群包括贫困人群（14.4%）、残障人士（12.7%）、女性（9.2%）、农村人群（7.8%）、低收入人群（3.3%）。这些人群是当前我国需要帮扶的主要群体，说明大学生社会创业关注的人群范围较广。

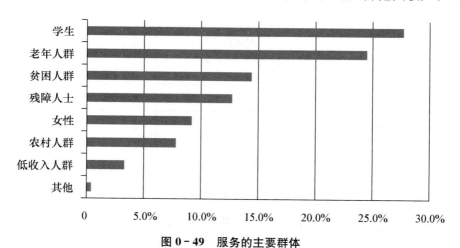

图 0 - 49　服务的主要群体

　　（3）大学生社会创业主要属于机会发现型的主动创业模式。

　　已有文献表明，社会创业机会可以是发现的或创造的，也可以是主动的或被动的。本调查从六个维度描述大学生社会创业机会的来源情况。从图 0 - 50 中可以看出，整体而言，社会创业大学生的社会创业机会主要来自"发现市场痛点，然后思考解决方案"（3.97）、"发现某种技术的潜质，然后寻找能解决的社会或环保问题"（3.88），属于机会发现型的主动创业模式；来自"合伙人先找我"（3.85）、"发现融资机会或投资者，然后寻找市场上的机会"（3.77）等被动型创业模式的机会相对较少。

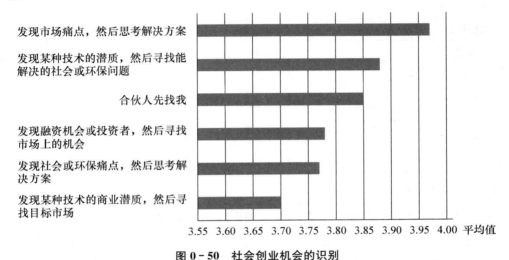

图 0 - 50　社会创业机会的识别

注：为了描述创业机会的来源情况，我们采用 Likert 5 点量表，从六个维度设计了不同题项，并按照同意强度由小到大的顺序，对每个选项赋值 1 到 5。

2. 社会创业机会开发

（1）大学生社会创业资金主要来自家人、自己。

表 0 - 24 列示了大学生创办的社会企业的融资情况。从各资金来源样本数占总样本的百分比的角度看，社会企业的创业资金主要来自家人（43.6%）、自己（42.0%），其他来源包括贷款（39.0%）、创业伙伴（26.2%）、政府或学校支持（17.4%）、一般投资机构（16.7%）。来自朋友和其他社会网络（10.8%）、社会投资机构（9.5%）、慈善机构资助（8.5%）等的资金相对较少。

从各类资金在总资本中所占百分比的角度看，社会企业的创业资金主要来自家人的资金（41.3%）、贷款（39.7%）、自己（33.7%）；其他资金主要来源于一般投资机构（25.7%）、政府或学校支持（25.5%）、创业伙伴（23.0%）。来自低利息微小型金融机构（19.3%）、社会投资机构（11.9%）、众筹（20.0%）的资金相对较少。以上数据说明，支持大学生社会创业的专业性融资机构不多。

表0-24　创业资金主要来源

资金来源	样本数/占总样本的百分比	占总资本百分比的平均数
家人	133/43.6%	41.3%
自己	128/42.0%	33.7%
贷款	119/39.0%	39.7%
创业伙伴	80/26.2%	23.0%
政府或学校支持	53/17.4%	25.5%
一般投资机构	51/16.7%	25.7%
朋友和其他社会网络	33/10.8%	14.6%
低利息微小型金融机构	31/10.2%	19.3%
社会投资机构	29/9.5%	11.9%
众筹	29/9.5%	20.0%
慈善机构资助	26/8.5%	15.0%
其他	22/7.2%	19.9%

注：每个样本有多种资金来源。

（2）大学生社会企业的员工主要是市场化聘用员工或志愿者。

从图0-51中可以看出，社会企业的员工主要是市场化聘用的员工（29.43%）、志愿者（24.65%）。相对而言，低于市场价聘用的员工（23.27%）、高于市场价聘用的员工（22.65%）较少。

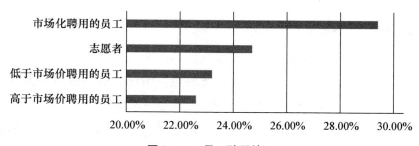

图0-51　员工聘用情况

3. 商业模式

依照相关文献，主报告从商业模式选择、产品/服务定价、收入来源、合作伙伴、投资者参与等要素出发，描述大学生创办的社会企业的商业模式。

（1）大学生创办的社会企业，其商业模式以客户端需求为主。

商业模式选择可以从需求和供给两个角度切入。一是从客户端出发，围绕客户需求进行价值创造；二是从资源端入手，基于技术手段进行商业活动规划。本调查从六个维度描述大学生创办的社会企业的商业模式。从图 0-52 可以看出，大学生创办的社会企业主要是从市场需求（3.87）、环保需求（3.74）、社会需求（3.71）三个角度选择商业模式，属于需求驱动型；相对而言，从技术创新（3.54）的角度选择商业模式的较少。这说明大学生创办的社会企业以客户端需求为主，对基于技术创新的商业模式的关注度较小。

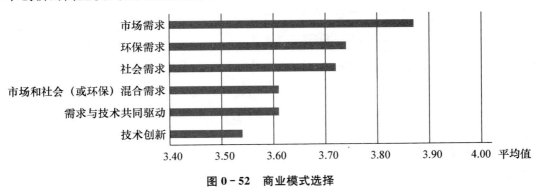

图 0-52　商业模式选择

注：为了描述商业模式的选择情况，本报告采用 Likert 5 点量表，从六个维度描述大学生所创办的社会企业的商业模式情况。每个维度设计了六个选项，并按照同意程度由弱到强对每个选项赋值 1 到 5。

（2）大学生创办的社会企业，其产品/服务的定价方式呈现出多样化特征。

如图 0-53 所示，大学生创办的社会企业，其产品/服务的定价方式比较多样化。受调查者选择的定价方式主要包括低于市场价格定价（38.5%）、高于市场价格定价（37.0%）、补贴定价（35.3%）。此外，还有受调查者选择市场价格（27.2%）、针对客户购买力的差别化定价（26.9%），采取免费策略的社会企业相对较少（5.7%）。这说明，大学生创办的社会企业，其定价方式比较多样化。

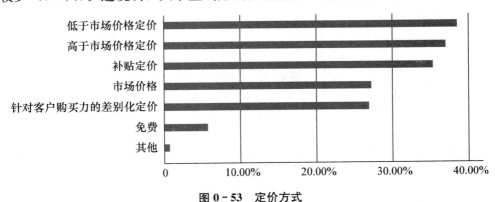

图 0-53　定价方式

（3）大学生创办的社会企业，其收入来源主要是市场收入和政府补贴。

如图 0-54 所示，大学生创办的社会企业，其收入主要来源于市场收入

（31.9%）、政府补贴（24.2%）。此外，其他（23.3%）、捐赠（20.6%）也占相当大的比重。这说明，大学生创办的社会企业的收入来源比较多样化，以市场收入、政府补贴为主。

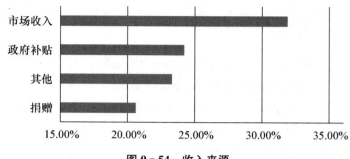

图 0-54　收入来源

（4）大学生创办的社会企业，最重要的合作伙伴是上下游合作伙伴和科研机构。

如图 0-55 所示，大学生创办的社会企业的合作伙伴中，最重要的是上下游合作伙伴（54.09%）、科研机构（50.49%），其次是大企业（46.23%）、用户（36.39%）。相对而言，与同行的合作关系不太密切。

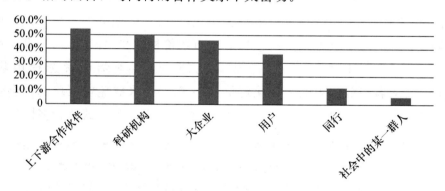

图 0-55　合作伙伴

（5）大学生创办的社会企业中，投资者发挥的主要作用是对接行业资源、参与董事会决策。

本调查从九个维度描述投资者在大学生所创办的社会企业中的作用。从图 0-56 中可以看出，投资者参与社会企业各类经营活动的平均值介于 2.58 与 2.92 之间，略高于中位值 2.5。其中，投资者发挥的主要作用包括对接行业资源（2.92）、教练/导师（2.88）、参与董事会决策（2.88）等。相对而言，投资者在管理团队招聘（2.81）、朋友/密友（2.78）、商业顾问（2.58）等方面的作用不是特别突出。

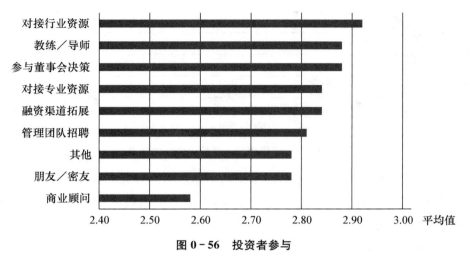

图 0-56　投资者参与

注：为了描述投资者参与公司管理的情况，主报告特别设计了不同题目，调查投资者参与社会企业各种活动的情况，并按照参与程度由弱到强对每个选项赋值 1 到 4。

4. 经营状况

主报告主要从员工人数、用户人数、销售额、盈亏情况、市场估值等角度，描述大学生创办的社会企业的经营状况。

（1）大学生创办的社会企业人员规模较小，大部分在 10 人以下。

如图 0-57 所示，大部分社会企业（75.4%）人数在 10 人以下（含 10 人），属于小微企业。员工人数在 20 人以上的企业，仅占 3.6%。这说明大学生创办的社会企业人员规模较小。调查还发现，与上年相比，社会企业员工数量基本持平。

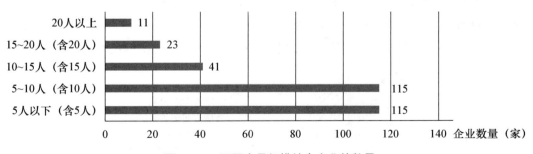

图 0-57　不同人员规模社会企业的数量

（2）大学生创办的社会企业，用户人数大多在 500 人以下。

如图 0-58 所示，近 2/3 的社会企业（192 家）的用户在 500 人以下，用户超过 2 000 人的社会企业只有约 1/10（31 家），其他企业（82 家）的用户介于 500～2 000 人之间。这说明大学生创办的社会企业用户普遍不多。

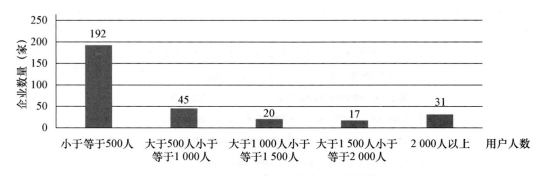

图 0-58　不同用户人数社会企业的数量

（3）大学生创办的社会企业销售额普遍不高，大部分在 50 万元以下。

如图 0-59 所示，近 4/5 的社会企业（237 家）的销售额介于 1 万至 50 万元之间；销售额在 50 万元以上的企业仅有约 1/10（33 家）。这说明大学生创办的社会企业销售额普遍不高。

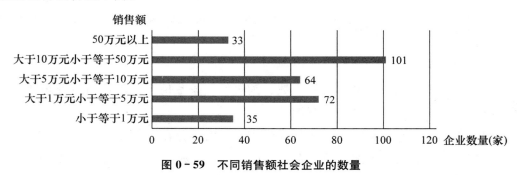

图 0-59　不同销售额社会企业的数量

（4）大学生创办的社会企业总体经营状况较好。

如图 0-60 所示，大学生创办的社会企业中，约 3/4 的企业（79.4%）基本实现盈利或有稳定的现金流，约 1/6 的企业（16.7%）实现了可持续增长，只有极少数企业（3.9%）没有实现盈利。这说明，大学生创办的社会企业总体经营情况较好。

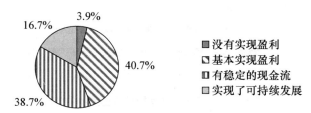

图 0-60　盈亏情况

（5）大学生创办的社会企业规模小，但估值相对较高。

如图 0-61 所示，大学生创办的社会企业中，约 1/2 的企业（141 家）估值在 50 万元以上；有不到 1/3 的企业（89 家）估值在 10 万~50 万元之间；估值在 10

万元以下的企业不到 1/4（75 家）。这说明，尽管大学生创办的社会企业规模小，但其估值相对较高，有较高的人力资本溢价。

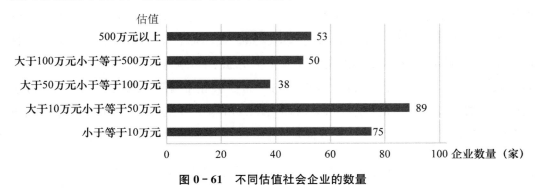

图 0-61 不同估值社会企业的数量

(三) 宏观层面——社会创业生态

1. 高校社会创业教育

（1）社会创业大学生对所在院校社会创业课程较为满意。

本调查从五个维度描述社会创业大学生对所在院校社会创业课程的满意程度。如图 0-62 所示，受调查者在不同维度对社会创业课程的满意度的平均值介于 3.85 与 3.96 之间，高于中位值 3.5，说明社会创业大学生对所在院校社会创业课程较为满意。具体而言，社会创业大学生对社会创业相关课程、社会企业管理课程的满意度较高，而对社会创业案例分析课程、环保产品开发课程等的满意度略低。

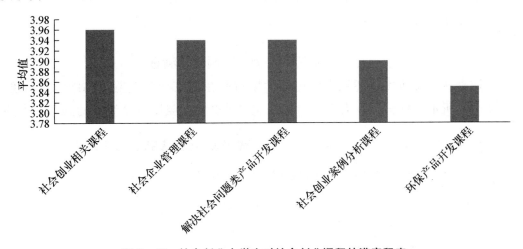

图 0-62 社会创业大学生对社会创业课程的满意程度

注：为了调查社会创业大学生对高校社会创业课程的满意度，我们设计了不同维度的调查题目，每个维度的六个选项按照满意程度从小到大依次赋值 1 到 6。

（2）高校社会创业活动开展情况。

本调查从七个维度描述高校社会创业活动的开展情况。如图0－63所示，受调查者七个维度的平均值介于4.31与4.79之间，高于中位值4，说明社会创业大学生对所在院校社会创业活动开展情况基本满意。具体而言，社会企业相关理论性课程（4.79）、社会企业相关实践性课程（案例分析、实地考察参观等）（4.61）、社会创业竞赛（4.58）等维度的平均值较高，而社会企业家进校指导（4.46）、社会创业孵化器（4.42）、社会企业相关培训活动（讲座、沙龙等）（4.31）等维度的平均值较低，说明高校需要在这些方面加大投入。

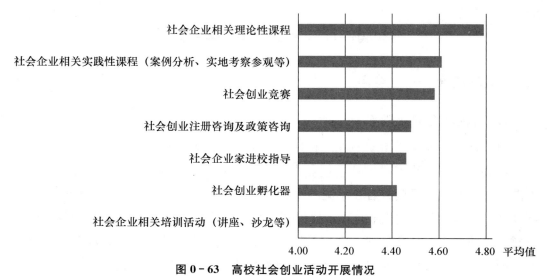

图0－63　高校社会创业活动开展情况

注：为了调查高校社会创业活动开展情况，我们设计了不同维度的调查题目，每个维度设置六个选项，从"没有"至"非常多"，依次赋值1到6。

（3）社会创业大学生对所在院校社会创业氛围比较满意。

本调查从三个维度描述社会创业大学生对所在院校社会创业氛围的满意程度。如图0－64所示，社会创业大学生对所在院校社会创业氛围三个维度的满意程度的

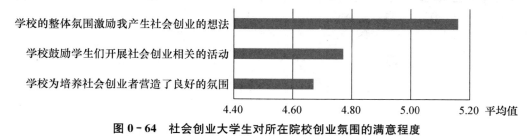

图0－64　社会创业大学生对所在院校创业氛围的满意程度

注：为了调查高校的社会创业氛围，我们设计了三个维度的调查题目，每个维度设置七个选项，按照同意强度从小到大依次赋值1到7。

平均值介于 4.67 与 5.16 之间，高于中位值 4。总体看来，社会创业大学生对所在院校的社会创业氛围比较满意。

（4）社会创业大学生更关注与解决社会问题相关的实用性课程和实务性课程。

为了调查社会创业大学生对社会创业课程的需求，我们设计了五个维度的调查题目，每个维度设置是、否两个选项。如图 0-65 所示，社会创业大学生对环保产品开发课程（59.7%）、社会创业案例分析课程（56.7%）、社会创业相关课程（54.1%）、解决社会问题类产品开发课程（53.1%）的需求相对较高，而对社会企业管理课程（47.5%）的需求相对较低。这表明，社会创业大学生更关注与解决社会问题相关的实用性课程和实务性课程。

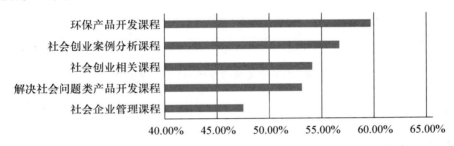

图 0-65　社会创业大学生想修读的课程

（5）社会创业大学生对社会创业类专业、社会创业或创新（研究）中心等有一定需求。

本调查从两个维度描述社会创业大学生对社会创业机构的需求情况。如表 0-25 所示，社会创业大学生对社会创业类专业（3.86）、社会创业或创新（研究）中心（3.90）的需求均高于中位值 3，说明现阶段大学生对设立独立的社会创业类专业、社会创业或创新（研究）中心等有一定需求。这与对在校大学生的研究结论相同。

表 0-25　社会创业大学生对社会创业机构的需求

维度	平均值
社会创业或创新（研究）中心	3.90
社会创业类专业	3.86

注：为了调查社会创业大学生对社会创业机构的需求，我们设计了不同维度的调查题目，每个维度设置五个选项，从"比较不重要"到"非常重要"，依次赋值 1 到 5。

（6）社会创业大学生对学校为社会创业提供相关政策的需求较为强烈。

本调查从五个维度描述社会创业大学生对所在院校社会创业政策的需求情况。如图 0-66 所示，社会创业大学生对所在院校为社会创业提供相关政策的需求的平均值介于 3.57 与 3.92 之间，高于中位值 3，说明社会创业大学生对所在院校为社会创业提供相关政策的需求强烈。具体而言，社会创业大学生对社会创业算学分（3.92）、学校科研成果优先向创业或社会创业的学生转让（3.88）等政策的需求相对比较迫切。这一结论与在校大学生相同。

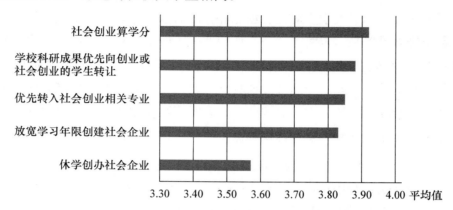

图 0-66　社会创业大学生对学校政策的需求

注：为了调查社会创业大学生对学校政策的需求情况，我们设计了不同维度的调查题目，每个维度的五个选项按照需求强度从小到大依次赋值1到5。

2. 政府支持

（1）大部分社会创业大学生对现有政府支持比较认可。

从图 0-67 可以看出，超过 2/3 的社会创业大学生比较认同或非常认同现有政府支持。这说明，大部分社会创业大学生对现有政府支持比较认可。

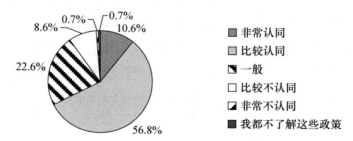

图 0-67　社会创业大学生对现有政府支持的认同

（2）社会创业大学生对政府支持最迫切的需求包括税费减免、创业担保贷款等。

本调查从 11 个维度描述社会创业大学生对政府支持的需求情况。从表 0-26 中可以看出，社会创业大学生在政府支持的 11 个维度上的平均值介于 3.68 与 3.97 之间，高于中位值 3，说明社会创业大学生对政府支持的需求比较强烈。其中，最需要的政府支持是税费减免（3.97）、创业担保贷款（3.91）、专利保护（3.85）、优惠场租（3.85）等。未来政府可以在这些方面制定相应的政策，以激发大学生的社会创业激情。

表 0-26　社会创业大学生对政府支持的需求

维度	平均值
税费减免	3.97
创业担保贷款	3.91
专利保护	3.85
优惠场租	3.85
对接民间或政府机构	3.85
其他	3.84
对接社会或环保问题	3.82
政府认可	3.81
技能培训	3.78
宣传推广	3.77
注册手续简化	3.68

注：为了调查社会创业大学生对政府对社会创业支持的需求情况，我们设计了不同选项，按照需求的强烈程度从低到高依次赋值1到5。

3. 社会支持

本调查从 14 个维度描述社会创业大学生需要的社会支持情况。如表 0-27 所示，在社会支持方面，社会创业大学生在不同维度的平均值介于 3.35 与 3.79 之间，高于中位值 3，说明大学生在社会创业过程中需要较多支持。其中，最需要的支持是融资（3.79）、创业空间或基地（3.70）等。

表 0-27　社会创业障碍

维度	平均值
融资	3.79
创业空间或基地	3.70
政府支持	3.64
大企业等行业合作伙伴	3.58
市场竞争	3.57
创业训练营等培训	3.56
科研支持	3.56
专业的创业服务	3.56

续表

维度	平均值
社会认可	3.54
接触到想帮助的人或地区	3.54
低利息贷款	3.53
社会企业注册	3.53
确定合适的社会问题和目标	3.48
银行贷款	3.35

注：为了进一步了解大学生在社会创业过程中遇到的主要问题，调查问卷设计了不同维度，并按照问题的严重程度从小到大依次赋值 1 到 5。

4. 高校社会创业教育对大学生社会创业行为的影响

已有研究表明，与没有经历过社会创业教育的大学生相比，有社会创业教育经历的大学生更愿意进行社会创业。为研究高校社会创业教育对大学生社会创业行为的影响，主报告以大学生的社会创业行为为因变量，以高校社会创业教育为自变量，进行 Logit 回归分析。结合 2020 年问卷数据和现有文献，我们建立如下模型：

$$Y_i = \beta_1 Class_i + \beta_2 Practice_i + \beta_3 Help_i + \beta_4 Control_i + \delta_i$$

其中 Y 为被解释变量，表示大学生的社会创业行为。如果大学生进行社会创业，则赋值为 1；如果进行普通创业，则赋值为 0。

高校社会创业教育变量主要包括社会创业大学生所在高校社会创业课程开设情况（$Class$）、社会创业大学生所在高校社会创业活动举办情况（$Practice$）以及社会创业大学生对所在高校社会创业氛围的评价情况（$Help$）三个解释变量。前两个变量由 Likert 6 分法来衡量，由低到高分别赋值 1 至 6，其中 1 表示"非常不满意"或"肯定没有"，6 表示"非常满意"或"肯定多"；第三个变量由 Likert 7 分法来衡量，由低到高分别赋值 1 至 7，其中 1 表示"强烈不同意"，7 表示"强烈同意"。

此外，借鉴已有研究，本部分控制了个人和家庭特征变量、社会创业特质（$Control$）。个人特征变量包括年龄、性别、学历、专业、学制、所在年级、就读高校层次等，家庭特征变量包括户口、家庭收入水平等；社会创业特质包括社会创业自我效能感、道德义务感等。β_i 为高校社会创业教育、社会人口因素控制变量对大学生社会创业行为的影响。

各变量之间的相关系数矩阵如表 0 - 28 所示。

表 0 - 28　高校社会创业教育的相关系数矩阵

	大学生的社会创业行为	社会创业大学生所在高校社会创业课程开设情况	社会创业大学生所在高校社会创业活动举办情况	社会创业大学生对所在高校社会创业氛围的评价情况
大学生的社会创业行为	1			
社会创业大学生所在高校社会创业课程开设情况	0.03**	1		
社会创业大学生所在高校社会创业活动举办情况	0.10*	0.63*	1	
社会创业大学生对所在高校社会创业氛围的评价情况	0.19**	0.62*	0.56*	1

注：表中为 Pearson 相关系数。

从表 0 - 28 可以看到，社会创业大学生所在高校社会创业课程开设情况、社会创业大学生所在高校社会创业活动举办情况、社会创业大学生对所在高校社会创业氛围的评价情况的相关性系数不高，说明这些自变量之间不存在严重的多重共线性问题，可以进行回归。高校社会创业教育对大学生社会创业行为影响的回归结果见表 0 - 29。

表 0 - 29　高校社会创业教育对大学生社会创业行为影响的回归结果

自变量	社会创业行为
社会创业大学生所在高校社会创业课程开设情况	0.137** (3.01)
社会创业大学生所在高校社会创业活动举办情况	−0.072 3 (−1.78)
社会创业大学生对所在高校社会创业氛围的评价情况	0.145*** (4.96)
个人和家庭特征	控制
社会创业特质	控制
样本量	659
R^2	0.144

注：括号里报告了相应回归系数的标准误差。

由表 0 - 29 可以看出，高校社会创业课程开设情况、创业氛围会显著影响大学生的社会创业行为。具体而言，就高校社会创业课程开设情况而言，对高校社会创业课程开设情况越满意的学生，越会选择进行社会创业，且在 5% 的水平上显著。这表明，社会创业理论教育通过传授社会创业基础知识，可以增强大学生创业者的社会创业意识，培养良好的社会创业精神和观念，从而对大学生的社会创业行为产生积极影响。就高校社会创业氛围而言，高校社会创业氛围会显著影响大学生的社会创业行为，且在 1% 的水平上显著。这表明，提升高校的社会创业氛围，可以促进大学生选择社会创业。相对而言，高校社会创业活动举办情况对大学生社会创业行为的影响不显著，这也许是高校创业活动大多流于形式导致的。这一研究结论与国内相关研究的结论是吻合的。

六、研究结论

主报告围绕社会创业这一主题，从微观、中观、宏观三个层面，对未创业的在校大学生、社会创业大学生进行了调查研究[①]。现将研究结论总结如下。

（一）微观层面

在微观层面，主报告从社会创业认知、社会创业特质、社会创业意愿等维度，刻画了我国大学生在社会创业认知与意愿方面的情况。

1. 社会创业认知

社会创业认知主要考察大学生对社会创业这一新的创业形式的了解和认知情况。本报告从大学生对社会创业的了解，对社会创业的内涵、特征、成功观的理解等维度进行了调查。

就对社会创业的了解而言，大多数在校大学生对社会创业这一新的创业形式有基本的了解和认知，但仍有约 1/5 的在校大学生对社会创业基本不了解或者完全不了解。

就对社会创业内涵的理解而言，不同类型的大学生有所差异。第一，在校大学生。在校大学生更多地将社会创业视为解决社会问题的事业，关注提供的产品和服务，但对社会创业的形式以及冒险特征的关注相对不足。第二，社会创业大学生。社会创业大学生不仅将社会创业视为解决社会问题的事业，而且将社会创业视为一项冒险性活动。这表明，社会创业实践可能会强化大学生的创业风险意识。第三，

---

① 其中 91.53% 以上的社会创业大学生为尚在学校就读的大学生。

普通创业大学生。普通创业大学生对产品或服务的开发、创业形式等实践操作方面的重视程度，明显高于社会创业大学生。

就对社会创业特征的理解而言，一方面，无论是在校大学生还是社会创业大学生，都能从社会创业机会、创业目标、创业动机三个方面理解社会创业，但对创业动机这一特征的理解分歧较大。这可能是因为，创业机会、创业目标比较外显，容易衡量，而创业动机与心理状态相关，难以测量。另一方面，与普通创业大学生相比，社会创业大学生在对社会创业动机、创业目标、创业机会的理解上分歧较大。

就社会创业成功观而言，一方面，无论是在校大学生还是社会创业大学生，都更关注所解决的社会问题的种类和解决结果，对所解决的社会问题的本质性差异关注偏少。这表明，大学生普遍缺少从深层面推动社会变革的认知，这可能与他们缺少社会体验、缺少对社会问题的深层次感知有关。另一方面，与普通创业大学生相比，社会创业大学生对所解决的社会问题的性质关注不够。这表明，社会创业大学生的社会创业行为，在社会影响力方面考虑不足，尚不能深入到推动社会运动的层面。

2. 社会创业特质

已有研究发现，与普通创业大学生相比，社会创业大学生具有不同的个性特征。本报告将这种不同的个性特征定义为社会创业特质。为了解大学生的社会创业特质，主报告从情感类因素、认知类因素、人格特征、个人经历等四个方面进行了调查。其中，情感类因素包括社会问题感知程度、道德义务感、同情心、社会创业自我效能感四个维度；认知类因素包括创业思维、整合性思维两个维度；人格特征包括亲社会人格、自我超越的价值观两个维度；个人经历包括社会经济地位、社会组织工作经历两个维度。

调查发现，无论是在校大学生还是社会创业大学生，在情感类因素、认知类因素、人格特征、个人经历等方面的平均值都远高于中位值，说明我国大学生普遍具有较好的社会创业特质，有社会创业潜质。具体而言，从情感类因素看，在校大学生和社会创业大学生都有较强的社会创业自我效能感、道德义务感、同情心，但社会问题感知程度相对较低。因此，如何在社会创业教育中提升大学生对社会问题的感知程度，是高校社会创业教育应该重点关注的问题。从认知类因素看，在校大学生和社会创业大学生普遍具有较好的整合性思维、创业思维，适合进行社会创业。从人格特征方面看，在校大学生和社会创业大学生普遍具有很强的亲社会人格、自我超越的价值观，社会创业人格特征较为明显。从个人经历方面来看，在校大学生和社会创业大学生普遍具有较好的社会经济地位，有较丰富的社会组织工作经历，具备进行社会创业的个人经历。

3. 大学生社会创业意愿及其影响因素

考察社会创业意愿旨在调查在校大学生进行社会创业的意愿及其强烈程度。调查结果显示，近一半的在校大学生表示肯定或者可能有社会创业意愿，只有不到1/3 的在校大学生表示肯定没有或可能没有社会创业意愿。这说明，我国高校中有社会创业意愿的大学生比例很高，反映了当今大学生愿意进行社会创业的积极心态。

本调查还发现，社会人口因素（个人特征、家庭特征）、社会创业特质都会影响大学生的社会创业意愿。一方面，就影响大学生社会创业意愿的社会人口因素而言，年龄、学制、家庭收入水平会显著影响大学生的社会创业意愿。具体而言，26～30 岁的大学生，社会创业意愿最强；就学制而言，非全日制学生更倾向于社会创业；家庭收入为中下水平的学生社会创业意愿较弱。另一方面，就影响大学生社会创业意愿的社会创业特质而言，大学生自我超越的价值观会显著影响社会创业意愿，其他因素的影响不显著。

上述调查结果表明，多数大学生有较强烈的社会创业意愿，但这种社会创业意愿受到某些社会人口特征、社会创业特质的影响。

（二）中观层面

为深入了解大学生的社会创业情况，主报告从影响大学生社会创业行为的因素、社会创业机会识别、社会创业机会开发、商业模式、经营情况等方面进行调查，以刻画大学生的社会创业行为。

1. 影响大学生社会创业行为的因素

本调查发现，在全部 926 位大学生创业者样本中，进行社会创业的大学生样本数为 305 人，占全部样本的 32.94%。这说明，社会创业已经成为大学生创业的主要形式。

本调查还发现，一方面，在社会人口特征因素中，学历、专业、父亲学历、户口、父母创业经历，会对大学生社会创业行为产生显著影响，其他因素如性别、年龄、就读高校层次等对大学生社会创业行为影响不显著。具体来看，就专业而言，商科专业的大学生选择社会创业的可能性较低，而自然科学和社会科学专业的大学生选择社会创业的可能性较高；就父亲学历而言，父亲学历越高，对大学生进行社会创业越具有正向影响；就学历而言，大学生的学历越高，对社会创业行为越具有正向影响；就户口而言，农业户口的大学生更愿意进行社会创业；就父母创业经历而言，父母创业经历会对大学生的社会创业行为产生显著的正向影响。另一方面，在大学生社会创业特质方面，只有自我超越的价值观和社会问题感知程度会显著影响社会创业行为，其他因素的影响不显著。

上述调查结果表明，大学生的社会创业行为会受到某些社会人口特征、社会创业特质的影响。在出台鼓励大学生进行社会创业的政策时，要对上述影响因素予以特别关注。

2. 社会创业机会识别

主报告从三个维度调查社会创业大学生对社会创业机会的识别：进入的行业领域、服务的主要群体、创业机会来源。

就进入的行业领域来看，大学生创办的社会企业涉及青少年特殊教育、弱势群体支持、社区发展、养老、农村发展、无障碍服务、生态发展等领域。这些行业领域是当前我国社会问题较多的领域，也是政府出台政策最多的领域，说明社会创业大学生能够跟随政策变化，识别出一些重要的社会问题，但在社区发展、养老、农村发展、无障碍服务、生态发展方面的参与度显然不够。

就服务的主要群体来看，大学生创办的社会企业主要的服务对象是学生、老年人群、贫困人群、残障人士、女性、农村人群、低收入人群。这些人群是当前我国需要帮扶的主要群体，说明大学生社会创业关注的人群范围较广，但不够均衡，特别是对贫困人群、残障人士、女性、农村人群、低收入人群的关注明显不足。

就创业机会来源看，整体而言，社会创业大学生的社会创业机会主要来自"发现市场痛点，然后思考解决方案""发现某种技术的潜质，然后寻找能解决的社会或环保问题"，属于机会发现型的主动创业模式，而来自"合伙人先找我""发现融资机会或投资者，然后寻找市场上的机会"等被动型创业模式的机会相对较少。这说明，大学生在社会创业机会识别方面能力较强。

总之，从社会创业机会识别层面看，一方面，社会创业大学生能够跟随政策的变化，关注主要的社会问题及需要服务的人群，主动寻找社会创业机会；另一方面，在重要社会问题的解决方面及对重点人群的关注方面，还存在明显的缺陷，需要相应的能力培训。

3. 社会创业机会开发

社会创业机会的开发需要资金资源、人力资源。主报告从融资状况、员工聘用两个维度调查大学生社会创业机会的开发情况。

就融资状况而言，不论从各资金来源样本数占总样本的百分比的角度看，还是从社会企业总资本中各类资金所占百分比的角度看，大学生社会创业资金都主要来自家人、自己，其他资金来源如贷款、政府或学校支持、一般投资机构、众筹、低利息微小型金融机构、社会投资机构等占比相对较小。这说明，大学生创办社会企业的资金来源渠道比较单一，支持大学生社会创业的专业性融资机构不多。

就员工聘用情况而言，大学生创办的社会企业中，员工来源比较多样。在全部员工构成中，市场化聘用的员工最多；其次为志愿者以及低于市场价聘用的员工；高于市场价聘用的员工数量最少。这表明，大学生创办的社会企业，员工招聘与社会企业的特点相吻合。

总之，从社会创业机会开发层面看，一方面，社会创业大学生能灵活运用多种方式招聘员工，解决人力资源问题；另一方面，在资金来源方面，大学生主要依赖家庭和自己的资金创办社会企业。如何缓解大学生社会创业中面临的融资难题，是社会各界需要关注的重要问题。

4. 商业模式

主报告主要从商业模式选择、产品/服务定价、收入来源、合作伙伴、投资者参与等五个要素出发，描述大学生所创办的社会企业的商业模式。

就商业模式的选择而言，大学生创办的社会企业主要是需求驱动型的，包括市场需求驱动、环保需求驱动等，对基于技术创新的商业模式的关注度较小。

就产品/服务的定价而言，大学生创办的社会企业定价方式多样。在可供选择的定价方式中，大学生创办的社会企业主要选择低于市场价格定价、高于市场价格定价、补贴定价，其他定价方式包括市场价格、针对客户购买力的差别化定价、免费等。这说明，与普通商业企业按市价定价不同，大学生创办的社会企业，在定价方面的社会特性比较突出。

就收入来源情况而言，大学生创办的社会企业，其收入主要来源于市场收入、政府补贴，其中市场收入所占比重最大，约占全部收入的1/3。这表明，大学生创办的社会企业具有自我造血能力。

就合作伙伴而言，大学生创办的社会企业的合作伙伴中，最重要的是上下游合作伙伴、科研机构，其次是大企业、用户，与同行的合作关系相对不太密切，说明大学生创办的社会企业的社会关系网络较为简单。

就投资者参与而言，在大学生创办的社会企业中，投资者发挥的主要作用包括对接行业资源、教练/导师、参与董事会决策等，说明投资者在孵化、推动大学生社会创业方面发挥着重要作用，不仅提供资金支持，而且提供非资金支持。

总之，从商业模式的角度看，一方面，大学生创办的社会创业，其商业模式的选择以客户端需求为主，定价模式能突出企业的社会特性，具有较强的自我造血能力；另一方面，大学生创办的社会企业，社会合作网络关系简单，主要依赖上下游合作伙伴，而在资金来源及资源对接方面，对投资者的依赖性强。如何引入不同类型的投资者对大学生社会企业进行投资，扩展大学生创办的社会企业的关系网络，使大学生得到更多机构的支持，是需要考虑的一个重要问题。

5. 经营状况

主报告主要从规模（员工人数、用户人数、销售额）、业绩（盈亏情况、市场估值）等角度，调查大学生创办的社会企业的经营状况。

调查结果表明，一方面，大学生创办的社会企业规模小。就员工人数而言，超过 3/4 的社会企业的员工人数在 10 人以下（含 10 人）；就企业用户人数而言，接近 2/3 的社会企业的用户在 500 人以下；就销售额而言，超过 1/2 的社会企业的销售额不到 10 万元；销售额介于 10 万元至 50 万元之间的社会企业仅约占 1/3。

另一方面，大学生创办的社会企业业绩相对较好。就盈亏情况而言，大学生创办的社会企业中，只有 3.9% 的企业没有实现盈利，其他企业或者实现了可持续增长，或者基本实现盈利，或者有稳定的现金流；就市场估值而言，大学生创办的社会企业中，有约 1/2 的估值在 50 万元以下，其他企业的估值均在 50 万元以上，存在较高的人力资本溢价。

总之，就经营情况而言，尽管从员工人数、用户人数、销售额等方面看，大学生创办的社会企业规模较小，但从盈亏情况、市场估值等方面看，大学生创办的社会企业有较高的溢价、较好的现金获取能力，发展前景良好。

（三）宏观层面

宏观层面主要调查大学生社会创业生态，具体包含三个方面：高校社会创业教育、政府支持、社会支持等。

1. 高校社会创业教育

主报告从高校社会创业课程开设情况、高校社会创业活动开展情况、大学生的需求、高校社会创业氛围等方面调查高校社会创业教育情况。

就高校社会创业课程与活动的开设与开展情况而言，一方面，从社会创业课程的层面看，大学生对各类社会创业课程都比较满意，但社会创业大学生的满意程度低于在校大学生。具体来说，在校大学生对社会创业相关课程、解决社会问题类产品开发课程、社会创业案例分析课程等具有实操性的课程满意度最高，而对社会企业管理课程、环保产品开发课程的满意度略低；社会创业大学生则对社会创业相关课程、社会企业管理课程的满意度较高，而对社会创业案例分析课程、环保产品开发课程等实务类课程的满意度略低。这说明，高校要注重实务类课程的开发和教学。另一方面，从社会创业活动的层面看，在校大学生对高校社会创业活动开展情况的满意度较高，但社会创业大学生的满意程度低于在校大学生。具体来说，无论是在校大学生还是社会创业大学生都对社会企业相关理论性课程、社会创业竞赛、社会企业相关实践性课程（案例分析、实地考察参观等）比较满意，而对社会创业孵化器、社会企业相关培训活动（讲座、沙龙等）等满意度较低。这说明，大学需要在高校社会创业生态建设方面加大投入，提供更多的服务和支持。

为调查大学生对高校社会创业教育的需求情况，本报告从课程需求、创业机构需求、学校政策需求三个维度进行调查。调查结果表明，第一，大学生对实用性课程的需求较为强烈。大学生对环保产品开发课程、社会创业案例分析课程、解决社会问题类产品开发课程的需求相对较高。这表明，大学生更关注与解决社会问题具体产品相关的实用性课程。第二，大学生对社会创业机构有强烈需求。大学生对社会创业类专业、社会创业或创新（研究）中心等有较为强烈的需求。这说明，在时机合适的时候，高校有必要设立独立的社会创业类专业、社会创业或创新（研究）中心等。第三，大学生对学校政策有一定的需求。具体而言，大学生对社会创业算学分、学校科研成果优先向创业或社会创业的学生转让、放宽学习年限创建社会企业等政策有着较为强烈需求。

就社会创业氛围而言，大学生对学校的社会创业氛围的满意度比较高，但社会创业大学生对高校社会创业氛围的满意度低于在校大学生，说明高校的社会创业氛围仍有提高的空间。

除上述调查外，主报告还调查了高校社会创业教育对大学生社会创业意愿、社会创业行为的影响。第一，高校社会创业教育对大学生社会创业意愿的影响。调查发现，大学生对高校社会创业课程开设情况的满意度、对高校创业氛围的满意度会显著影响大学生的社会创业意愿。具体而言，对高校社会创业课程开设情况越满意的大学生，其社会创业意愿越强烈；对高校社会创业氛围的评价越高的大学生，其社会创业意愿越强烈。相对而言，高校社会创业活动举办情况对大学生的社会创业意愿影响不显著。第二，高校社会创业教育对大学生社会创业行为的影响。调查发现，大学生对高校社会创业课程开设情况的满意度、对高校创业氛围的满意度，同样会显著影响大学生的社会创业行为。具体而言，对高校社会创业课程开设越满意的大学生，越倾向于进行社会创业；对高校社会创业氛围评价越高的大学生，越倾向于进行社会创业。相对而言，高校社会创业活动举办情况对大学生的社会创业行为影响不显著。这说明，高校社会创业教育有助于提升大学生的社会创业意愿并促进其社会创业行为。因此，高校亟须提升社会创业课程的质量、营造良好的社会创业氛围。

2. 政府支持

主报告调查了社会创业大学生对政府目前社会创业政策的认同程度以及需要的政策支持。调查结果表明，一方面，超过 2/3 的社会创业大学生比较认可现有的政府支持。另一方面，社会创业大学生对政府支持有一定需求。按照需求程度由强到弱的顺序排列，分别是税费减免、创业担保贷款、专利保护、优惠场租、对接民间或政府机构、对接社会或环保问题、政府认可、技能培训、宣传推广、注册手续简化等。政府可以在这些方面制定相应的政策，以激发大学生的社会创业激情。

3. 社会支持

本报告从 14 个维度对大学生社会创业的社会支持情况进行了调查。调查发现，按照由强到弱的顺序，大学生社会创业面临的最大障碍分别是融资、创业空间或基地、政府支持、大企业等行业合作伙伴、市场竞争、创业训练营等培训、科研支持、专业的创业服务、社会认可、接触到想帮助的人或地区、低利息贷款、社会企业注册等。要大力发展公益创投、社会影响力投资机构等，加大对大学生社会创业的社会支持力度。

七、对策建议

本调查发现，大学生普遍具有很好的社会创业特质，社会创业意愿强烈，但大学生在社会创业过程中，也面临着各种障碍和困难。激发大学生的社会创业意愿，为大学生社会创业提供适宜的创业环境，需要高校、政府、社会三方面的支持，以构建"三位一体"的大学生社会创业生态。为此，本报告从高校教育、政府支持、社会支持三个方面提出相关对策建议。

(一) 高校教育

学校是在校大学生学习与生活的重要场景，也是其接受的社会创业教育的主要渠道。学校完善的社会创业教育体系，能够为大学生提供社会创业和管理技能，从而对大学生社会创业意愿及创业行为起重要的支持作用。结合本报告的调查结果以及国内外高校的实践，我们提出如下建议，以构建多层次的高校社会创业教育体系。

1. 重视高校的社会创业教育

（1）增设与社会创业相关的课程。

在过去 20 多年的时间里，社会创业成为欧美国家教育界的显学，出现在顶尖的商学院和公共学院中，这些学院争相开设相关课程。如美国哈佛大学和斯坦福大学等著名学府在 MBA 专业中开设了社会创业课程，哥伦比亚大学和纽约大学斯坦恩商学院开设与社会创业相关的课程已有数年。目前，哈佛大学商学院的社会创业课程将社会企业管理、企业社会责任管理和社会商业管理纳入其中，共有 19 门课程。在我国，湖南大学于 2004 年起开设社会创业课程，是国内高校社会创业教育领域的先行者。之后，北京大学、清华大学、上海交通大学、中国人民大学等院校也开设了相关课程。但总的说来，这些高校开设的社会创业课程数量有限，相对零散、不系统，也缺乏针对性；一些高校仅仅在社会工作、非营利性组织、创业类课程和管理类课程的分支中稍微涉及社会创业的内容。这导致大学生创办的社会企业在目标设定上缺乏对重要社会问题的关注；在相对狭隘和短视的创业目标指引下，大学生进行社会创业时，在提供产品、服务以及选择模式等方面，都缺乏创新意识和能力。本次调查证实了这些问题的存在。如何针对社会企业的特点，增加与社会创业相关的课程，如环保产品的设计、解决社会问题的产品的开发、商业模式设计等，是各所高校应该重视的问题。作为权宜之计，没有条件的学院，可以将"全球变革""企业社会责任""可持续发挥发展""绿色创业""社会使命"等理念嵌入原有的创业教育内容中，转变单纯培养商业创业者的传统狭隘理念，启蒙社会创业精神，弥补社会创业课程这一生态的角色缺失，培养更多致力于社会变革的社会创业家。

此外，本调查还发现，社会创业教育与专业教育存在"两张皮"现象：自然科学、社会科学专业的大学生更愿意从事社会创业，而商科专业的大学生从事社会创业的人数反而较少。实际上，许多社会创业项目需要将公益知识与专业技术知识结合起来才能解决困扰社会的难题。这表明在大学教育中，将社会创业教育与自然科学、社会科学等专业教育相融合，是未来高校社会创业教育课程设计值得尝试的一个领域。国外许多大学在这方面做了许多有益的探索。例如，哈佛大学除了商学院开设"金字塔底端的商业"等课程外，法学院开设了"社会创业导论"课程，教育研究院开设了"教育革新与社会创业"课程，肯尼迪政府学院开设了"私立与社会部门的创业"课程。有的大学致力于推动社会创业教育的学科融合，如宾夕法尼亚州立大学工程学院面向全校学生设了"人道主义工程与社会创业"辅修和证书项目；纽约大学法学院与商学院合作开设了"法律与创业"专业，鼓励学生毕业后创办与法律相关的非营利性组织等；布朗大学成立了TRI社会问题试验室，旨在让学生跨学科合作研究复杂社会问题，开发并测试相应的创新性解决方案。

本报告赞同徐小洲等[1]的看法，认为社会创业课程体系的构建应坚持横向多样性与纵向专业性并重的原则。从横向看，不同学院都可以结合自身专业特性开设社会创业相关课程，着眼于大学生的社会创业知识和理论、精神与技能，在全校范围内开设多种类型的社会创业课程；从纵向看，相关组织机构应该着眼于大学生社会创业的方法与实践，构建起专业课程体系，对有志于从事社会创业的大学生进行专业化的教学。在这一理念下，高校社会创业教育体系应形成"通识课程—专业融合课程—专业深化课程"的金字塔结构：通识类课程受众最广并面向全校开放，专业融合课程在不同专业学院开设，专业深化课程主要面向将社会创业作为就业选择的学生。

（2）注重社会创业课程的授课形式。

大多数高校注重社会创业理论的灌输，忽视创业意识的培养、创业技能的掌握和训练。这种功利性的、注重形式的做法，使社会创业教育失去了实践性和实操性，使社会创业大学生激情有余而内功不足。这一点在本次调查中也得到了证实。因此，社会创业教育必须注重采用多样化的授课形式，应包含社会创业实践环节，以推动社会创业教育更好地开展。具体而言，高校应该鼓励教师以多种方式讲授社会创业课程，将案例分析、角色模拟、社会企业实践性课程、社会企业家进课堂等形式结合起来，倡导将理论讲授与模拟训练、范例教学结合起来，通过模拟创业情景、创业过程让学生感受社会创业，同时向学生讲述典型的社会创业实例，揭示社会创业活动的本质、规律和要领。

在这方面，由浙江敦和慈善基金会和公益慈善学园联合发起的善识计划给我们提供了很好的启示。善识计划由敦和慈善基金会资助，自2019年9月起在全国20所高校开展。该计划的主要内容是资助每所高校招募一位老师，开设全校慈善通识选修课，在大学生中传递慈善知识和理念，为他们打开了一扇与社会互动的窗户。善识计划采取"高校教师＋实务工作者"的双师制，除了授课老师外，还邀请公益

---

① 徐小洲，倪好. 社会创业教育的发展趋势与策略. 高等教育研究，2017（2）.

组织从业者为学生授课。体验式慈善教学法是善识计划中的"硬核"教学新模式，其核心理念是鼓励学生"走出去"，从课堂走向社会，亲身参与慈善实践。大学的社会创业教育也可以借鉴这种教学模式。

（3）强化社会创业研究。

西方发达国家的社会创业教育起步较早，哈佛大学、哥伦比亚大学和斯坦福大学等国际知名高校都有专门针对社会创业的研究中心。相对而言，我国社会创业研究起步较晚，尚处于萌芽阶段。2008 年，湖南大学最早创立中国公益创业研究中心，该中心组织编写了《公益创业学》，创办了公益创业门户网站"中国公益创业网"以及《大学生公益创业》杂志，开展了"产学研一体化"的公益创业教育项目。同年，珠三角地区部分职业院校组建社会创业研究团队，建立社会创业研究室并开展了相关研究。2017 年，中国人民大学设立尤努斯中心。在不到三年的时间内，尤努斯中心先后组织多名教师对中国优秀社会企业进行访谈，并出版了《社会企业家精神》（第一辑、第二辑），在社会上引起了强烈反响。以这些优秀社会企业为样本，尤努斯中心开发的多篇教学案例获得了中国百优管理案例奖。这些科研成果极大地促进了中国人民大学商学院在社会创业方面的教学工作。尤努斯中心在2018 年开始为本科生、MBA 学生开设"社会创业与社会企业家精神"课程，受到了同学们的极大欢迎。由此可见，强化社会创业研究，有助于提高社会创业教育水平，形成正向循环。本调查也发现，大学生对高校社会创业研究中心的需求比较强烈。因此，高校应根据自身条件，设立社会创业研究中心，强化社会创业研究，研发课程、撰写教材、打磨团队，以更好地教授大学生社会创业知识和技能。

（4）设立社会创业专业。

在我国，各高校虽然有相当一部分人在做社会创业教育探索工作，但社会创业并未被系统地纳入国家教学安排以及学校整体人才培养体系。国外在这方面较为领先，如哈佛商学院 2004 年 9 月开始招收第一批"社会创业"博士生。在 2008 年，全球有 35 所高校开设了社会创业类专业，其中 30 所为美国高校。美国贝尔蒙特大学商学院开设的社会创业本科专业，要求学生修读通识课程、专业课程和专业选修课程，共计 128 个学分，"创业部分"全专业统一课程，而"社会部分"可以在经济发展、全球社会创业、当代社会问题、信仰、文化与道德、环境科学等主题中自由选择其一，毕业时可以申请文学学士或理学学士学位。南加州大学在研究生阶段开设了社会创业专业，共需修读 9 门必修课和 2 门选修课，学生毕业时可以获得理学硕士学位。

本次调查表明，大学生对设立社会创业类专业有一定的需求。在时机合适的时候，我国高校可以设立社会创业类专业甚至社会创业学院，将社会创业教育全面纳入高等教育人才培养体系，以推动高校社会创业教育登上新台阶，吸引更多、更优秀的师资和学生。这样可以推动大学生着眼于解决重大的社会问题，如扶贫、就业、环境污染等，并在实质意义上推动社会变革，改变目前大学生社会创业仅仅关注解决的社会问题的种类及解决结果的窘境，同时也可以使更多大学生从社会创业教育中受益，为其未来职业生涯提供更多选择和路径。

2. 强化高校的社会创业氛围

高校应该建立支持体系，打造动态开放的生态系统，为大学生进行社会创业保驾护航。

（1）加大对社会创业项目的支持力度。

社会创业项目是连接课程与实践的桥梁，也是大学生进行社会创业实践的重要载体。2008年，湖南大学举办了首届中国大学生公益创业挑战赛。随后，复旦大学、中山大学、山东大学等数十所高校都开始了大学生社会创业的实践和探索。2010年，清华大学举办了"北极光—清华"全国大学生公益创业实践赛和"让志愿与微笑成为青年学生的习惯"首届全国大学生志愿公益论坛。2014年，"挑战杯"全国大学生课外学术科技作品竞赛将公益创业单列在竞赛体系中。经过这些年的发展，大学生社会创业实践项目逐步在全国推广，如"创青春"全国大学生公益创业大赛、"青年恒好"公益创业大赛、中国公益慈善项目大赛等全国性比赛相继创办并吸引了越来越多的大学生团队参与。高校大学生通过参与这些社会创业项目，可以寻找社会痛点、组建团队、建立具有自我造血功能的商业模式，并提升自身的社会创业能力。本调查也发现，大学生希望学校能够加大对社会创业项目的支持力度。因此，高校应该鼓励本校大学生经常参加学校、地区、国家和全球性的商业计划竞赛，这些竞赛可以为获胜团队设计的有前景的企划方案提供启动资金。同时，这些比赛还有利于将大学生接入正在寻求新的投资机会的投资者和业内专家这个强大网络中，提升大学生社会创业的成功概率。

（2）设立社会创业孵化器及创业园区。

高校内的科技园和创业园是成果转化、创业企业孵化与创新型高端人才培养的重要平台，有利于推动高校整合并开发社会创业资源，帮助大学生实现由创新模拟向创业实体的飞跃。本次调查发现，多所样本高校均建立了孵化项目的科技园、创业园，但大部分高校还未设立专门的大学生社会创业孵化平台和创业园区。在条件合适的情况下，高校设立社会创业孵化器及创业园区，也是大学生期盼的事项之一。在具体实施中，高校可以和社会力量联手合作。如汇欣苑科技孵化基地是在国家三个部委发起的"支持女大学生创业"的公益行动中创立的。其在成立之初，主要支持女大学生就业创业培训孵化，后来逐渐扩展到支持所有大学生，以及退伍军人和下岗妇女的就业和创业。该基地内汇集了一批高科技、文化创意以及现代服务业方面的优秀企业，能够为重点就业人群提供从培训到实习、兼职、就业、创业的一条龙服务，帮助大学生们走好人生的职业发展之路。汇欣苑科技孵化基地正致力于打造北京市第一家社会企业孵化器，为中国培养更多既有经济价值又有公益价值的社会企业。高校可以与类似基地合作，共同创建大学生社会创业孵化基地。

（3）出台相关鼓励措施。

本次调查发现，大学生普遍有较为强烈的社会创业意愿，希望高校能够出台相关措施，鼓励他们进行社会创业。具体而言，高校可以为大学生提供休学创办社会企业、放宽学习年限创建社会企业、社会创业算学分等相关政策，以激励大学生进行社会创业。此外，高校还可以建立大学生社会创业咨询指导服务中心，对大学生提供社会创业方面的咨询和指导服务。

（二）政府支持

政府部门是社会企业创立与发展的外在推手，可以通过多种方式推动大学生进行社会创业。

1. 政策支持

近年来，我国政府对公益组织、大学生创新创业等都给予了一定的政策扶持，对社会资源分配有一定的良性引导，但由于缺乏实质性、大力度的创新性扶持，社会企业始终没有得到各方的有效关注，依然在夹缝中生存。本次调查表明，社会创业大学生对政府政策支持有较强烈的需求。未来政府可以在税费减免、创业担保贷款、优惠场租、政府购买、资金扶持等方面制定相应的政策，以激发大学生的社会创业激情，在消除贫困、保障基础医疗卫生设施、促进教育均衡、提倡环境保护等重要社会发展议题上，引导大学生社会创业团队参与解决重大民生问题。

2. 法律支持

当前，中国经济体制转轨不断深化，政府职能也发生了转变，已从包揽社会服务、福利、救济转向鼓励培育社会力量参与社会服务的提供。与此同时，我国仍然存在政府、营利性企业和非营利性组织之间分工不明确的问题。在处理社会问题上，政府没有给非营利性组织和社会企业留出明晰的空间，并没有相关的法律对其合法性进行保障，加剧了其发展困境，并导致大众对这一主体的认可度和信赖度不足。由于没有法律保障，当前我国现存的很多所谓的社会企业均以社会团体、公益组织或商业企业的形式存在。本次调查发现，这种现象在大学生社会创业群体中也普遍存在。因此，政府要完善与社会创业相关的法律、法规建设，在遵循现行宪法的前提下，结合我国社会企业的发展实际，对大学生创办社会企业的基本条件、注册登记、税收、管理制度以及社会企业的性质、宗旨、地位、组织形式、权利义务等进行立法，明确社会企业的身份，界定社会企业发展的空间，使大学生创办的社会企业及其运行合法化、规范化。

3. 推行绿色行政措施

创业有风险。据《第一财经日报》统计，2017—2019 年三年间，中国初创企业存活率不足 1%。因此，大学生社会创业的成功率可能更低。虽然大学生社会创业活动是经济活动，但其最终目的是为社会服务、解决社会问题以及化解大学生的就业难题。大学生在创办社会企业的过程中必然会涉及多个部门，如果没有政府的强力支持和帮助，那么大学生社会创业将更加难以成功。为更好地扶持大学生进行社会创业，政府应当推行绿色行政措施，沟通和协调大学生社会创业过程中的各种关系，消除大学生社会创业过程中的阻力，为大学生社会创业创造良好的政策环境。比如，政府部门可开通申办社会企业的网上办公室，组织和个人通过此窗口可以完成创办社会企业的许多行政手续；政府部门可与相关协会组织联合推出"业务专窗"项目，为社会创业大学生提供涵盖咨询、会计、法律、宣传营销等的综合服务。总之，这些措施既能简化大学生社会创业的行政手续、提高办事效率，又能降低大学生社会创业的行政成本、提高大学生社会创业的成功概率。

（三）社会支持

社会创业教育不仅有利于增强大学生的创业就业能力，而且是解决社会问题的助推器。因此，社会创业教育需要得到全社会的支持。目前，我国大学生社会创业较少能得到社会的支持，甚至比不上商业创业。本报告认为，可以从如下方面入手，为大学生社会创业提供必要的社会支持，营造良好的社会创业环境。

1. 资金支持

本次调查发现，大学生社会创业最需要的社会支持是融资，而大学生社会创业的资金来源主要是自己和家人。因此，在调查对象中，大部分大学生都是来自中等以上收入的家庭，家庭比较贫困的大学生较难参加社会创业。与国内大学生社会创业不同，国外大学生社会创业活动的开展得到了企业在资金方面的极大支持。我国高校大学生的社会创业行为同样需要得到众多有社会责任感的企业家、企业管理人士在财力方面的支持。此外，其他各类组织如基金会、银行、多边投资机构、公益创投机构、社会风险资本等，如何采用多样化的投资方式如资助与赠予、公益创投、债权、信贷联盟、社会投资基金、股权投资等，助推大学生进行社会创业，也是需要重点关注的问题。

2. 非资金支持

在非资金支持方面，社会投资中介服务组织、社会企业孵化服务机构及社会企业网络培育组织构成了影响大学生社会创业的支持服务体系。其中，社会投资中介服务组织在社会投资的供求双方之间发挥中介作用，为社会企业提供金融投资、专业技能、创新指导、绩效评估、社会网络等多方面的服务；社会企业孵化服务机构为初创期的社会企业提供发展必需的商业运营知识与技能，服务形式包括商业咨询、技能培训、启动经费、信息平台、社会网络资源等；社会企业网络培育组织的活动领域包括倡导和教育公众、推广社会企业最佳经验、促成跨部门合作与沟通、开展相关研究等方面。本次调查发现，大学生对非资金支持的需求也比较强烈。除融资外，大学生社会创业需要各种非资金支持。因此，全社会应大力推动各类组织为大学生社会创业提供非资金支持，以激发大学生的社会创业热情。例如，公益创投机构和企业、非营利性机构等，可以通过现场培训、实习交流、合作开设课程等形式促进大学生能力建设；科研单位与中介组织可以发挥其技术成果转化优势，保障大学生专利权益及其市场拓展；其他非营利性组织或社会企业可借助"借壳孵蛋""直接帮扶""导师带徒弟"等方法，帮助大学生创办社会创业组织。

参考文献

［1］蔡莉，崔启国，史琳. 创业环境研究框架. 吉林大学社会科学学报，2007（1）.

［2］陈劲，王皓白. 社会创业与社会创业者的概念界定与研究视角探讨. 外国经济与管理，2007（8）.

［3］仇思宁，李华晶. 从个人创伤到社会创业：基于亲社会性的多案例研究. 研究与发展管理，2019（5）.

［4］邓国胜. 社会企业的发展需要耐心资本和中间平台. 公益时报，2019-12-04.

［5］傅颖，斯晓夫，陈卉. 基于中国情境的社会创业：前沿理论与问题思考.

外国经济与管理，2017（3）.

　　[6] 李远煦. 社会创业大学生创业教育的新范式. 高等教育研究，2015（3）.

　　[7] 刘蕾，邓逸雯. 高校公益创业教育：评价指标体系构建与现状分析. 高等教育管理，2020（1）.

　　[8] 刘振，杨俊，张玉利. 社会创业研究：现状述评与未来趋势. 科学学与科学技术管理，2015（6）.

　　[9] 刘志阳，金仁旻. 社会企业的商业模式：一个基于价值的分析框架. 学术月刊，2015（3）.

　　[10] 刘志阳，邱舒敏. 公益创业投资的发展与运行：欧洲经验与中国启示. 经济社会体制比较，2014（2）.

　　[11] 刘志阳，庄欣荷. 社会创业定量研究：文献述评与研究框架. 研究与发展管理，2015（2）.

　　[12] 刘志阳. 公益创投应成为社会创业主要融资方式. 光明日报，2016-11-24.

　　[13] 毛基业，赵萌，等. 社会企业家精神：创造性地破解社会难题. 北京：中国人民大学出版社，2018.

　　[14] 汪忠，吴倩，胡兰. 基于DEA方法的社会企业双重绩效评价研究. 中国地质大学学报，2013（4）.

　　[15] 王博，王浩杰，严煦. 当代大学生对社会企业的认知状况调查与思考. 北京农业职业学院学报，2016（1）.

　　[16] 王世强. 社会企业在全球兴起的理论解释及比较分析. 南京航空航天大学学报（社科版），2012（3）.

　　[17] 邬爱其，焦豪. 国外社会创业研究及其对构建和谐社会的启示. 外国经济与管理，2008（1）.

　　[18] 谢家平，刘鲁浩，梁玲. 社会企业：发展异质性、现状定位及商业模式创新. 经济管理，2016（4）.

　　[19] 辛传海. 公益风险投资：社会企业融资的有效途径. 中央财经大学学报，2011（12）.

　　[20] 徐小洲，倪好. 社会创业教育的发展趋势与策略. 高等教育研究，2017（2）.

　　[21] 严中华，姜雪，林海. 社会创业组织商业模式要素组合分析：以印度Aravind眼科医院为例. 科技管理研究，2011（21）.

［22］颜志刚，周海宁，范芳玲. 大学生对社会企业的认知及实践：以韶关学院为例. 韶关学院学报，2014（9）.

［23］原磊. 商业模式体系重构. 中国工业经济，2007（6）.

［24］曾建国. 大学生社会创业环境比较分析：基于北京、上海、长沙三城市的实证研究. 继续教育研究，2014（6）.

［25］曾涛. 企业商业模式研究. 成都：西南财经大学，2008.

［26］Afuah A，Tucci C. Internet business models and strategies：text and cases. New York：McGraw-Hill/Irwin，2001.

［27］Ajzen I. The theory of planned behavior. Organizational Behavior and Human Decision Processes，1991，50（2）：179−211.

［28］Alter K. Social Enterprise typology. Virtue Ventures LLC，2007（3）：1−124.

［29］Alvarez S A，Barney J B. Entrepreneurial opportunities and poverty alleviation. Entrepreneurship Theory and Practice，2014，38（1）：159−184.

［30］Arend R J. A heart-mind-opportunity nexus：Distinguishing social entrepreneurship for entrepreneurs. Academy of Management Review，2013，38（2）：313−315.

［31］Austin J，Stevenson H，Wei-Skillern J. Social and commercial entrepreneurship：Same，different，or both? Entrepreneurship Theory and Practice，2006，30（1）：1−22.

［32］Bacq S，Alt E. Feeling capable and valued：a prosocial perspective on the link between empathy and social entrepreneurial intentions. Journal of Business Venturing，2018，33（3）：333−350.

［33］Bacq S，Janssen F. The multiple faces of social entrepreneurship：a review of definitional issues based on geographical and thematic criteria. Entrepreneurship and Regional Development，2011，23（5）：373−403.

［34］Bandura A. Social foundations of thought and action：a social cognitive theory. Englewood Cliffs，N J：Prentice-Hall. 1986.

［35］Borzaga C，Defourny J. The emergence of social enterprise（1st edition）. London：Routledge，2001.

［36］Christopoulos D C，Vogl S. The motivation of social entrepreneurs：the roles，agendas and relations of altruistic economic actors. Journal of Social Entrepreneurship，2014，6（1）：213-254.

[37] Dacin P A，Dacin M T，Matear M. Social entrepreneurship：why we don't need a new theory and how we move forward from here. Academy of Management Perspectives，2010，24（3）：37-57.

[38] Dees J G，Anderson B B. Framing a theory of social entrepreneurship：building on two schools of practice and thought. ARNOVA Occasional Paper Series，2006，1（3）：39-66.

[39] Dees J G. Enterprising nonprofits. Harvard Business Review，1998，76（1）：54-67.

[40] Dees J G. The social enterprise spectrum：philanthropy to commerce. Boston：Harvard Business School Press，1996.

[41] Defourny J，Nyssens M. Social enterprise in europe：at the crossroads of market，public policies and third Sector. Policy & Society，2010，29（3）：231-242.

[42] Desa G，Basu S. Optimization or bricolage? Overcoming resource constraints in global social entrepreneurship. Strategic Entrepreneurship Journal，2013，7（1）：26-49.

[43] Doherty B，Haugh H，Lyon F. Social enterprises as hybrid organizations：a review and research agenda. International Journal of Management Reviews，2014，16（4）：417-436.

[44] Frese M，Gielnik M M. The psychology of entrepreneurship. Annual Review of Organizational Psychology and Organizational Behavior，2014，1（1）：4552-4556.

[45] Gartner W B. A conceptual framework for describing the phenomenon of new venture creation. Academy of Management Review，1985（10）：696-706.

[46] Gartner W B. "Who is the entrepreneur" is the wrong question. American Journal of Small Business，1998（12）：11-32.

[47] Gawell M. Social entrepreneurship-innovative challengers or adjustable followers? Social Enterprise Journal，2013，9（2）：321-358.

[48] Germak A J，Robinson J A. Exploring the motivation of nascent social entrepreneurs. Journal of Social Entrepreneurship，2013，5（1）：5-21.

[49] Gnyawali D R，Fogel D S. Environments for entrepreneurship develop-

ment: key dimensions and research implications. Entrepreneurship Theory and Practice, 1994 (4): 43−62.

[50] Gupta P, Chauhan S, Paul J, et al. Social entrepreneurship research: a review and future research agenda. Journal of Business Research, 2020 （113）: 209−229.

[51] Hockerts K. Determinants of social entrepreneurial intentions. Entrepreneurship Theory and Practice, 2017, 41 (1): 105−130.

[52] Kirzner. Perception, Opportunity, and profit. Chicago: University of Chicago Press, 1979.

[53] Krueger N F, Reilly M D, Carsrud A L. Competing models of entrepreneurial intentions. Journal of Business Venturing, 2000, 15 (5−6): 411−432.

[54] Kruse P, Wach D, Costa S, et al. Values matter, don't they? — Combining theory of planned behavior and personal values as predictors of social entrepreneurial intention. Journal of Social Entrepreneurship, 2019, 10 (1): 55−83.

[55] Kruse P, Wach D, Wegge J. What motivates social entrepreneurs? A meta-analysis on predictors of the intention to found a social enterprise. Journal of Small Business Management, 2020 （12）: 1−32.

[56] Mair J, Noboa E. Social entrepreneurship: how intentions to create a social venture get formed//Mair J, Robinson J, Hockerts K. Social entrepreneurship. New York: Palgrave MacMillan, 2006: 121−136.

[57] McMullen J S. Delineating the domain of development entrepreneurship: a market-based approach to facilitating inclusive economic growth. Entrepreneurship Theory and Practice, 2011, 35 (1): 185−193.

[58] Miller T L, Grimes M G, McMullen J S, et al. Venturing for others with heart and head: how compassion encourages social entrepreneurship. Academy of Management Review, 2012, 37 (4): 616−640.

[59] Méndez-Picazo M T, Ribeiro-Soriano D, Galindo-Martín M N. Drivers of social entrepreneurship. European Journal of International Management, 2015, 9 (6): 766−779.

[60] Nga J K H, Shamuganathan G. The influence of personality traits and demographic factors on social entrepreneurship start up intentions. Journal of Business Ethics, 2010, 95 (2): 259−282.

[61] Nyssens M. Social enterprise: at the crossroads of market, public policies and civil society. London and New York: Routledge, 2006.

[62] Penner L A, Finkelstein M A. Dispositional and structural determinants of volunteerism. Journal of Personality and Social Psychology, 1998 (74): 525−537.

[63] Peter D W. Place to space: migrating to ebusiness models. Boston: Harvard Business School Press, 2001.

[64] Renko M. Early challenges of nascent social entrepreneurs. Entrepreneurship Theory and Practice, 2013, 37 (5): 1045−1069.

[65] Saebi T, Foss N J, Linder S. Social entrepreneurship research: past achievements and future promises. Journal of Management, 2019, 45 (1): 70−95.

[66] Stephan U, Drencheva A. The person in social entrepreneurship: a systematic review of research on the social entrepreneurial personality//Ahmetoglu G, Chamorro-Premuzic T, Klinger B, Karcisky T. The Wiley handbook of entrepreneurship. Chichester: John Wiley & Sons Ltd., 2017.

[67] Tang J, Kacmar K M, Busenitz L. Entrepreneurial alertness in the pursuit of new opportunities. Journal of Business Venturing, 2010, 27 (1): 77−94.

[68] Timmers P. Business models for electronic markets. Journal of Electronic Markets, 1998 (8): 3−8.

[69] Tiwari P, Bhat A K, Tikoria J. Mediating role of prosocial motivation in predicting social entrepreneurial intentions. Journal of Social Entrepreneurship, 2020 (4): 1−24.

[70] Tracey P, Phillips N, Jarvis O. Bridging institutional entrepreneurship and the creation of new organizational forms: a multilevel model. Organization Science, 2011, 22 (1): 60−80.

[71] Weisbrod B A. To profit or not to profit: the commercial transformation of the nonprofit sector. Cambridge: Cambridge University Press, 1998.

[72] Wood S. Prone to progress: using personality to identify supporters of innovative social entrepreneurship. Journal of Public Policy & Marketing, 2012, 31 (1): 129−141.

[73] Yitshaki R, Kropp F. Motivations and opportunity recognition of social entrepreneurs. Journal of Small Business Management, 2016, 54 (2): 546−565.

[74] Yiu D W, Wan W P, Ng F W, et al. Sentimental drivers of social entre-

preneurship: a study of China's Guangcai (Glorious) program. Management & Organization Review，2014，10（1）：55－80.

[75] Zahra S A，Rawhouser H N，Bhawe N. Globalization of social entrepreneurship opportunities. Strategic Entrepreneurship Journal，2008，2（2）：117－131.

[76] Zaremohzzabieh Z，Ahrari S，Krauss S E，et al. Predicting social entrepreneurial intention: a meta－analytic path analysis based on the theory of planned behavior. Journal of Business Research，2019（96）：264－276.

第一章　在校大学生创业调查报告

一、引言

在我国经济社会发展处于转型期、产业结构处于调整期的关键时期，全面培育大学生的创新创业精神、提高大学生自主创业者的创业绩效不仅是经济社会发展的内在要求，而且是推动我国经济高质量发展的重要历史使命。2020 年是全球政治经济形势更加复杂多变的一年，年初发生的新冠肺炎疫情对社会经济、居民收入消费产生了不确定的持续冲击，大学生就业率和就业质量成为社会关注的焦点。在这样的时代背景下，中国人民大学创业学院连续第五年跟踪研究和分析大学生创业问题具有重要的现实意义。大学生创业有着其个体的特殊性，受个人特征、创业教育、创业支持等多维度因素的影响，尽管国内外已有文献中不乏对大学生创业行为的研究，但对大学生创业行为、创业动机、创业效果的持续跟踪和实证研究的文献仍然很少，因此持续跟踪调查研究当代大学生的创业问题又兼具了重要的理论意义。

已有研究创业的国内外文献主要围绕个体层面、企业层面和创业支持宏观层面分别探讨了个体创业者特征、创业企业特征与行为、创业支持体系。第一，个体方面的研究，重点关注创业者特质和创业认知。(1) 创业者特质理论聚焦于探讨创业者与非创业者的个性特质，如风险倾向、内控倾向、乐观主义、责任感等[1]。(2) 创业认知包括创业理解、创业意愿、创业动机等心理表征[2]。创业者关于创业理解的差异会影响其创新行为。当前学术界对创业的定义并不统一。Stevenson 等

---

[1]　蔡莉，于海晶，杨亚倩，等. 创业理论回顾与展望. 外国经济与管理，2019，41 (12)：94-111.
[2]　周冬梅，陈雪琳，杨俊，等. 创业研究回顾与展望. 管理世界，2020，36 (1)：206-225，243.

认为创业是通过组合与利用不同资源开发机会创造价值的过程[1]，张玉利和谢巍认为创业是类似于从创建新企业到开创新事业的"连续谱"[2]。有关创业意愿的研究主要利用计划行为理论[3]和创业事件模型[4]探讨创业意愿的影响因素；有关创业动机的研究主要基于创业动机理论，如马斯洛的需求层次理论、期望理论、成就目标理论等探讨创业动机的影响因素，也有部分国内学者在生存型和机会型动机的基础上考察了我国创业者的创业动机。已有文献进一步研究了创业意愿与创业动机的关系，认为创业动机会对创业意愿产生影响。现有关于个体层面的创业研究逐渐从个性特质转向创业认知、创业者的人口特征[5]。第二，企业层面的研究，重点关注创业企业的商业模式和绩效。（1）尽管关于商业模式尚无统一的定义，但学术界大都认同商业模式是关于企业价值创造和价值实现的组织逻辑，是一个由相互依赖的结构、活动和流程组成的特定系统，为企业创造并分配价值。而创业企业的商业模式是以机会开发为核心的价值创造模式，会影响创业企业的生存和发展[6]。（2）创业企业绩效的相关研究主要探讨了创业企业绩效的衡量及其影响因素，影响因素主要包括创业者个体层面、创业团队与企业的商业模式等组织层面、创业环境等方面。第三，创业支持体系方面的研究，重点关注创业支持体系的维度、评价指标以及创业支持体系对个体和创业企业的影响。（1）已有研究大多认同创业支持体系应当包括高校、政府机构、风险投资机构等多类主体，应通过创业教育、政策支持、资金支持等多种方式来支持创业企业。（2）创业支持体系的评价指标包括客观产出指标和主观认知评判，二者具有不同的特点，能够相互补充。（3）创业支持体系会对个体的创业意愿与创业动机、创业企业绩效等多个方面产生影响。

尽管现有研究基于大学生群体数据探究了部分大学生的创业行为和创业认知，但部分文献的数据支撑还存在不足，有些甚至仅仅是某一时间点的截面数据，这有可能会导致因个体的自我选择偏差而产生内生性问题，导致部分结论的稳健性存疑。因此，中国人民大学课题组为全面了解我国大学生创业情况及其动态变化，自

---

[1] Stevenson H H, Gumpert D. The heart of entrepreneurship. Harvard Business Review，1985，63（2）：85-94.

[2] 张玉利，谢巍. 改革开放、创业与企业家精神. 南开管理评论，2018，21（5）：4-9.

[3] Ajzen I. The theory of planned behavior. Organizational Behavior and Human Decision Processes，1991，50（2）：179-211.

[4] Shapero A，Sokol L. The social dimensions of entrepreneurship//C A Kent，D L Sexton，K H Vesper. Encyclopedia of entrepreneurship. Englewood Cliffs，NJ：Prentice-Hall，1982：72-90.

[5] 周冬梅，陈雪琳，杨俊，等. 创业研究回顾与展望. 管理世界，2020，36（1）：206-225，243.

[6] 云乐鑫，薛红志，杨俊. 创业企业商业模式调整研究述评与展望. 外国经济与管理，2013，35（11）：21-28.

2016 年以来持续在全国高等院校中开展了关于大学生创业的随机问卷跟踪调查，调查对象分为在校大学生和大学生自主创业者。

　　本报告的第一章是对在校大学生的创业调查，旨在深入了解国内在校大学生的个人特征以及高校创业教育的情况，主要包括在校大学生对创业活动的理解、在校大学生的创业意愿及其纵向变化、在校大学生的创业动机、高校创业教育感知与高校创业教育对在校大学生创业意愿的影响及其纵向变化、高校创业教育对在校大学生创业动机的影响等内容。第二章是对大学生自主创业者的调查，旨在深入了解有创业经历或正在创业的大学生自主创业者的创业动机、创业企业的经营绩效及其影响因素、创业支持体系等内容。具体如图 1-1 所示。

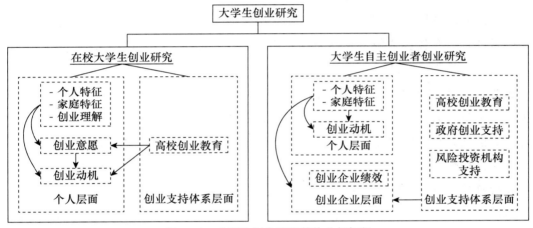

图 1-1　大学生创业研究整体分析框架

　　课题组 2020 年 9 月在全国高等院校中继续开展了关于大学生自主创业的问卷调查，持续跟踪、全面了解我国高校大学生创业心理、大学生自主创业情况及社会创业支持情况，深入分析大学生创业意愿和动机，助力构建以高校、政府、投资机构为主体的创业支持生态。调查问卷分为 A 和 B 两种，A 问卷调查的对象为在校大学生，B 问卷调查的对象为大学生自主创业者。本章的研究内容为在校大学生的创业调查，调查的对象为全国普通高等学校的在校大学生。问卷由两部分组成：第一部分为受访者基本信息，主要了解受访大学生的基本人口统计特征；第二部分共计 25 个问题，涉及在校大学生对创业的理解、创业意愿与领域偏好、高校创业教育评价等方面。调查采取的是无记名网络问卷调查的形式，填答者可在个人移动端或个人电脑端作答，每个 IP 地址或移动号码限填一份问卷。为保证调查结果的可信度，我们采取了随机抽样调查的形式，但由于经费限制，抽样调查没有进行回答者的 GPS 定位和电话回访，因此在样本的数据分布上可能会有局部性的偏差。

二、在校大学生对创业活动的理解

本部分围绕在校大学生特征及其对创业活动的理解进行分析，通过整合问卷内容，在校大学生特征主要从个人和家庭层面人口统计特征展开分析，对创业活动的理解则具体分析理解状况、影响因素等方面。

（一）在校大学生的个人与家庭特征

1. 在校大学生的个人特征

本次调研共回收 2 637 份有效问卷，在校大学生的人口统计学特征见表1-1。受访者性别分布较为均衡，女性受访者占比为52.52%。年龄集中在18岁至25岁年龄段，比重为92.04%。从城乡分布来看，受访在校大学生城乡分布较为均衡，非农业户口比重略高。就年级而言，受访在校大学生主要为大一、大二、大三学生，与本报告关注的群体基本一致。受访者以非双一流高校的在校大学生为主，接近现实情况。在受访对象中，非双一流高校的在校大学生比重为83.66%，约为双一流高校在校大学生的5倍。就专业分布来看，受访者专业主要为自然科学、商科及社会科学。其中，专业为自然科学（包括理学、工学、医学、农学等）的在校大学生较多，占比为57.79%；专业为商科（包括经济、管理、金融、会计等）的在校大学生次之，占比为24.42%；社会科学（包括文史哲、艺术、教育、法律等）专业的在校大学生的比重为17.18%。就学历分布而言，以本科、高职学历的在校大学生为主，其中，学历为本科的在校大学生大约占一半，其次为高职学历，占比约为34.05%。而硕士和博士学历较少，占比分别为13.92%和2.96%。就成绩而言，受访主体为在班级排名中等偏上的在校大学生，成绩为前60%的比重超九成。

表1-1　在校大学生的个人特征分布

变量	分类	频数	比重	累计比重
性别	女	1 385	52.52%	52.52%
	男	1 252	47.48%	100.00%
年龄	<18 岁	7	0.26	0.26%
	18～25 岁	2 427	92.04%	93.30%
	26～30 岁	179	6.79%	99.09%
	>30 岁	24	0.91%	100.00%

续表

变量	分类	频数	比重	累计比重
户口	非农业户口	1 550	58.78%	58.78%
	农业户口	1 087	41.22%	100.00%
所在年级	大一	525	19.91%	19.91%
	大二	981	37.20%	57.11%
	大三	739	28.02%	85.13%
	大四	268	10.16%	95.29%
	硕士在读	115	4.36%	99.65%
	博士在读	9	0.34%	99.99%
是否双一流高校	非双一流高校	2 206	83.66%	83.66%
	双一流高校	431	16.34%	100.00%
专业	商科	644	24.42%	24.42%
	自然科学	1 524	57.79%	82.21%
	社会科学	453	17.18%	99.39%
	其他	16	0.61%	100.00%
在读学历	高职	898	34.05%	34.05%
	本科	1 294	49.07%	83.12%
	硕士	367	13.92%	97.04%
	博士	78	2.96%	100.00%
成绩排名	前20%	710	26.92%	26.92%
	20%~前40%	1 026	38.91%	65.83%
	40%~前60%	685	25.98%	91.81%
	60%~前80%	185	7.02%	98.83%
	后20%	31	1.18%	100.00%

2. 在校大学生的家庭特征

在校大学生的家庭特征包括受访者父母亲的学历和创业经历、家庭收入水平,详细信息见表1-2。其中,父亲学历集中在本科或大专、高中或中专,比重分别为48.77%和31.78%。受访者母亲学历分布情况与父亲类似,但高中或中专的人数与本科或大专的人数差距略小于父亲。在受访者中,父母亲有创业经历者约占三成。家庭收入水平接近正态分布,中等收入者居半,两头占比低。

表1-2 在校大学生的家庭特征分布

变量	分类	频数	比重	累计比重
父亲学历	高中以下	457	17.33%	17.33%
	高中或中专	838	31.78%	49.11%
	本科或大专	1 286	48.77%	97.88%
	研究生及以上	56	2.12%	100.00%
母亲学历	高中以下	526	19.95%	19.95%
	高中或中专	918	34.81%	54.76%
	本科或大专	1 134	43.00%	97.76%
	研究生及以上	59	2.24%	100.00%
父母创业经历	无	1 760	66.74%	66.74%
	有	877	33.26%	100.00%
家庭收入水平	低	86	3.26%	3.26%
	中下	384	14.56%	17.82%
	中等	1 339	50.78%	68.60%
	中上	753	28.56%	97.16%
	高	75	2.84%	100.00%

（二）在校大学生对创业的理解

为了更好地了解并反映在校大学生对创业内涵的理解，本部分的分析着眼于探究在校大学生对创业性质的认识，并根据问卷调查数据进行个体异质性分析，以深入了解不同大学生群体对创业的理解。

1. 在校大学生对创业活动性质的理解及异质性分析

创业行为在学界早期被界定为对创业这一活动本身特性的描述，比如冒险、创新和前瞻性等[1]。随着研究成果逐渐丰富，关于对创业行为的界定的讨论也更加宽泛，涉及创业类型、机会识别、商业计划、企业创建等一系列因素[2]。

图1-2反映了在校大学生对"如何理解创业"这一问题的回答，最受认可的观点是将创业视作"开办一家新公司"（1 165人持有这种观点），约占总体的

---

[1] Gartner W B. A conceptual framework for describing the phenomenon of new venture creation. Academy of Management Review，1985 (10)：696-706.

[2] 张玉利，谢巍. 改革开放、创业与企业家精神. 南开管理评论，2018，21 (5)：4-9.

44.18％；较多在校大学生认为创业即"开发一项新产品或服务"（883 人持有这种观点），约占总体的 33.49％；此外，418 人认为创业即"开创一项新事业"，约占总体的 15.85％；相对来看，将创业理解为"开展一项冒险性活动"的在校大学生较少，仅有不到 150 人，占比 5.54％。

将创业理解为"开办一家新公司""开发一项新产品或服务""开创一项新事业"的三类群体占比合计达到了 93.52％，并且持有这三种认识的群体的比重均高于将创业视作"开展一项冒险性活动"的群体的比重。可见，绝大多数在校大学生对创业的理解更倾向于客观实践层面。

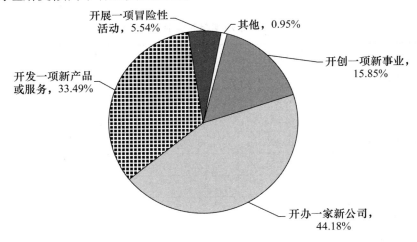

图 1 - 2　在校大学生对创业活动性质的理解

在问卷中，在校大学生对创业活动的理解是多方面的，且性别、年龄、家庭收入水平等解释变量不随选项而变，只随个体而变，因而我们采用多项 Logit 回归。回归结果见表 1 - 3。（"其他"项人数不足 1％，已在分析中省去）。由于"开发一项新产品或服务"选择人数最多，因此 STATA 自动将该项设定为基准组。在 5％的显著性水平上，给定其他变量，男性比女性更可能排除选项"开创一项新事业"和"开展一项冒险性活动"（设置性别变量 1 表示男性，0 表示女性），即相较于男性，女性更倾向于认为创业是"开创一项新事业"和"开展一项冒险性活动"，尤其是"开创一项新事业"的显著性水平达到了 1％，说明女性赋予创业活动更多事业意义上的内涵，而不仅仅是类似创办公司、开发产品的具象内涵，从侧面体现了女性通过创业实现事业独立的诉求或更具感性的思考习惯。"父母有创业经历"和"农村户口"对选项"开办一家新公司"的影响显著为负，即父母有创业经历和农业户口的在校大学生更倾向于不认为创业是"开办一家新公司"，但在 1％的显著性水平上不显著。就在读学历而言，高学历者更倾向于认为创业属于开创新事业。成绩排名越靠后的学生（成绩排名变量设定数值1～5，表示从前到后），越倾向于认为创业活动是开展一项冒险性活动。心理学给出了一种可能解释：个人在生活、工作决策中的不确定性容忍表现为一种成长心态（growth mindset）[1]，不确定性容忍度高，意味其具备承担感知不确定性的意愿，愿意突破舒适区进行探索及学习，创业行为就会成为承担感知不确定性意愿的结果[2]。我们的回归结果表明女性和成绩排名稍微靠后的学生具备创业的挑战精神并对风险有较适度的预期。基于我们的数据，年龄、是否双一流高校和家庭收入水平对在校大学生对创业活动性质的理解没有显著影响。

表 1-3　关于创业性质理解的多项 Logit 回归结果

变量	系数估计	标准误	t 检验值	P 值
1. 开创一项新事业				
年龄	−0.097	0.247	−0.390	0.693
性别	−0.343	0.121	−2.830	0.005
是否双一流高校	−0.502	0.270	−1.860	0.063
家庭收入水平	−0.051	0.075	−0.670	0.500
父母创业经历	0.181	0.124	1.460	0.146
农业户口	0.201	0.122	1.650	0.099
在读学历	0.313	0.123	2.540	0.011
成绩排名	0.033	0.065	0.510	0.608
常数项	−1.065	0.397	−2.680	0.007
2. 开办一家新公司				
年龄	−0.002	0.174	−0.010	0.991
性别	0.069	0.090	0.760	0.445
是否双一流高校	0.337	0.200	1.690	0.091
家庭收入水平	−0.110	0.057	−1.940	0.052
父母创业经历	−0.227	0.096	−2.360	0.018
农业户口	−0.202	0.093	−2.170	0.030
在读学历	0.047	0.093	0.510	0.612
成绩排名	0.045	0.049	0.920	0.358

---

[1]　Dweck C S. Mindsets：how praise is harming youth and what can be done about it. School Library Media Activities Monthly，2008，24（5）.

[2]　McMullen J S. Delineating the domain of development entrepreneurship：a market-based approach to facilitating inclusive economic growth. Entrepreneurship Theory and Practice，2011，35（1）：185−193.

续表

变量	系数估计	标准误	t 检验值	P 值
常数项	0.504	0.293	1.720	0.085
3. 开发一项新产品或服务				
(Base)	Outcome			
4. 开展一项冒险性活动				
年龄	0.082	0.370	0.220	0.825
性别	−0.361	0.183	−1.980	0.048
是否双一流高校	−0.357	0.423	−0.840	0.398
家庭收入水平	0.093	0.115	0.810	0.418
父母创业经历	0.069	0.188	0.370	0.713
农业户口	0.001	0.184	0.000	0.997
在读学历	0.029	0.185	0.150	0.877
成绩排名	0.234	0.095	2.460	0.014
常数项	−2.574	0.599	−4.300	0.000

进行多项 Logit 回归需要满足 IIA 假设，要求去掉某个方案后的子样本的系数估计值与全样本的系数估计值没有系统差别。我们利用豪斯曼检验考察调查数据是否满足 IIA 假设。原假设为调查数据满足 IIA 假设。豪斯曼检验结果（见表 1-4）显示，去掉除"开发一项新产品或服务"外的四个非参照方案中的任何一个，均不能拒绝原假设，且去掉 Base 项后同样不能拒绝原假设。虽然 Cheng 和 Long 通过蒙特卡罗方法发现豪斯曼检验的小样本性质并不好，但至少没有发现违背 IIA 假设的迹象，即没有迹象表明不满足进行多项 Logit 分析的前提条件[①]。

表 1-4　Hausman 检验结果

选项组	chi2	df	$P>$chi2	evidence
1	−259.004	18	1	for H_0
2	−0.589	27	1	for H_0
3	−301.849	27	1	for H_0
4	−279.283	18	1	for H_0
5	−275.105	18	1	for H_0

2. 在校大学生对创业者性别优势的理解及异质性分析

创业者性别差异是创业领域的一个重要话题，针对"创业过程中男性与女性谁

---

① Cheng S, J S Long. Testing for IIA in the multinomial logit model. Sociological Methods Research，2007（35）：583−600.

更有优势"的问题，整体来看，有 46.68% 的在校大学生认为男性和女性在创业过程中优势相同，29.61% 的在校大学生认为女性比男性更有优势（见图 1-3）。

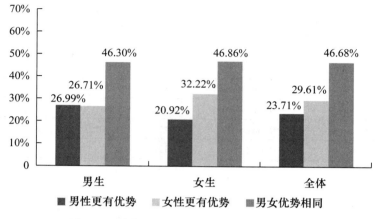

图 1-3　在校大学生对创业者性别优势的理解

　　图 1-3 较为直观地表明女性在创业中的优势在在校大学生样本中得到了重视，但是该观点与当前社会的普遍认知和创业实际情况存在一定偏差，还需通过异质性分析更进一步地理解性别认知背后的结构性差异。与考察在校大学生对创业活动的理解的原理一致，在校大学生对创业者性别优势的理解适合采用多项 Logit 回归分析。

　　表 1-5 所示的回归结果显示，在 5% 的显著性水平上，给定其他变量，男性比女性更可能认为男性更有优势，这体现了男性在校大学生在创业方面的自我认同感。而来自双一流高校的在校大学生较为普遍地更倾向于认为女性更有优势，一种可能的解释是：知识女性的社会影响力在双一流高校表现得更为明显，使得双一流高校在校大学生在主观上更愿意、在客观上更容易察觉女性在创业方面的独特优势。父母有创业经历的在校大学生相比父母无创业经历的在校大学生更可能认为"男性更有优势"。这更接近于社会的普遍认知，可能是父母通过实际创业经历、生活体会或言传身教直接或间接地诱导在校大学生产生了性别差异印象。"农业户口"和"在读学历"对"女性更有优势"的影响显著为负，系数分别为 -0.703 和 -0.471，即农业户口和高学历在校大学生明显不认为女性在创业上比男性优势更大，这是由于农村大学生的成长、教育环境并未使其产生女性具有创业优势的感受，同时，学历教育的提高、知识的获取也并不会让在校大学生认为女性在创业上更有性别优势。事实上，"农业户口"和"在读学历"对"男性更有优势"的影响同样为负，虽然并不显著，但说明农业户口和高学历在校大学生在创业优势上没有

单一化的性别认识。此外，"成绩排名"对"男性更有优势"的影响为正，说明成绩排名靠前的学生更可能认为男性更有优势，但在1%的水平上并不显著。在本研究中，年龄、家庭收入水平对在校大学生关于创业性别差异的理解同样没有显著影响。

表1-5　关于性别优势理解的多项 Logit 回归结果

变量	系数估计	标准误	t 检验值	P 值
1. 男性更有优势				
年龄	−0.176	0.189	−0.930	0.351
性别	0.266	0.100	2.670	0.008
是否双一流高校	0.352	0.217	1.620	0.106
家庭收入水平	−0.107	0.062	−1.740	0.082
父母创业经历	0.217	0.104	2.090	0.037
农业户口	−0.156	0.101	−1.540	0.124
在读学历	−0.180	0.103	−1.740	0.082
成绩排名	0.117	0.053	2.200	0.028
常数项	−0.270	0.321	−0.840	0.400
2. 女性更有优势				
年龄	−0.322	0.183	−1.750	0.080
性别	−0.046	0.093	−0.500	0.619
是否双一流高校	0.716	0.208	3.440	0.001
家庭收入水平	0.070	0.059	1.190	0.234
父母创业经历	−0.139	0.101	−1.380	0.167
农业户口	−0.703	0.098	−7.170	0.000
在读学历	−0.471	0.097	−4.860	0.000
成绩排名	0.064	0.051	1.270	0.205
常数项	0.663	0.307	2.160	0.031
3. 男女优势相同				
(Base)	Outcome			

进行多项 Logit 回归的前提是满足 IIA 假设，要求去掉某个方案后的子样本的系数估计值与全样本的系数估计值没有系统差别。我们利用豪斯曼检验考察调查数据是否满足 IIA 假设。表1-6所示的豪斯曼检验结果显示，去掉两个非参照方案中的任何一个均不能拒绝原假设，但在去掉 Base 项后需拒绝原假设，故该样本结论的可参考性有限。

表 1-6　Hausman 检验结果

选项组	chi2	df	$P>$chi2	evidence
1	1.526	9	0.997	for H_0
2	−0.054	9	1	for H_0
3	371.802	9	0	against H_0

三、在校大学生的创业动机和创业意愿

(一) 在校大学生的创业动机分析

1. 创业动机

在校大学生的创业动机受到了学界的普遍关注。本报告将创业动机定义为促使那些已拥有创业基本条件同时又具有一定创业能力的潜在创业者真正实现创业的驱动力量[1]。目前关于创业动机的研究主要考察创业动机的源泉，也有一部分研究考察创业动机的影响。创业动机的源泉本身是多样且因人而异的，相关理论可以归结为两类：一是直接应用管理学中的动机理论，如窦大海和罗瑾琏根据马斯洛的需求层次理论，将创业动机分为经济需要和社会需要[2]；崔琳和李明军的研究则直接基于 Deci 和 Ryan 于 1985 年提出的自我决定理论[3]。也有学者试图跳出动机理论的框架，将创业动机重新归类。Kuratko 等提出了四因素结构模型，从外部报酬、独立/自主、内部报酬、家庭保障四大维度概括了创业动机[4]。关于大学生的创业动机，学界也有专门研究。其中，朱贺玲等提出了低级、中级和高级需求动机[5]，汪志刚等将大学生创业动机归纳为现实追求、崇高追求、精神追求三个维度[6]。有的学者将其分为推动型创业和拉动型创业[7]，也有学者将其分成生存型创业和机会型创业[8]，类

① Olson P D, Bosserman D A. Attributes of the entrepreneurial type. Business Horizons, 1984, 27 (3): 53-56.
② 窦大海，罗瑾琏. 创业动机的结构分析与理论模型构建. 管理世界，2011 (3): 182-183.
③ 崔琳，李明军. 大学生创业动机的影响因素与激励策略. 科技传播，2020, 12 (12): 78-80.
④ Kuratko D F, Hornsby J S, Naffziger D W. An examination of owner's goals in sustaining entrepreneurship. Journal of Small Business Management, 1997 (1): 24-33.
⑤ 朱贺玲，周霖. 大学生创业动机的性别差异实证研究：以厦门大学为例. 高等理科教育，2010 (4): 68-71.
⑥ 汪志刚，孙超平，韩恩恩. 大学生创业动机观察与创业收益代价研究：基于对安徽两所工科院校的调研分析. 合肥工业大学学报（社会科学版），2012, 26 (1): 156-160.
⑦ Amit R, Muller E. Push and pull entrepreneurship. Journal of Small Business and Entrepreneurship, 1995 (4): 12.
⑧ Andreas Engelen, Florian Heinemann, Malte Brettel. Cross-cultural entrepreneurship research: Current status and framework for future studies. Journal of International Entrepreneurship, 2009, 7 (3).

似的分类方法还有曾照英和王重鸣的事业成就型创业和生存需求型创业[①]。而全球创业观察（GEM 项目）发布于 2007 年的报告则将创业者的创业动机分为机会拉动型创业和需求推动型创业。由此可见，上述对大学生的创业动机的分类主要还是生存型动机和机会型动机二分法的延伸与发展。这种分类方法或多或少都与创业者的主动程度相关。而针对不同动机的研究表明，机会型创业动机是在校大学生创业的主要动机[②]，因此本报告主要研究高校创业教育对在校大学生机会型创业动机的影响。对创业动机影响的研究则主要集中于对创业企业效能和创业者效能的影响上。对前者的研究往往针对某一特定群体，如中小企业家[③]、农民工[④]、女性[⑤]等。对后者的研究则主要针对创业者的主观幸福感[⑥]。

2. 来自 2020 年的调查结果

结合 2020 年的问卷数据，对在校大学生创业动机做如表 1-7 所示分类。

问卷中考察机会型创业动机时主要询问在校大学生对以下七个方面的认同程度：（1）实现个人理想；（2）想当企业家；（3）服务社会；（4）报效祖国；（5）响应国家"双创"号召；（6）自由自主的工作与生活方式；（7）发现市场上有短缺的产品或服务。每个方面均采用 Likert 5 分法进行衡量，由低到高分别赋值 1 至 5，其中 1 表示"完全不同意"，5 表示"完全同意"。

表 1-7　在校大学生创业动机

创业动机	平均得分	标准差	最小值	最大值
实现个人理想	4.07	0.85	1	5
报效祖国	4.05	0.89	1	5
赚钱	4.02	0.91	1	5
服务社会	3.98	0.88	1	5
发现市场上有短缺的产品或服务	3.98	0.93	1	5
想当社会企业家	3.97	0.92	1	5

① 曾照英，王重鸣. 关于我国创业者创业动机的调查分析. 科技管理研究，2009，29（9）：285-287.

② 张凯竣，雷家骕. 基于成就目标理论的大学生创业动机研究. 科学学研究，2012，30（8）：1221-1227，1280.

③ 黄春新，何志聪. 胜任力模型如何适用于高科技企业研发团队的管理. 经济论坛，2004（8）：58-67.

④ 康兰媛，朱红根. "民工荒"背景下农民工择业稳定性影响因素实证分析：基于代际差异视角. 江西农业大学学报（社会科学版），2013，12（4）：479-485.

⑤ 刘忠艳. ISM 框架下女性创业绩效影响因素分析：一个创业失败的案例研究. 科学学研究，2017，35（2）：272-281.

⑥ 程建青，罗瑾琏，李树文，等. 创业动机与主观幸福感：社会规范的调节作用. 科技进步与对策，2020，37（6）：46-52.

续表

创业动机	平均得分	标准差	最小值	最大值
自由自主的工作与生活方式	3.94	0.92	1	5
老师或企业给予的指导	3.94	0.88	1	5
响应国家"双创"号召	3.93	0.88	1	5
参加创业相关竞赛	3.88	0.90	1	5
其他同学或朋友都在创业	3.87	0.96	1	5
可以向亲戚中创业的人学习	3.86	0.94	1	5
最近比较流行	3.84	0.92	1	5
想当企业家	3.78	0.96	1	5
之前创业过，感觉有经验	3.73	1.00	1	5

注：样本量为 2 637。

可以发现，排名前五位的动机分别为"实现个人理想"、"报效祖国"、"赚钱"、"服务社会"和"发现市场上有短缺的产品或服务"，除了"赚钱"一项外，其余各项均属于机会型创业的范畴，特别是体现了在校大学生在考虑创业动机时对实现个人价值及个体对国家和社会的回馈的重视；与之形成对照的是排名后五位的动机，即"之前创业过，感觉有经验"、"想当企业家"、"最近比较流行"、"可以向亲戚中创业的人学习"和"其他同学或朋友都在创业"。总体而言，在校大学生进行创业的驱动力量除了来自自我实现与物质满足的需要之外，还来自国家社会的主流价值导向因素。

（二）在校大学生的创业意愿分析

1. 创业意愿

创业意愿作为一种行为意向（behavioral disposition）对创业活动具有显著的解释力[1]。在学界，创业意愿被定义为个人创立企业或自我雇用的意愿，反映个人创立企业的承诺以及朝此目标前进的态度[2]。对创业意愿的研究集中于其影响因素上，有的试图对各种因素进行归纳，有的针对某一特定的影响因素进行分析，还有的则针对某一特殊群体加以考察，比较常见的有农民、女性和大学生。

---

[1] Liñán F, Fayolle A. A systematic literature review on entrepreneurial intentions: citation, thematic analyses, and research agenda. International Entrepreneurship and Management Journal, 2015, 11 (4): 907-933.

[2] Krueger N F. The cognitive infrastructure of opportunity emergence. Entrepreneurship Theory and Practice, 2000 (Spring): 5-23; Krueger N F. What lies beneath? The experiential essence of entrepreneurial thinking. Entrepreneurship Theory and Practice, 2007 (31): 123-138.

国际上关于创业意愿的研究有两个最有影响力的模型，一个是 Ajzen 的计划行为理论[①]，一个是 Shapero 和 Sokol 的创业事件模型[②]。这两个模型存在很大程度的交叉，但计划行为理论在细节和连贯性方面更好[③]。国内的创业研究起步较晚，目前尚未形成较为成熟的模型体系，主要依据计划行为理论，基于不同视角开展研究，包括人口统计特征的视角[④]、"二层次六维度"架构[⑤]等。

2. 来自 2020 年的调查结果

（1）个人情况与创业意愿。

从性别来看，如图 1-4 所示，在校大学生创业意愿的性别差异并不显著。男性在创业意愿上表现得更为极端，"一定要创业"和"从没想过"的比例高于女性；女性对创业的态度则更为温和。

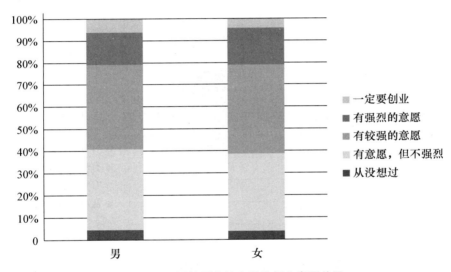

图 1-4　不同性别在校大学生创业意愿差异

从年级来看，如图 1-5 所示，总体而言，硕士生的创业意愿最为强烈，而博士生的创业意愿最弱。这可能是因为硕士生积累了较多的专业知识，同时课业压力相对较轻，有较为丰富的经历和较为充足的时间支撑创业活动。

从学校层次来看，如图 1-6 所示，可以直观地看到，双一流高校的学生创业

---

①　Ajzen I. The theory of planned behavior. Organizational Behavior and Human Decision Processes，1991，50（2）：179-211.

②　Shapero A. Sokol L. The social dimensions of entrepreneurship//C A Kent，D L Sexton，K H Vesper. Encyclopedia of entrepreneurship. Englewood Cliffs，NJ：Prentice-Hall，1982：72-90.

③　李永强，毛雨，白璇，等. 自我概念与品牌个性匹配研究. 软科学，2008（6）：38-41.

④　范巍，王重鸣. 创业意向维度结构的验证性因素分析. 人类工效学，2006（1）：14-16.

⑤　钱永红. 创业意向影响因素研究. 浙江大学学报（人文社会科学版），2007（4）：144-152.

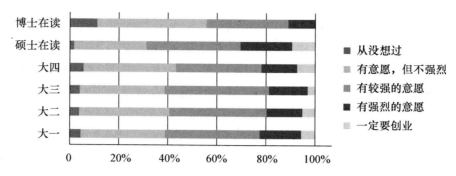

图 1-5　不同年级在校大学生创业意愿差异

意愿略高于非双一流高校，双一流高校在校大学生选择"一定要创业"和"有强烈的意愿"选项的比例之和比非双一流高校高出大约 10%。从表 1-8 的回归结果来看，"双一流学生创业意愿更强"在 5% 的显著性水平上显著。

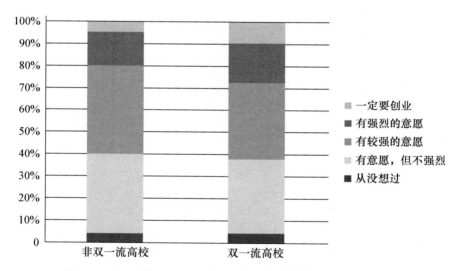

图 1-6　双一流高校和非双一流高校在校大学生创业意愿差异

是否是农业户口对创业意愿的影响并不显著。如图 1-7 所示，农业户口与非农业户口在校大学生的创业意愿的分布比较接近。表 1-8 的回归结果表明，户口与创业意愿之间的相关性微弱。

父母创业经历对在校大学生的创业意愿有正向的影响。如图 1-8 所示，父母有创业经历的受访者拥有较为强烈的创业意愿的比例比父母无创业经历的受访者高出近 5 个百分点。这可能是因为父母的创业经历能对子女起指导作用，父母若是成功创业则还能激发子女的创业信心。表 1-8 的回归结果表明，父母创业经历与子女的创业意愿之间具有正相关关系。

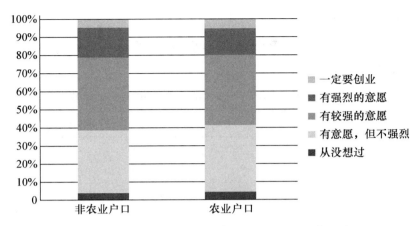

图1-7　农业户口和非农业户口在校大学生创业意愿差异

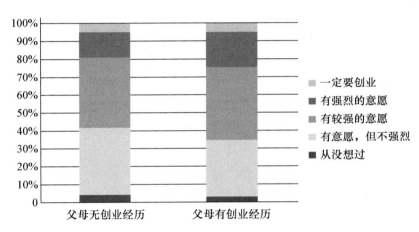

图1-8　父母有创业经历和父母无创业经历的在校大学生创业意愿差异

　　家庭收入水平对创业有比较明显的正向作用。如图1-9所示，创业意愿较强的在校大学生，其家庭收入在中等偏上水平的比例要高于创业意愿较弱的在校大学生。这可能是因为更高的家庭收入水平能给予在校大学生资金乃至人脉上的支持，使他们更"敢想"。表1-8的回归结果也支持了上述统计描述的结果，家庭收入水

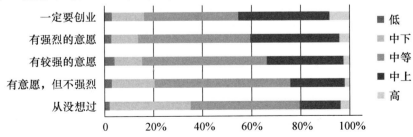

图1-9　不同家庭收入水平在校大学生创业意愿差异

平与子女创业意愿之间具有正相关关系。

为了进一步分析各个因素对创业意愿的影响，本报告对个人情况进行了 OLS 回归分析，结果如表 1－8 所示。

表 1－8　个人情况对在校大学生创业意愿的实证结果

	创业意愿
专业	−0.066**
	(−2.47)
是否双一流高校	0.107**
	(2.15)
家庭收入水平	0.118***
	(5.20)
父亲学历	0.142***
	(4.27)
父母创业经历	0.109***
	(2.89)
户口	0.037
	(0.98)
成绩排名	−0.020
	(−1.05)
性别	−0.011
	(−0.31)
所在年级	−0.001
	(−0.03)
母亲学历	−0.000
	(−0.01)
常数	2.227***
	(19.06)
样本量	2 637
R^2	0.040

注：括号里报告了相应回归系数的标准误。

从个人特征来看，专业、是否双一流高校、家庭收入水平、父亲学历和父母创业经历对在校大学生的创业意愿均有正向影响，其中，家庭收入水平、父母创业经历和父亲学历对创业意愿的影响最为突出。而性别、所在年级、母亲学历、户口以及成绩排名对其则没有显著影响。

一般来说，家庭创业资源会显著影响在校大学生的创业意愿，其中包括有形资源和无形资源。有形资源主要指家庭经济实力，反映在在校大学生的创业意愿上，创业者的家庭收入和资本有助于促使其形成积极的创业意愿；无形资源即思想观念、经验、社会资源等，Bhave 认为，创业者通过外部渠道进行学习从而识别机会，若能从家庭获取相关创业经验，则对其创业精神的培养具积极效果[①]。如果在校大学生的家庭成员中有拥有创业经历者，则在这样的家庭环境中耳濡目染，有助于其更加深入地感知和了解风险，使其具备对创业不确定性的更高的容忍度，促使其形成更为强烈的创业意愿。同时，社会关系网络资本是影响创业成功的关键变量，家庭为子女积累的社会网络关系有助于促进子女的创业活动，使其产生更强烈的创业意愿。

值得注意的是，从回归结果中可以发现，父亲学历对在校大学生的创业意愿存在显著的正效应，但母亲学历对其创业意愿的影响并不显著。一种可能的解释是，在校大学生从小受父亲高学历的影响，耳濡目染形成了对创业的感知和兴趣，随着自身知识的积累，其形成了较为强烈的创业意愿。

一般来说，商科专业的学习为学生准备了必要的创业技能，也使其更多地接触到创业相关的信息和资源。同时，选择商科作为大学专业的学生往往自身对创业具有更浓厚的兴趣。"是否双一流高校"对创业意愿也有显著的正向影响，可能是由于双一流高校中的创业氛围比较浓厚、创业教育体系较为完善，但是这一影响仅在5%的水平上显著。

（2）个性特征与创业意愿。

根据表1-9的结果，从创业者应当具备的个性特征来看，在校大学生最为认可的前五项创业相关个性特征分别为创造力、有理想抱负、自控力、擅长交际和善于合作共享。与此同时，在校大学生认为所有权物主身份、追求社会繁荣、对商业信息敏感度、追求自由和极其浓厚的兴趣对创业者而言必要性相对较弱。这说明在校大学生在众多创业相关个性特征中，更加注重将理想目标和实践能力结合的个性特征，尤其注重创业实践中的社会关系经营能力，其大致可以刻画为：既具有远大目标，又具备可持续产出的实践能力，同时兼具较强的自我管理能力和人际管理能力。

---

① Bhave Mahesh P. A process model of entrepreneurial venture creation. Elsevier，1994，9（3）.

表1-9　在校大学生对创业者个性特征的重要性的评价

个性特征	均值	标准差	最小值	最大值
创造力	4.16	0.84	1	5
有理想抱负	4.09	0.86	1	5
自控力	4.07	0.86	1	5
擅长交际	4.06	0.86	1	5
善于合作共享	4.06	0.86	1	5
解决问题感	4.05	0.89	1	5
志愿服务感	4.03	0.90	1	5
风险承担	4.02	0.92	1	5
他人的认可	4.00	0.91	1	5
百折不挠	3.99	0.90	1	5
对社会信息敏感	3.98	0.90	1	5
善于激励他人	3.97	0.90	1	5
环保意识	3.97	0.93	1	5
财富	3.96	0.88	1	5
外向	3.95	0.87	1	5
社会正义	3.94	0.90	1	5
自信心	3.93	0.93	1	5
极其浓厚的兴趣	3.92	0.93	1	5
追求自由	3.92	0.93	1	5
对商业信息敏感	3.90	0.93	1	5
追求社会繁荣	3.89	0.95	1	5
所有权物主身份	3.88	0.95	1	5

（3）创业意愿领域。

如图1-10所示，在校大学生对不同创业领域的偏好有显著差异。总体而言，"教育""医疗健康""金融""前沿科技"排名靠前，这说明大学生创业倾向于选择新兴技术和国家政策鼓励的方向，且在2020年新冠肺炎疫情影响下，以在线教育、网络游戏为代表的宅经济实现了新一轮的腾飞。"文化产品""餐饮"占比较低，占比合计不到10%，这说明在校大学生对传统领域的创业兴趣较弱。从分项创业意愿来看，如图 1-11 所示，在校大学生"一定要创业"的行业中，医疗健康、金融和教育三大领域最受欢迎，在校大学生"从没想过"要创业的行业中，教育领域比重却最高，其次是医疗健康和餐饮。这说明选择教育、医疗作为创业领域的在校大学生两极分化比较明显，有相当一部分在校大学生意愿强烈，也有一部分在校大学生对其格外无感，过高和过低的评价皆有。

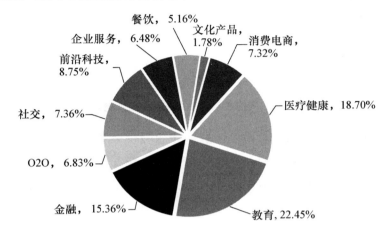

图 1-10　在校大学生不同创业领域的创业意愿

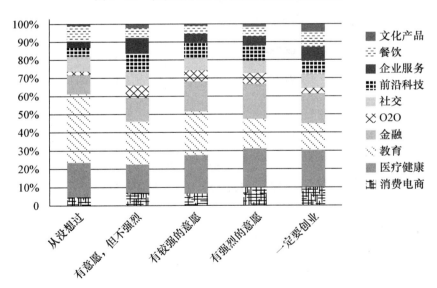

图 1-11　在校大学生不同创业领域创业意愿（分项）

男女在校大学生创业意愿领域的差异如图 1-12 所示。总体而言，男女在校大学生的创业意愿领域差异不大，男性在餐饮、企业服务和教育三个领域的创业意愿略强于女性；而女性对金融和消费电商领域则显得更感兴趣。

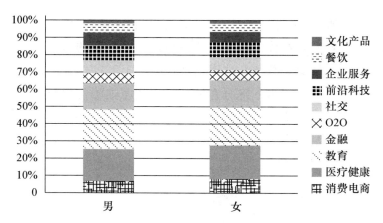

图 1-12　不同性别在校大学生创业意愿领域

不同年级在校大学生创业意愿领域的差异如图 1-13 所示。总体而言，不同年级的在校大学生创业意愿领域的差异也不大。具体来看，低年级的在校大学生在消费电商、教育领域的创业意愿更为强烈，而高年级的在校大学生则更偏重于医疗健康和金融领域。

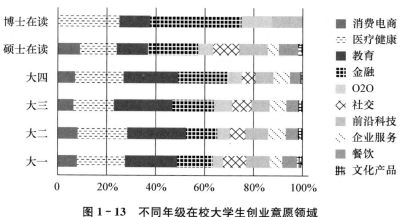

图 1-13　不同年级在校大学生创业意愿领域

（三）在校大学生的创业动机与创业意愿分析

1. 创业动机与创业意愿

在对在校大学生的创业动机和创业意愿分别展开分析后，接下来我们将着眼于创业动机和创业意愿的内在关系，进一步分析在校大学生创业意愿和创业动机的互动机制和触发条件，为更好地制定教育政策措施、激发在校大学生创业意愿和创业动机提供理论指导。

现有研究一般认为创业动机对创业意愿有正向作用。马轶群等通过实证研究发现创业意愿来自创业动机，并进一步提出向贫困大学生提供政府支持有助于激发创业动机与增强创业意愿①。在学界关于创业动机对创业意愿的影响的研究中，学者们多先对创业动机进行分类，再研究每一类创业动机对创业意愿的影响。张凯竣和雷家骕将创业动机分为精神动机、名利动机和责任动机等，并通过实证研究得出这些不同的创业动机都对创业意愿有显著的正向影响②。此外，也有研究发现创业动机对创业意愿的影响是间接的。例如，孙跃等利用在校大学生数据研究发现，成就动机能够对创业态度、风险倾向产生正向影响，与此同时，创业态度和风险倾向又分别进一步对创业意愿产生正效应③。也有研究表明，创业动机在创业特质和创业意愿之间起着中介作用④。

2. 在校大学生创业动机对创业意愿的影响：来自 2020 年的调查结果

理论研究发现，创业动机对创业意愿具有正效应。为进一步研究在校大学生创业动机对创业意愿的影响，结合 2020 年问卷数据和现有文献，我们建立如下模型：

$$Y_i = \alpha + \beta_1 Motivation_i + \beta_2 Control_i + \delta_i$$

其中 Y 为被解释变量，表示在校大学生的创业意愿。创业意愿变量采用 Likert 5 分法进行衡量，由低到高分别赋值 1 至 5，其中 1 表示"从没想过创业"，5 表示"一定要创业"。现有研究基本上把创业动机划分为生存型和机会型，且发现机会型创业动机是在校大学生创业的主要动机，因此本报告主要研究高校创业教育对在校大学生机会型创业动机的影响。结合 2020 年问卷数据，考察机会型创业动机时我们主要询问在校大学生对以下七个方面的认同程度：（1）实现个人理想；（2）想当企业家；（3）服务社会；（4）报效祖国；（5）响应国家"双创"号召；（6）自由自主的工作与生活方式；（7）发现市场上有短缺的产品或服务。每个方面均采用 Likert 5 分法进行衡量，由低到高分别赋值 1 至 5，其中 1 表示"完全不同意"，5 表示"完全同意"。为整体分析机会型创业动机对在校大学生创业意愿的影响，对上述七个方面的得分取平均值以构建机会型创业动机的变量。同时，我们也分别研究上述七类机会型创业动机对在校大学生创业意愿的影响。

此外，借鉴已有研究，本部分控制了个人和家庭特征变量（Control）。个人特

①　马轶群，孔婷婷，丁娟. 贫困经历、创业动机与大学生创业意愿提升研究：基于在校大学生调查数据的实证分析. 高教探索，2020（1）：109-116.

②　张凯竣，雷家骕. 基于成就目标理论的大学生创业动机研究. 科学学研究，2012，30（8）：1221-1227，1280.

③　孙跃，胡蓓，杨天中. 基于成就动机的大学生创业意愿影响因素研究. 科技管理研究，2011，31（13）：130-134.

④　窦大海，罗瑾琏. 创业动机的结构分析与理论模型构建. 管理世界，2011（3）：182-183.

征变量包括年龄、性别、学历、专业、就读高校层次、成绩排名、生源地等，家庭特征变量包括家庭收入水平等。β_i 为创业动机及个人和家庭控制变量对在校大学生自主创业意愿的影响，δ_i 为残差项。

在校大学生创业动机对其创业意愿影响的回归结果见表 1-10。表 1-10 所示的回归结果显示，总体而言，机会型创业动机对在校大学生自主创业意愿具有显著的正向影响，基本符合学界关于创业动机和创业意愿的普遍研究结论。就机会型创业动机各个分项来看，"想当企业家"对在校大学生的创业意愿具有显著的正效应，且在各分项中系数最大，高达 0.111，可见在校大学生对企业家的职业向往是在校大学生产生创业意愿的重要激励。其次是"响应国家'双创'号召"，即国家对创新创业的政策支持力度越大，在校大学生的创业意愿越强烈，表明国家"双创"政策的支持和号召对于激发大学生的创业热情具有重大意义。同时，"实现个人理想"和"服务社会"对在校大学生的创业意愿同样具有显著正面效应，即越是渴望实现个人理想抱负、越是立志于服务社会的在校大学生，越是具备更为强烈的创业意愿。此外，"发现市场上有短缺的产品或服务"和"自由自主的工作与生活方式"这两种机会型动机对自主创业意愿也具有显著的积极影响，说明在校大学生发现市场上有短缺产品或服务往往能刺激其创业意愿，并且新时代大学生对自由宽松的工作方式、生活方式的追求也会促使其创业意愿高涨。

表 1-10 在校大学生创业动机对其创业意愿影响的回归结果

	(1) will2	(2) will2	(3) will2	(4) will2	(5) will2	(6) will2	(7) will2	(8) will2
机会型动机	0.185*** (0.032 3)							
实现个人理想		0.087 3*** (0.022 5)						
想当企业家			0.111*** (0.020 0)					
服务社会				0.083 4*** (0.021 2)				
报效祖国					0.025 1 (0.021 8)			
响应国家"双创"号召						0.093 6*** (0.020 8)		

续表

	(1) will2	(2) will2	(3) will2	(4) will2	(5) will2	(6) will2	(7) will2	(8) will2
自由自主的工作与生活方式							0.054 6*** (0.019 7)	
发现市场上有短缺的产品或服务								0.071 8*** (0.020 4)
个人和家庭特征变量	控制	控制	控制	控制	控制	控制	控制	控制
_cons	1.538*** (0.189)	1.903*** (0.174)	1.853*** (0.163)	1.944*** (0.164)	2.155*** (0.172)	1.898*** (0.166)	2.038*** (0.167)	1.978*** (0.168)
N	2 612	2 612	2 612	2 612	2 612	2 612	2 612	2 612
R^2	0.041	0.034	0.041	0.034	0.029	0.036	0.031	0.033

注：括号里报告了相应回归系数的标准误。

总而言之，创业动机显著影响在校大学生的创业意愿，几乎全部机会型创业动机都会对在校大学生创业意愿产生显著影响，其中，成为企业家的职业机会、国家创新创业政策机会、实现个人理想和服务社会的机会具有最为强烈的积极影响。

（四）创业意愿与创业动机的纵向比较

为持续跟踪在校大学生创业意愿与创业动机的动态变化，本报告对比了近些年来的调查结果。图1-14展示了2017—2020年在校大学生创业意愿的变化情况。

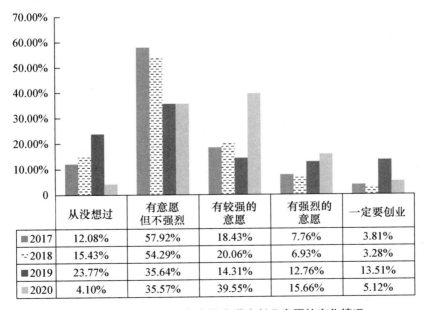

	从没想过	有意愿但不强烈	有较强的意愿	有强烈的意愿	一定要创业
2017	12.08%	57.92%	18.43%	7.76%	3.81%
2018	15.43%	54.29%	20.06%	6.93%	3.28%
2019	23.77%	35.64%	14.31%	12.76%	13.51%
2020	4.10%	35.57%	39.55%	15.66%	5.12%

图 1-14　2017—2020 年在校大学生创业意愿的变化情况

总体而言，在校大学生的创业意愿保持稳定。其中，2020 年在校大学生"一定要创业"的比例低于 2019 年，但高于 2017 年和 2018 年，这说明在校大学生的创业热情有回归理性平稳的趋势。此外，2020 年有创业意愿的在校大学生的比例达到了四年来的峰值，超过了 95％，"有强烈的意愿"的比例呈现上升的趋势，"有较强的意愿"的比例在 2020 年迅速上升，达到四年来的最高值，这可能是由于 2020 年全球新冠肺炎疫情的影响下，新的经济形势催生了许多崭新的创业机会，激发了在校大学生的创业热情，使得总体创业意愿表现更为积极。

表 1-11 展示了 2018—2020 年在校大学生对创业动机的认同程度的动态演变结果。总体而言，排名靠前的驱动因素保持稳定。"实现个人理想""服务社会""报效祖国""赚钱"在近三年中均排名靠前，表明在校大学生心中比较靠前的创业动机以机会型为主。总体而言，在校大学生对不同创业动机的认同程度反映了个人对职业理想的追求，同时体现了一定的社会责任感。

表 1-11　在校大学生创业动机排名的变化

排名	2018 年	2019 年	2020 年
1	实现个人理想	赚钱	实现个人理想
2	想当企业家	服务社会、报效祖国	报效祖国
3	赚钱	自由自主的工作与生活方式	赚钱
4	自由自主的工作与生活方式	响应国家"双创"号召	服务社会
5	服务社会、报效祖国	实现个人理想	发现市场上有短缺的产品或服务

四、在校大学生创业教育及其评价

本部分根据调查数据分析高校创业教育情况及其评价，分别从高校创业氛围、高校创业教育形式、在校大学生创业教育需求和在校大学生对高校创业教育的评价等方面进行分析。

（一）在校大学生就读高校创业氛围分析

1. 就读高校创业氛围概述

在关于"如何评价你就读高校的创业文化"的调查中，如图 1-15 所示，13.54％的受访者认为"学校高度重视创业，相关机构很多，各种课程、活动扑面而来，创业氛围浓厚"，相比上年占比略有下降。62.00％的受访者认为"学校开始重视创业，成立了相关机构，相关课程、活动越来越多，创业氛围正在形成"，相比上年占比有所上升。24.46％的受访者认为"相关课程、活动较少，创业宣传和支持力度有限，对创业仍然缺少认知"。相比上年的调查结果，对就读高校创业氛围做出消极评价的学生占比有所下降，认为就读高校开始重视创业的学生的占比有较大幅度的提高，说明全国高校整体意识到了创业氛围的重要性，并开始采取积极措施营造创业氛围。当然，该部分的结果也会因调查数据的局限而使得稳健性一般。

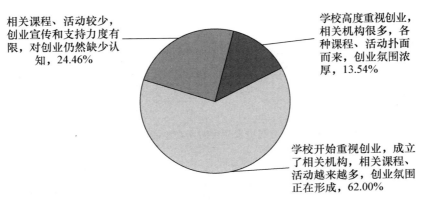

图 1-15 在校大学生对所在学校创业氛围的评价

2. 不同层次学校的创业氛围分析

为了更好地体现不同层次学校的在校大学生对本校创业氛围的评价，以下将对双一流高校和非双一流高校在校大学生两个大学生群体进行对比分析。图 1-16 显示，在双一流高校在校大学生中，超过半数的学生表示"学校开始重视创业，成立了相关机构，相关课程、活动越来越多，创业氛围正在形成"，表明大部分双一流高校在校大学生对本校创业氛围较为满意。图 1-17 表明对于非双一流高校而言，持相同观点的学生同样占据多数，比重高达 62.56％，说明在双一流和非双一流高校在校大学生中，对高校创业氛围的总体评价趋于一致。在双一流高校中，14.85％的在校大学生认为"学校高度重视创业，相关机构很多，各种课程、活动扑面而来，创业氛围浓厚"，这一比重略高于非双一流高校的 13.28％，说明来自双一流高校的在校大学生对本校创业氛围的评价略高于非双一流高校的在校大学生。值得关注的是，27.12％的双一流高校在校大学生认为本校"相关课程、活动较少，创业宣传和支持力度有限，对创业仍然缺少认知"，该比例高于非双一流高校，说明双一流高校中对学校创业氛围持不满意态度的在校大学生的占比也要略高于非双一流高校。对学校创业氛围的评价受到诸多主观因素影响，包括在校大学生对高校的期待程度、在校大学生对创业氛围的期待程度、在校大学生的自主创业意愿等。出现这一结果，可能是由于双一流在校大学生对学校创业支持政策具有更高的期待，以及拥有相对更强的创业意愿。

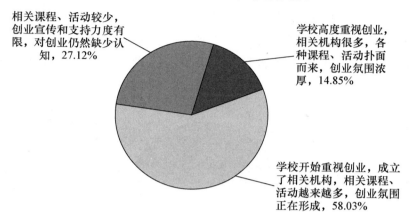

图1-16　双一流高校大学生对所在学校创业氛围的评价

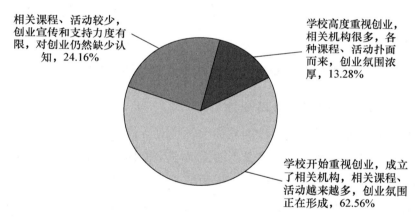

图1-17　非双一流高校大学生对所在学校创业氛围的评价

（二）在校大学生就读高校创业教育形式分析

1. 创业教育形式对大学生创业的重要程度分析

按照"比较不重要、不确定、一般、比较重要、非常重要"的顺序对重要性指标进行赋值，分别赋值为0、0.25、0.50、0.75、1.00。对不同高校专业或机构对大学生创业的重要程度求均值和标准差，得到表1-12。

表 1-12 在校大学生对高校开展的教育形式重要性的评价

教育形式	均值	标准差	95%置信区间
创业类专业	0.769	0.003 8	[0.761 5, 0.776 4]
创业学院	0.759 4	0.004 3	[0.750 9, 0.767 8]
创业研究中心	0.754 7	0.004 4	[0.746 2, 0.763 3]
创新创业教育平台	0.754 6	0.004 4	[0.746 1, 0.763 2]
创业实践基地	0.751 6	0.004 3	[0.743 1, 0.760 1]
创业训练营	0.747 1	0.004 4	[0.738 5, 0.755 6]
社会创业或创新中心	0.744 7	0.004 2	[0.736 5, 0.752 9]
大学生创业指导中心	0.740 7	0.004 2	[0.732 4, 0.744 6]
大学生创业场地中心	0.740 7	0.004 3	[0.732 2, 0.749 2]
创业投资机构	0.736	0.004 4	[0.727 3, 0.744 6]
大学生创业社团	0.729 1	0.004 3	[0.720 7, 0.737 6]
大学创业科技园	0.724 1	0.004 5	[0.715 2, 0.733]
社会创业类专业	0.711 4	0.004 6	[0.702 4, 0.720 4]

根据表 1-12 的结果，在校大学生对高校的各种创业教育形式重要性的评价均超过 0.7，说明高校的创业教育普遍对大学生较为重要。就不同创业教育形式比较来看，在校大学生最为认可的创业教育形式为开设创业类专业，说明在校大学生对体系化、规范化的创业教育指导有着普遍诉求。另外四种排在前五位的创业教育形式分别是创业学院、创业研究中心、创新创业教育平台、创业实践基地，即在校大学生认为创业学院、创业研究中心、创新创业教育平台、创业实践基地对于增进学生对创业的了解、增强创业能力能发挥有力的作用，说明在校大学生看重创业类机构、平台所提供的专业性、实践性的创业指导。因此，高校在未来开展各类创业教育的过程中，应根据自身实际条件和创业教育实践成果，灵活运用各类创新创业教育形式、途径和资源，注重创业教育的系统性、专业性、实践性，尽可能地满足在校大学生的创业教育需要。

2. 创业教育课程开设情况分析

在校大学生对所在学校创业教育课程开设情况的评价如图 1-18 所示。可以看出，超过 95%的高校或多或少地开设过创业教育课程，说明大学生创业教育课程在全国总体覆盖率较高。其中，认为创业教育课程"很多"和"不少，且越来越多"

的在校大学生的比重超过 40%，但略低于认为创业教育课程"有，但很少"的在校大学生的比重，侧面说明在校大学生对所在学校开设创业教育课程有着更高的期待。

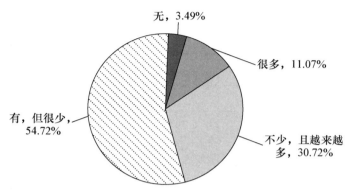

图 1-18　大学创业教育课程开设情况

3. 创业实践活动开展情况分析

相比创业教育课程，在校大学生对大学创业实践活动开展情况的评价更为积极。如图 1-19 所示，有 12.29% 的在校大学生认为所在学校开展了"很多"创业实践活动，高于创业教育课程的 11.07%，37.09% 的在校大学生认为所在学校开展的创业实践活动"不少，且越来越多"，比创业教育课程高 6.37 个百分点。这说明，高校创业实践活动总体开展情况比创业教育课程开设情况更为出色。此外，也有超过 50% 的在校大学生对创业实践活动的开展情况持较低评价（包括"无"和"有，但很少"），说明高校应当加大创新创业实践活动的开展力度，更好地满足大学生对创业训练、创新发展的需要。

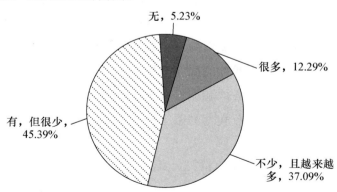

图 1-19　大学创业实践活动开展情况

4. 创业教育开展形式分析

大学开展创业教育的形式丰富多彩，图1-20从在校大学生的观察角度，侧面展示了全体大学当下对不同创业教育形式的偏好。通常而言，大学最常用的创业教育形式为实践分享，例如邀请有成功创业经历的校友开展讲座、一对一咨询等，体现了大学在开展创业教育的过程中对实践性的重视和对优势资源的挖掘。除此之外，模拟创业和案例分析也是大学常用的创业教育形式，说明高校倾向于利用课堂和学校其他场所开展创业教育，充分运用创新竞赛、沙盘模拟、展示互动等兼具虚拟性和实践性的方式，发展在校大学生的创业思维和创业能力。

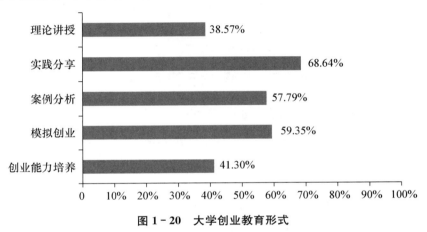

图1-20 大学创业教育形式

5. 不同层次学校的创业教育形式分析

图1-21和图1-22展示了双一流高校和非双一流高校创业教育形式的运用情况。如图1-21所示，在双一流高校，各种创业教育形式的采用较为均衡，除了"理论讲授"的比重低于50%之外，其他创业教育形式的比重均在50%～60%之间，即双一流高校在校大学生中有超过50%的人表示所在学校采用了"实践分享"、"模拟创业"、"案例分析"和"创业能力培养"四种创业教育形式，侧面体现了双一流高校能够综合运用多种形式展开创新创业教育指导。其中，表示所在学校采用"实践分享"和"模拟创业"形式的在校大学生的比重均超过60%，说明双一流高校主要运用实践分享、模拟创业两种形式开展创新创业教育。

如图1-22所示，总体上，非双一流高校对不同创业教育形式的使用程度差异较大，比较常用的创业教育形式主要为"实践分享"、"模拟创业"和"案例分析"。其中，认为所在学校在创业教育中采用过实践分享形式的在校大学生所占比重达到70.17%，超过总体样本在该项上的平均值，侧面说明非双一流高校较为普遍地采用实践分享这一教育形式，体现了在开展创业教育的过程中，非双一流高校对业界校友资源的重视。其次是"模拟创业"和"案例分析"，说明非双一流高校常用的创业教育形式与总体趋于一致。表示所在学校采用了创业能力培养这一形式的在校大学生的比重为39.12%，低于双一流高校，侧面体现了非双一流高校在校大学生对所在学校创业能力提升情况的认可程度略低于双一流高校，说明非双一流高校应在创业教育中更加注重对大学生创业能力素质的培养。

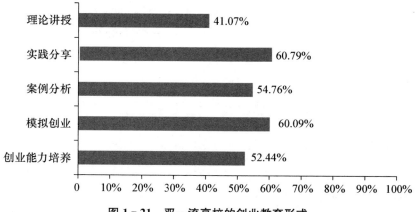

图1-21　双一流高校的创业教育形式

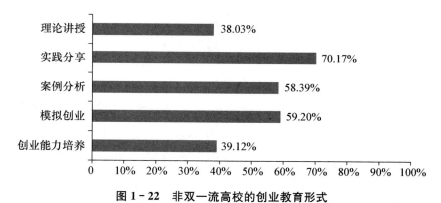

图1-22　非双一流高校的创业教育形式

6. 不同专业大学生接受的创业教育形式分析

（1）理论讲授形式。

由上述分析可知，不管是双一流高校还是非双一流高校，"理论讲授"是最不常用的创业教育形式。图1-23显示了"理论讲授"这一创业教育形式在各个专业被采用的情况。其中，社会科学专业对"理论讲授"的使用最多，商科专业次之，自然科学专业对"理论讲授"的使用最少，说明"理论讲授"这一创业教育形式在社会科学专业中较为受欢迎，在自然科学专业中相对不常用。这说明大学应更加注重针对自然科学专业的学生普及创业理论和创业知识，防止其对创业领域缺少基本认知。

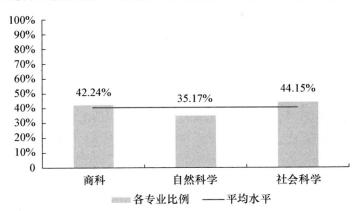

图 1 - 23　理论讲授形式在各专业被采用的情况

（2）实践分享形式。

根据前文的分析，各个大学总体上最常用的创业教育形式是实践分享。图 1 - 24 展示了实践分享作为主要的创业教育形式在各个专业被采用的情况。可以看到，70.19％的商科学生表示所在学校采用实践分享形式开展创业教育，该比重同时超过了社会科学专业和自然科学专业。这说明在大学中，商科领域比社会科学和自然科学领域都更多地采取实践分享形式。究其原因，一方面是由于商科专业自身学科特点，大学对商科专业学生的创业能力有更高的培养要求；另一方面是商科专业在创业领域的业界资源优势更为明显，校友往往具有更强的反哺带动能力。68.11％的自然科学专业在校大学生表示所在学校采取实践分享形式开展创业教育，为三大专业类别中最低，这表明，不论是理论讲授形式还是实践分享形式，自然科学专业在校大学生接受的机会都相对较少，说明大学要注重运用多种形式加强自然科学专业学生的创业教育。

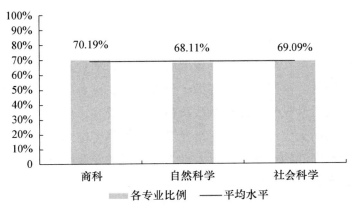

图 1 - 24　实践分享形式在各专业被采用的情况

(三) 在校大学生创业教育需求分析

1. 对创业教育课程或培训的需求状况

在询问在校大学生"你希望所在的院校开设或举办哪些与创业教育相关的课程或培训"后，得到在校大学生对创业教育课程或培训的需求数据。如图1-25所示，排在前三的创业教育需求课程或培训为营销（54.42%）、财务（50.66%）、法律（49.72%），说明在校大学生对财务管理、法律类创业课程或培训需求较为迫切，高校应当增设相关领域的创业教育课程或培训。在校大学生对创业案例分析（16.31%）、产品开发（34.32%）方面的课程或培训需求相对较少。各院校应完善现有创新创业教育体系，为学生提供多种类型的创业教育课程或培训，在需求普遍较大的方面有针对性地满足在校大学生对创业指导的需要。

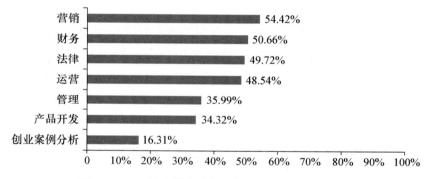

图1-25 在校大学生对创业教育课程和培训的需求

2. 对创业教育支持的需求状况

如图1-26所示，关于创业教育支持，在校大学生需求最为迫切的是学校提供创业场地，占比高达53.17%；其次是创业导师的指导（52.71%）和学校提供创业实践训练机会（50.93%），小部分在校大学生表示需要资金支持、创业孵化平台支持以及创业政策咨询，占比分别为34.7%、31.02%和17.22%。这可能是由于在校大学生接触创业不多，尚未进入实操层面，资金、平台支持的重要性并未在这一时期充分体现。同时，由于互联网咨询十分发达，在校大学生在政策信息方面可获得性较强，因此其对学校提供的创业政策咨询需求较少。由此可见，各个高校应尽可能在学生在校期间提供足够的创业指导场所，如创客空间、创业指导中心等，同时，还应当聘请校内外创业领域专业人士为学生提供专业指导和一对一咨询，并为学生提供充足的实践机会，加大对创业教育实践的支持力度。

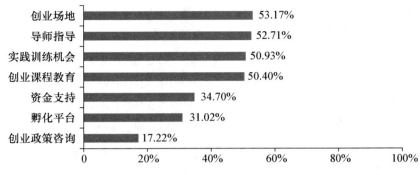

图 1-26　在校大学生对创业教育支持的需求

(四) 在校大学生对高校创业教育的评价

1. 在校大学生对高校创业教育课程或培训的评价

如图 1-27 所示，在关于在校大学生对所接受的创业教育课程或培训的评价的调查中，超九成的在校大学生认为创业教育课程或培训对自身有帮助，其中56.54％的在校大学生表示自己接受的创业教育课程或培训对自身有一定的帮助，31.53％的在校大学生认为有较多帮助，有 8.65％的在校大学生认为自己所接受的创业教育课程或培训对自己有十分给力的帮助。由此可见，现阶段的大学生创业教育课程或培训总体上有积极作用，对大部分在校大学生都起到了不同程度的指导作用。此外，创业教育课程或培训仍存在提升空间，需要进一步提升在校大学生的满意度。

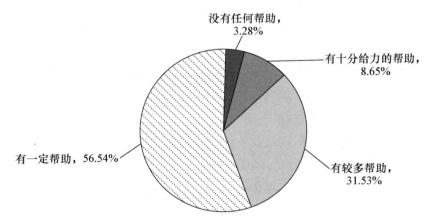

图 1-27　创业教育课程或培训的效果

按照"非常不满意、比较不满意、不确定、一般、比较满意"的顺序对在校大学生的满意程度分别赋值 0、0.25、0.50、0.75、1.00。对在校大学生对高校创业教育课程或培训的评价进行统计分析，得到表 1－13。结果显示，在校大学生对高校开展的各类创业教育课程或培训的评价差异较小。其中，社会创业相关、管理、解决社会问题类产品开发、社会创业案例分析、社会企业管理五类课程或培训的平均评价达到了"一般"水平，其余课程或培训的平均评价略低于"一般"水平。由此可见，高校的创业教育课程或培训对在校大学生起到了不同程度的帮助作用，整体满意度有待进一步提高。高校在未来需重点关注创业相关、营销、法律、运营、营利类产品开发、有关环保产品的开发六类满意度偏低的创业教育课程或培训，创新创业教育的开展模式，争取提高创业教育的整体满意度。

表 1－13　在校大学生对高校开展的各类创业教育课程或培训的评价

	均值	标准差	95％置信区间	
社会创业相关	0.772 8	0.003 8	0.765 2	0.780 3
管理	0.772 1	0.004 3	0.763 5	0.780 7
解决社会问题类产品开发	0.753 4	0.004 3	0.744 9	0.761 9
社会创业案例分析	0.752 7	0.004 1	0.744 7	0.760 8
社会企业管理	0.750 9	0.004 4	0.742 4	0.759 5
营销	0.747 4	0.004 4	0.738 8	0.756 1
运营	0.747 3	0.004 2	0.739 1	0.755 5
有关环保产品的开发	0.727 6	0.004 5	0.718 8	0.736 4
营利类产品开发	0.725 5	0.004 6	0.716 5	0.734 5
法律	0.724 4	0.004 7	0.715 1	0.733 7
创业相关	0.714 7	0.004 6	0.705 6	0.723 9

2. 在校大学生对高校创业政策的评价

按照"完全不满意、基本不满意、不确定、基本满意、完全满意"的顺序，对在校大学生的满意程度分别赋值为 0、0.25、0.50、0.75、1.00。对在校大学生对高校创业政策的评价进行统计分析，得到表 1－14。结果显示，相比创业教育课程或培训，在校大学生对高校创业政策的评价存在较大差异。在校大学生对"实验设备向学生开放"的满意程度最高，说明在校大学生渴望学校能对创业提供实质性的设备支持。其次是"放宽学习年限创业"和"创业算学分"，体现了在校大学生对高校将创业支持制度化并纳入学生培养方案的期待，建议学校酌情提供对创业支持的制度保障。在校大学生对"休学创办社会企业"（62.91％）和"休学创业"（68.63％）的满意程度最低，说明在校大学生希望在不影响学业和正常毕业的前提下开展创业实践。总体来看，在校大学生对学校提供的创业政策的评价略低于"基本满意"的水平，说明目前的创业政策不能完全满足在校大学生的需求，高校需进一步探索能让在校大学生更满意的创业政策。

表 1-14　在校大学生对高校创业政策的评价

	均值	标准差	95％置信区间	
实验设备向学生开放	0.750 2	0.004 2	0.741 9	0.758 5
放宽学习年限创业	0.749 1	0.004 6	0.740 1	0.758
创业算学分	0.745 4	0.004 7	0.736 3	0.754 6
社会创业算学分	0.731 2	0.004 6	0.722 2	0.740 2
优先转入创业相关专业	0.728 7	0.004 4	0.720 1	0.737 2
放宽学习年限创建社会企业	0.723 3	0.004 5	0.714 4	0.732 2
学校科研成果优先向创业或社会创业的学生转让	0.721 6	0.004 2	0.713 3	0.729 9
优先转入社会创业相关专业	0.712 7	0.004 5	0.703 8	0.721 6
休学创业	0.686 3	0.005 5	0.675 5	0.697 1
休学创办社会企业	0.629 1	0.005 5	0.618 4	0.639 8

3. 关于创业教育指导的建议

根据问卷调查的反馈，部分在校大学生对大学的创新创业教育提出了一些改进建议。有部分在校大学生表示目前的创业课程存在脱离实践的问题，希望学校能将创业课程与实践结合起来，例如多提供机会让在校大学生和社会企业相联系、开展成功创业者的经验分享会等；也有部分在校大学生表示学校现有的创业支持政策并没有得到很好的落实，学校需要提高创业政策的落地率，为有创业意愿的学生提供真实有效的帮助。

五、高校创业教育对在校大学生创业意愿和创业动机的影响

十八大以来，我国高度重视深入实施创新驱动发展战略的改革措施，2015 年国务院办公厅发布的《关于深化高等学校创新创业教育改革的实施意见》指出深化高校创新创业教育改革是国家实施创新驱动发展战略、促进经济提质增效升级的迫切需要，并提出要将创新创业教育融入人才培养全过程，切实增强学生的创新精神、创业意识和创新创业能力。2020 年 11 月，教育部召开介绍第六届中国国际"互联网＋"大学生创新创业大赛及深化创新创业教育改革有关情况的新闻发布会，其统计数据显示：随着创新创业课程体系逐渐完善与师资力量逐渐增强，教育部建

设的 200 所深化创新创业教育改革示范高校建立了"专创融合"的特色示范课程 6 500 多门、创新创业教育的线上开放课程 3 400 多门，大学生选课人数达 3 400 万人次；创新创业教育专职教师近 1.7 万人，兼职教师近 4.2 万人。创新创业实践支持力度不断加大，教育部深入实施"国家级大学生创新创业训练计划"，2020 年全国 1 088 所高校共有 3.8 万多个项目立项，参加立项的大学生超过 16 万人，项目经费达 7.6 亿元。创新创业实践活动参与人数多，2020 年举办的中国"互联网＋"大学生创新创业大赛共吸引全球 117 个国家和地区 4 146 所院校的 631 万名大学生 147 万个项目报名参赛。

中国人民大学主编的《中国大学生创业报告》自 2016 年以来持续跟踪研究高校创业教育，大学生创业意愿与动机、创业行为等。实践和理论均表明，高校创业教育是在校大学生创业意愿和创业动机的重要影响因素。鉴于此，我们结合有关理论研究，基于 2020 年调研数据，探究高校创业教育对在校大学生创业意愿和创业动机的影响，并结合往年调研数据进行纵向比较，深入了解其影响的动态变化，为创业教育提供精细化的政策着力点。

（一）高校创业教育与在校大学生创业意愿和创业动机：理论发现

1. 创业教育的有关研究

创业教育对在校大学生创业意愿与创业动机的影响受到了学者的普遍关注。尽管学者对创业教育的界定有所不同，但总体可以概括如下：创业教育是指旨在影响个体的创业态度、价值观或意识，以及培养个体创造性和创业技能的教育过程或活动[1]。例如，Jones 和 English 认为创业教育是培养个体识别商业机会的能力，以及把握商业机会需要具备的见识、自尊、知识和技能的过程[2]。Engle 等将创业教育界定为帮助学生了解成功创业所需的技能，并助力其建立开展创业活动的信心的过程[3]。

现有研究进一步关注了创业教育的内容和形式。Jamieson 创建了关于创业教育

---

[1] Mwasalwiba E S. Entrepreneurship education: a review of its objectives, teaching methods, and impact indicators. Education＋Training, 2010, 52 (1): 20−47; Henry C, Lewis K. A review of entrepreneurship education research. Education＋ Training, 2018, 30 (3): 263−286.

[2] Jones C, English J. A contemporary approach to entrepreneurship education. Education＋Training, 2004, 46 (8/9): 416−423.

[3] Engle R L, Dimitriadi N, Gavidia J V, et al. Entrepreneurial intent: a twelve-country evaluation of Ajzen's model of planned behavior. International Journal Entrepreneurial Behaviour and Research, 2010, 16 (1): 35−57.

的经典的三级内容框架[①]。在这一框架下，创业教育的第一类内容旨在激发关于创新创业重要性的意识（about），重点是鼓励个体意识到培养与锻炼创新创业的技能和能力，以及增强其就业能力的重要性；第二类内容旨在为创业做好准备（for），重点是为有创业意愿的个体提供创业所需要的技能和能力，如识别商业机会、建立新企业的方法；第三类内容旨在为创业者提供管理和发展现有业务所需的技能和能力（in），重点关注创业企业的增长和产品开发等。当前，许多高校创业教育更多的是第一类和第二类内容[②]。在创业教育的形式方面，主要存在创业教育课程和有关创业的社团或社区实践活动这两大类[③]，其中创业教育课程主要采取教师传授创业理论与知识、教学案例研究、团队合作与讨论、商业模拟等理论学习与体验式学习的方式[④]。

部分研究总结了国内外高校创业教育的经验。百森商学院和斯坦福大学是国外高校创业教育的典范。百森商学院开发了浸入式的创业课程、"做中学"的课外活动和推广型的学术研究项目[⑤]，斯坦福大学的创业教育则拥有清晰的创业教育理念，组建了包括校内教师和校外指导老师在内的创业教育师资队伍，开发了系统的创业教育课程体系和全面而有效的创业教育支持网络[⑥]。聚焦于国内高校创业教育方面，可发现自 2002 年以来，我国逐渐从创业竞赛转向创业教育，高校创业教育的受重视程度不断提高，创业教育的形式也从创业教育课堂教学转向多种创业教育形式并存[⑦]。

2. 创业教育与创业意愿、创业动机

关于创业教育与创业意愿的关系，已有研究普遍认为创业教育对创业意愿具有

① Jamieson I. Education for enterprise//Watts A G，Moran P. Schools and Enterprise，CRAC. Bellilnger，Cambridge：MA，1984：19-27.

② Bae T J，Qian S，Miao C，Fiet J O. The relationship between entrepreneurship education and entrepreneurial intentions：a meta-analytic review. Entrepreneurship Theory and Practice，2014，38（2），217-254.

③ Mwasalwiba E S. Entrepreneurship education：a review of its objectives，teaching methods，and impact indicators. Education+Training，2010，52（1）：20-47.

④ Henry C，Lewis K. A review of entrepreneurship education research. Education+Training，2018，30（3）：263-286；Pittaway L，Cope J. Entrepreneurship education：a systematic review of the evidence. International Small Business Journal，2007，25（5），479-510.

⑤ 李佳丽. 百森商学院创业教育 ET&A 理念和课程生态体系构建对我国的启示. 高教探索，2019（6）：54-60.

⑥ 徐旭英，邹晓东，张炜. 斯坦福大学创业教育实施的特点与启示. 高等工程教育研究，2018（2）：119-124.

⑦ 李伟铭，黎春燕，杜晓华. 我国高校创业教育十年：演进、问题与体系建设. 教育研究，2013，34（6）：42-51.

显著的正向影响，并探讨了二者的作用机制[1]。现有研究主要从创业自我效能感和人力资本理论视角探讨创业教育如何影响创业意愿这一问题[2]。

基于创业自我效能感理论视角的研究认为，创业教育能够提升个体的创业自我效能感，进而提升创业意愿[3]。具体而言，创业自我效能感是指个体认为自己能够成功扮演各种创业角色并完成创业任务的信念[4]。根据创业过程中的任务，McGee等人将创业划分为计划阶段、搜寻阶段、调拨梳理阶段、与人相关的执行阶段以及与财务相关的执行阶段等。徐菊和陈德锦基于收集到的中国创业者数据发现，创业教育有助于推动计划、搜寻、调拨梳理阶段的创业自我效能感的形成，进而激发个体的创业意愿[5]。

基于人力资本理论视角的研究认为，创业教育能够提升个体的创业技能，进而提升创业意愿[6]。具体而言，人力资本是指个人通过对学校教育、在职培训及其他类型教育的投资而获得的技能和知识。创业教育通过传授创业知识的课程提升个体对创业的意识和认知，通过创业模拟、撰写创业计划书、开展社团创业活动等实践提升个体的创业技能与能力，增强其风险承担能力、团队协作能力、商业机会洞察能力等，进而促使个体形成创业意愿[7]。

关于创业教育与创业动机的关系，已有研究更多的是探讨对创业动机的界定、创业动机的类型及影响因素，而创业教育是影响创业动机的一种因素。早期研究创业动机的理论包括马斯洛需求层次理论、期望理论、成就目标理论等。全球创业观察报告根据"推动理论"和"拉动理论"提出了生存型创业和机会型创业的概念，分别对应推动型创业和拉动型创业。曾照英和王重鸣基于中国创业者访谈数据发

① Mwasalwiba E S. Entrepreneurship education: a review of its objectives, teaching methods, and impact indicators. Education+Training, 2010, 52 (1): 20-47; 窦大海, 罗瑾琏. 创业动机的结构分析与理论模型构建. 管理世界, 2011 (3): 182-183; 徐菊, 陈德棉. 创业教育对创业意向的作用机理研究. 科研管理, 2019, 40 (12): 225-233.

② Bae T J, Qian S, Miao C, Fiet J O. The relationship between entrepreneurship education and entrepreneurial intentions: a meta-analytic review. Entrepreneurship Theory and Practice, 2014, 38 (2): 217-254.

③ 朱鹏. 创业绩效: 理论溯源与研究进路. 求索, 2020 (6): 157-166; 徐菊, 陈德棉. 创业教育对创业意向的作用机理研究. 科研管理, 2019, 40 (12): 225-233.

④ McGee J E, Peterson M, Mueller S L, et al. Entrepreneurial self-efficacy: refining the measure. Entrepreneurship Theory and Practice, 2009, 33 (4): 965-988.

⑤ 徐菊, 陈德棉. 创业教育对创业意向的作用机理研究. 科研管理, 2019, 40 (12): 225-233.

⑥ Bae T J, Qian S, Miao C, Fiet J O. The relationship between entrepreneurship education and entrepreneurial intentions: a meta-analytic review. Entrepreneurship Theory and Practice, 2014, 38 (2): 217-254.

⑦ Martin B C, McNally J J, Kay M J. Examining the formation of human capital in entrepreneurship: a meta-analysis of entrepreneurship education outcomes. Journal of Business Venturing, 2013, 28 (2): 211-224; 张秀娥, 张坤. 创业教育对创业意愿作用机制研究回顾与展望. 外国经济与管理, 2016, 38 (4): 104-113.

现，与全球创业观察报告的生存型动机和机会型动机类似，中国创业者的创业动机主要包括事业成就型动机和生存需求型动机，事业成就型动机主要包括获得成就认可、扩大圈子影响、成为成功人士、实现创业想法等，生存需求型动机主要包括不满薪酬收入、提供经济保障、希望不再失业等[①]。张凯竣和雷家骕通过分析覆盖 17 所高校的"在校大学生创业态度与创业倾向调查"项目 2010 年的数据发现，中国大学生的创业动机包括名利动机、精神动机和责任动机，其中精神动机是激发大学生创业最主要的因素[②]。具体而言，名利动机主要包括提升社会地位、获得社会认可、实现个人独立、积累财富、解决就业，精神动机主要包括实现创意想法、挑战自我、带来成就感，责任动机主要包括促进国家经济发展、为社会发展做贡献。由此可见，国内创业者的创业动机主要还是生存型动机和机会型动机的延伸与发展。大多数研究将高校创业教育视为高校创业环境的一部分。周勇等基于苏浙沪高校的调研数据发现，高校创业环境对大学生自主创业动机的影响较弱，建议高校通过多样化的创业教育、创业培训或创业实践等培养学生的创业意识和创业动机[③]。

（二）高校创业教育对在校大学生创业意愿和创业动机的影响：来自 2020 年的经验证据

为研究高校创业教育对在校大学生创业意愿和创业动机的影响，结合 2020 年的问卷数据和现有文献，我们建立如下模型：

$$Y_i = \alpha + \beta_1 Class_i + \beta_2 Practice_i + \beta_3 Help_i + \beta_4 Control_i + \delta_i$$

其中 Y 为被解释变量，表示在校大学生的创业意愿或者创业动机。创业意愿变量采用 Likert 5 分法进行衡量，由低到高分别赋值 1 至 5，其中 1 表示"从没想过创业"，5 表示"一定要创业"。现有研究基本上把创业动机划分为生存型创业动机和机会型创业动机，且发现机会型创业动机是在校大学生创业的主要动机[④]，因此我们主要研究高校创业教育对在校大学生机会型创业动机的影响。结合 2020 年的问卷数据，考察机会型创业动机时主要询问在校大学生对以下七个方面的认同程度：（1）实现个人理想；（2）想当企业家；（3）服务社会；（4）报效祖国；（5）响应国

---

① 曾照英，王重鸣．关于我国创业者创业动机的调查分析．科技管理研究，2009，29（9）：285-287．

② 张凯竣，雷家骕．基于成就目标理论的大学生创业动机研究．科学学研究，2012，30（8）：1221-1227，1280．

③ 周勇，凤启龙，陈迪．创业环境对大学生自主创业动机的影响研究：基于江、浙、沪高校的调研．教育发展研究，2014，34（17）：33-37．

④ 张凯竣，雷家骕．基于成就目标理论的大学生创业动机研究．科学学研究，2012，30（8）：1221-1227，1280．

家"双创"号召；（6）自由自主的工作与生活方式；（7）发现市场上有短缺的产品或服务。每个方面均采用 Likert 5 分法进行衡量，由低到高分别赋值 1 至 5，其中 1 表示"完全不同意"，5 表示"完全同意"。为整体分析高校创业教育对机会型创业动机的影响，对上述七个方面的得分取平均值以构建机会型创业动机的变量。

高校创业教育变量主要包括在校大学生自主创业者所在高校创业课程开设情况（Class）、所在高校创业实践举办情况（Practice）以及对所在高校创业教育帮助的评价情况（Help）三个解释变量，这三个变量均由 Likert 4 分法来衡量，由低到高分别赋值 1 至 4，其中 1 表示"无"或者"没有任何帮助"，4 表示"很多"或者"有非常多的帮助"。

此外，借鉴已有研究，本部分控制了个人和家庭特征变量（Control）。个人特征变量包括年龄、性别、学历、专业、就读高校层次、成绩排名、生源地等，家庭特征变量包括家庭收入水平等。β_i 为高校创业教育、个人和家庭控制变量对在校大学生创业意愿或创业动机的影响，δ_i 为残差项。

高校创业教育对在校大学生创业意愿和创业动机的影响的回归结果见表 1-15。结果显示，所在高校创业课程开设越多、所在高校创业实践举办越频繁、对所在高校创业教育帮助的评价越高的在校大学生有着更强烈的创业意愿。这表明，一方面，创业理论教育通过传授创业基础知识，可以增强创业者的创业意识，培养良好的创业精神和观念；另一方面，创业实践教育，如撰写创业计划书、创业模拟、创业实习、实训等，可以提高创业者的创业技能，从而对创业者的意愿产生积极的影响，鼓励创业者将自己的创业想法付诸实践[①]。进一步来看，所在高校创业课程对在校大学生创业意愿的正向影响大于所在高校创业实践对在校大学生创业意愿的正向影响。本部分的实证分析结果也可以与关于创业教育通过创业自我效能感、人力资本作用于创业意愿的研究相互印证。

表 1-15 所示的结果显示，所在高校创业课程开设情况对机会型创业动机存在负向影响，但并不显著；而所在高校创业实践举办情况和对所在高校创业教育帮助的评价情况对机会型创业动机有显著的正向影响，即所在高校创业实践举办得越多或对所在高校创业教育帮助的评价越高，在校大学生越认同机会型创业动机。具体到机会型创业动机的七个方面，表 1-16 所示的结果显示，所在高校创业课程开设情况显著正向影响在校大学生对"响应国家'双创'号召"的认同，也正向影响在

---

① Rauch A, Hulsink W. Putting entrepreneurship education where the intention to act lies: an investigation into the impact of entrepreneurship education on entrepreneurial behavior. Academy of Management Learning & Education, 2015, 14 (2): 187-204.

校大学生对"发现市场上有短缺的产品或服务"和"服务社会"的认同，但并不显著。所在高校创业实践举办情况对在校大学生认同"实现个人理想"的正向影响最大，对"想当企业家"和"报效祖国"的正向影响次之，即所在高校创业实践举办得越多，在校大学生越认同"实现个人理想"、"想当企业家"和"报效祖国"的动机。对所在高校创业教育帮助的评价情况均正向影响在校大学生对各细分机会型创业动机的认同，其中对在校大学生认同"自由自主的工作与生活方式"的正向影响最大，"发现市场上有短缺的产品或服务"次之，"实现个人理想"位列第三。以上分析表明，高校创业教育主要是通过高校创业实践来影响在校大学生"实现个人理想"、"想当企业家"和"发现市场上有短缺的产品或服务"等机会型创业动机。

表 1-15　高校创业教育对在校大学生创业意愿和创业动机的实证结果

	创业意愿	机会型创业动机
所在高校创业课程开设情况	0.134***	−0.006 98
	(0.029 3)	(0.022 1)
所在高校创业实践举办情况	0.106***	0.086 5***
	(0.027 5)	(0.020 8)
对所在高校创业教育帮助的评价情况	0.181***	0.085 7***
	(0.029 9)	(0.020 5)
个人和家庭特征	控制	控制
样本量	2 612	2 612
R^2	0.094	0.054

注：括号里报告了相应回归系数的标准误。

表 1-16　高校创业教育对在校大学生细分机会型创业动机的实证结果

	实现个人理想	想当企业家	服务社会	报效祖国	响应国家"双创"号召	自由自主的工作与生活方式	发现市场上有短缺的产品或服务
所在高校创业课程开设情况	−0.043 6	−0.046 2	0.009 60	−0.059 8*	0.095 6***	−0.046 7	0.042 3
	(0.034 4)	(0.035 1)	(0.031 5)	(0.032 5)	(0.029 6)	(0.035 2)	(0.035 9)
所在高校创业实践举办情况	0.160***	0.109***	0.078 4***	0.107***	−0.017 8	0.096 1***	0.072 3**
	(0.031 5)	(0.035 0)	(0.028 3)	(0.036 2)	(0.027 8)	(0.032 5)	(0.035 8)
对所在高校创业教育帮助的评价情况	0.106***	0.095 8***	0.011 8	0.082 5***	0.077 5**	0.117***	0.109***
	(0.031 1)	(0.033 9)	(0.031 2)	(0.031 0)	(0.030 6)	(0.033 2)	(0.035 7)

续表

个人和家庭特征	实现个人理想	想当企业家	服务社会	报效祖国	响应国家"双创"号召	自由自主的工作与生活方式	发现市场上有短缺的产品或服务
	控制	控制	控制	控制	控制	控制	控制
样本量	2 612	2 612	2 612	2 612	2 612	2 612	2 612
R^2	0.038	0.034	0.019	0.020	0.028	0.033	0.026

注：括号里报告了相应回归系数的标准误。

总而言之，高校创业教育课程偏向于积极影响在校大学生的创业意愿，主要是通过传授创新创业知识提高在校大学生的创业意识，从而促使其产生创业意愿。而高校创业实践偏向于积极影响在校大学生的机会型创业动机，主要是通过创业实践提升在校大学生的创业技能和能力，帮助在校大学生更好地洞察市场需求和实现个人理想。

（三）高校创业教育对在校大学生创业意愿的影响的纵向比较

为持续跟踪高校创业教育对在校大学生创业意愿的影响，本报告对比了2017年至2020年的回归结果，如表1-17所示。结果显示，2020年所在高校创业课程开设情况和所在高校创业实践举办情况对在校大学生创业意愿的正向影响均低于2019年，但均高于2017年和2018年；而2020年对所在高校创业教育帮助的评价情况对在校大学生创业意愿的正向影响是历年最低的。结果呈现这样的特点的原因可能是在校大学生的创业意愿受到2020年新冠肺炎疫情的外生冲击。表1-18中的数据显示，尽管2020年在校大学生的创业意愿、所在高校创业课程开设情况和对所在高校创业实践举办情况的均值都是最高的，对所在高校创业教育的评价情况的均值高于2017年和2019年，但模型调整 R^2 是最小的，这说明2020年所在高校创业课程开设情况、所在高校创业实践举办情况仅是解释在校大学生创业意愿的小部分因素，有可能是疫情的外生冲击影响了在校大学生的创业意愿，如在校大学生可能洞察到疫情中的创业机会，进而提升了创业意愿。

尽管如此，但高校创业教育持续对在校大学生的创业意愿产生着积极影响。这启发我们，高校创业教育仍需要全方位、高质量、持续性地推进，增强大学生的创业精神、创新创业意识和创新创业技能，提升大学生的创新创业能力，为国家高质量发展培养创新型人才。

表 1－17 高校创业教育对在校大学生创业意愿影响的纵向比较

	2017 年	2018 年	2019 年	2020 年
所在高校创业课程开设情况	0.056**	0.130***	0.332***	0.134***
	(0.026)	(0.009)	(0.015)	(0.029 3)
所在高校创业实践举办情况	0.004	0.084***	0.292***	0.106***
	(0.025)	(0.009)	(0.014)	(0.027 5)
对所在高校创业教育帮助的评价情况	0.198***	0.219***	0.420***	0.181***
	(0.021)	(0.006)	(0.014)	(0.029 9)
个人和家庭特征	控制	控制	控制	控制
样本量	3 674	22 839	9 104	2 612
调整 R^2	0.11	0.11	0.36	0.090

注：括号里报告了相应回归系数的标准误。

表 1－18 高校创业教育与创业意愿的纵向比较

		2017 年	2018 年	2019 年	2020 年
创业意愿	均值	2.333	2.283	2.566	2.821
	标准差	0.921	0.921	1.337	0.922
所在高校创业课程开设情况	均值	2.352	2.294	2.363	2.494
	标准差	0.739	0.749	0.887	0.736
所在高校创业实践举办情况	均值	2.550	2.348	2.410	2.564
	标准差	0.754	0.753	0.900	0.772
对所在高校创业教育帮助的评价情况	均值	2.219	2.704	2.320	2.455
	标准差	0.733	0.943	0.885	0.698

第二章 大学生自主创业者调查报告

为持续关注我国大学生自主创业者的创业现状及其绩效情况，了解大学生创业者在自主创业过程中的需求和遇到的困难，进一步研究大学生自主创业者和创业支持机构的联动关系，从而更好地鼓励和支持大学生创新创业，将创新创业扶持工作落到实处，课题组在全国普通高等学校中开展了大学生自主创业者问卷调查。

本章的研究内容为在校大学生自主创业调查，调查的对象为全国普通高等学校的大学生自主创业者，问卷由两部分组成：第一部分为受访者基本信息，主要了解受访大学生的基本人口统计特征；第二部分主要涉及大学生自主创业者的创业经历、创办的企业的现状、创业动机、对创业支持机构的评价以及创业绩效分析等方面。调查采取的是无记名网络问卷调查的形式，受访者可在个人移动端或个人电脑PC端作答，每个IP地址或移动号码限填一份问卷。为保证调查结果的可信度，我们采取了随机抽样调查的形式，但由于经费限制，没有对受访者进行GPS定位和电话回访，因此在样本的数据分布上可能会有局部性的偏差。

一、大学生自主创业者及其创业企业概况

本部分通过整合问卷内容，围绕大学生自主创业者特征及其创业企业现状进行分析。大学生自主创业者特征主要从个人和家庭层面人口统计特征和大学生自主创业者的创业经历与创业特质这两个方面展开分析，创业企业现状则具体分析创业企业的所属行业、商业模式、经营状况等方面。

（一）大学生自主创业者的个人与家庭特征

1. 大学生自主创业者的个人特征

本次调查共回收 926 份有效问卷，大学生自主创业者的人口统计特征见

表 2-1，具体分析如下。

（1）性别分布。

性别分布较为均衡。其中，女性受访者占比为 49.35％，男性受访者占比为 50.65％。

（2）年龄分布。

年龄集中在 18 岁至 25 岁。其中，18～25 岁年龄段的大学生自主创业者的比重为 93.52％，26～30 岁年龄段大学生自主创业者的比重为 6.37％，而 30 岁以上的大学生自主创业者仅有 1 人，所占比重约为 0.11％。

（3）城乡户口分布。

户口分布较为均衡，非农业户口和农业户口的大学生自主创业者的占比相差不大。其中，非农业户口的大学生自主创业者占比为 51.94％，农业户口的大学生自主创业者占比为 48.06％。

（4）学校分布。

大学生自主创业者以非双一流高校的学生为主。其中，非双一流高校的大学生自主创业者的比重为 77.75％，几乎为双一流高校的 3.5 倍。

（5）学制分布。

全日制学制的大学生自主创业者数量最多，占比为 98.38％，非全日制和其他学制的占比较少，分别为 0.54％和 1.08％。

（6）学历分布。

大学生自主创业者以本科学历为主。其中，学历为本科的大学生自主创业者占比最大，为 67.17％，高职和硕士学历的占比相当，均约为 15％，博士学历的数量最少，仅占 2.59％。

（7）专业分布。

大学生自主创业者的专业主要为自然科学和商科。其中，自然科学（包括理学、工学、医学、农学等）专业的大学生自主创业者数量最多，占比为 48.06％；商科（包括经济、管理、金融、会计等）专业的数量次之，占比为 33.37％；社会科学（包括文史哲、艺术、教育、法律等）专业和其他专业的数量较少，占比分别为 18.47％和 0.11％。

（8）成绩分布。

成绩排在前 60％的大学生自主创业者超九成。其中，成绩为 20％～前 40％的大学生自主创业者数量最多，几乎占半数；成绩为前 20％的大学生自主创业者数量次之，占比为 28.51％；成绩为 40％～前 60％的大学生自主创业者的占比为 18.57%。

表 2-1 大学生自主创业者的个人特征分布

变量	分类	频数	比重	累计比重
性别	女	457	49.35%	49.35%
	男	469	50.65%	100.00%
年龄	18～25 岁	866	93.52%	93.52%
	26～30 岁	59	6.37%	99.89%
	31～40 岁	1	0.11%	100.00%
户口	非农业户口	481	51.94%	51.94%
	农业户口	445	48.06%	100.00%
是否双一流高校	非双一流高校	720	77.75%	77.75%
	双一流高校	206	22.25%	100.00%
学制	全日制	911	98.38%	98.38%
	非全日制	5	0.54%	98.92%
	其他	10	1.08%	100.00%
在读学历	高职	137	14.79%	14.79%
	本科	622	67.17%	81.96%
	硕士	143	15.44%	97.40%
	博士	24	2.59%	99.99%
专业	商科	309	33.37%	33.37%
	自然科学	445	48.06%	81.43%
	社会科学	171	18.47%	99.90%
	其他	1	0.11%	100.00%
成绩排名	前 20%	264	28.51%	28.51%
	20%～前 40%	450	48.60%	77.11%
	40%～前 60%	172	18.57%	95.68%
	60%～前 80%	29	3.13%	98.81%
	后 20%	11	1.19%	100.00%

2. 大学生自主创业者的家庭特征

大学生自主创业者的家庭特征包括受访者父母亲的学历与创业经历、家庭收入水平，详细信息见表 2-2，具体分析如下。

（1）父亲学历。

大学生自主创业者父亲学历较高，集中在高中或中专和本科或大专。其中，父亲学历为高中或中专的受访者最多，占比为 42.33％；父亲学历为本科或大专的受访者次之，占比为 35.64％；父亲学历在高中以下的受访者的占比为 18.90％；父亲学历为研究生及以上的受访者最少，仅为 29 人，占比为 3.13％。

（2）母亲学历。

大学生自主创业者母亲学历较高，集中在高中或中专和本科或大专。其中，母亲学历为高中或中专的受访者最多，占比为 46.33％；母亲学历为本科或大专的受访者次之，占比为 29.05％；母亲学历在高中以下的受访者的占比为 22.03％；母亲学历为研究生及以上的受访者最少，仅为 24 人，占比为 2.59％。

（3）父母创业经历。

父母有创业经历的受访者的占比为 35.31％，父母无创业经历的受访者的占比为 64.69％。

（4）家庭收入水平。

家庭收入水平分布集中在中等水平，大致呈现出正态分布。其中，家庭收入水平为中等的大学生自主创业者数量最多，占比超过 55％；家庭收入水平为中下或中上的受访者数量大致相同，均约为 19％；家庭收入水平为低或高的受访者数量也大致相同，均为 3％左右。

表 2-2　大学生自主创业者的家庭特征分布

变量	分类	频数	比重	累计比重
父亲学历	高中以下	175	18.90％	18.90％
	高中或中专	392	42.33％	61.23％
	本科或大专	330	35.64％	96.87％
	研究生及以上	29	3.13％	100.00％
母亲学历	高中以下	204	22.03％	22.03％
	高中或中专	429	46.33％	68.36％
	本科或大专	269	29.05％	97.41％
	研究生及以上	24	2.59％	100.00％
父母创业经历	无	599	64.69％	64.69％
	有	327	35.31％	100.00％
家庭收入水平	低	35	3.78％	3.78％
	中下	171	18.47％	22.25％
	中等	513	55.40％	77.65％
	中上	179	19.33％	96.98％
	高	28	3.02％	100.00％

（二）大学生自主创业者的创业经历与创业特质

1. 大学生自主创业者的创业经历

大学生自主创业者的创业经历主要包括当前创业情况、开始创业时间、创业次数、过往创业时长、跨行业经历及跨行业个数、创业面临的困难、创业失败的原因、创业所在地等。当前创业情况、开始创业时间、创业面临的困难、创业失败的原因等分类变量采用频数和比重的分析方式（见表2-3），而创业次数、过往创业时长、跨行业经历及跨行业个数等数值变量则分析其均值等统计特征（见表2-4），具体分析如下。

（1）创业情况。

第一次创业的大学生自主创业者超半数。具体而言，52.38%的受访者正在进行第一次创业；37.80%的受访者曾经创业但目前未创业，相比2019年（12.6%）大幅上升，这可能是因为受到新冠肺炎疫情的影响；9.83%的受访者曾经创业并且现在仍在创业。

（2）开始创业时间。

大一至大三开始创业的大学生自主创业者累计超八成，大三开始创业的受访者最多。具体而言，大三开始创业的受访者最多，比重达42.01%；大二开始创业的受访者次之，比重达26.57%；大一开始创业的受访者比重达12.31%。硕士期间开始创业的受访者较少，仅占6.26%；本次抽样的群体中，没有在博士期间开始创业的受访者。此外，毕业后开始创业的受访者比重较小，占8%左右，且随着毕业时间的增加，开始创业的人数不断减少。

（3）创业次数。

创业次数的均值为1.247，即每位大学生自主创业者平均创业1.247次，标准差为0.825，创业次数离散程度较低。创业次数呈现右偏分布，最小值为1，第25、50、75百分位数均为1，最大值为20。

（4）过往创业时长。

过往创业时长的均值为0.682，即每位大学生自主创业者过往创业时长平均约为8个月。过往创业时长同样呈现右偏分布，最小值为0，中位值为0，最大值为10，这说明超过50%的大学生自主创业者没有创业经历，与创业情况相符。其中，有395位大学生自主创业者有创业经历，其过往创业时长平均值为1.59，这表示其过往创业时长约为1年6个月。

（5）跨行业经历及跨行业个数。

跨行业经历的哑变量均值为0.123，标准差为0.329，这表明大部分大学生自主创业者没有跨行业经历，约占 87.7%。在有跨行业经历的大学生自主创业者中，每位受访者平均跨 2.02 个行业，受访者最少跨 1 个行业，最多跨 7 个行业。

（6）创业面临的困难。

大学生自主创业者在创业过程中面临的主要困难集中在资金问题（24.95%）方面，其他困难包括项目问题（19.76%）、缺乏指导（18.68%）、手续繁杂（17.39%）、场地问题（15.98%）等；家人反对所占比重较小，仅约为 3%。

（7）创业失败的原因。

大学生自主创业者创业失败的突出原因是技术/产品问题（22.89%）、团队问题（20.63%）、资金短缺问题（19.01%）这三个方面；管理不善（15.98%）、税费过重（13.50%）这两方面的问题也比较明显。此外，仅有 1.51% 的大学生自主创业者因为找到更好的工作而放弃创业，这表明受访者创业的决心比较坚定。

表 2-3 大学生自主创业者的部分创业经历（一）

变量	分类	频数	比重	累计比重
当前创业情况	正在第一次创业	485	52.38%	52.38%
	曾经创业但目前未创业	350	37.80%	90.18%
	曾经创业并且现在仍在创业	91	9.83%	100.00%
开始创业时间	大一	114	12.31%	12.31%
	大二	246	26.57%	38.88%
	大三	389	42.01%	80.89%
	硕士期间	58	6.26%	87.15%
	博士期间	0	0	87.15%
	毕业当年	43	4.64%	91.79%
	毕业后一年	52	5.62%	97.41%
	毕业后两年	15	1.62%	99.03%
	毕业后三年	8	0.86%	99.89%
	毕业后四年	0	0	99.89%
	研究生毕业后五年及以上	1	0.11%	100.00%
创业面临的困难	资金问题	231	24.95%	24.95%
	场地问题	148	15.98%	40.93%
	项目问题	183	19.76%	60.69%
	手续繁杂	161	17.39%	78.08%
	缺乏指导	173	18.68%	96.76%
	家人反对	28	3.02%	99.78%
	团队	1	0.11%	99.89%
	其他	1	0.11%	100.00%

续表

变量	分类	频数	比重	累计比重
创业失败原因	资金短缺问题	176	19.01%	19.01%
	技术/产品问题	212	22.89%	41.90%
	团队问题	191	20.63%	62.53%
	税费过重	125	13.50%	76.03%
	管理不善	148	15.98%	92.01%
	业务成本高	56	6.05%	98.06%
	找到更好工作，放弃创业	14	1.51%	99.57%
	其他	4	0.43%	100.00%

表 2-4　大学生自主创业者的部分创业经历（二）

	创业次数，全样本	过往创业时长（年），全样本	过往创业时长（年），有创业经历的样本	跨行业经历，全样本	跨行业个数，有跨行业经历的样本
均值	1.247	0.682	1.59	0.123	2.02
标准差	0.825	1.01	0.955	0.329	1.05
最小值	1	0	1	0	1
最大值	20	10	10	1	7
第25百分位数	1	0	1	0	1
第50分百位数	1	0	1	0	2
第75分百位数	1	1	2	0	2
观测值	923	924	395	926	114

（8）创业所在地。

受访的大学生自主创业者的创业所在地集中在京津冀地区（见图 2-1），在河北省、天津市和北京市创业的受访者所占比重分别为 18.90%、15.98%、8.96%。另外，创业所在地为山西和广东的受访者也较多，比重分别为 7.67%、7.13%。

2. 大学生自主创业者的创业特质

大学生自主创业者的创业特质主要包括机会识别能力和个性特征，具体分析如下。

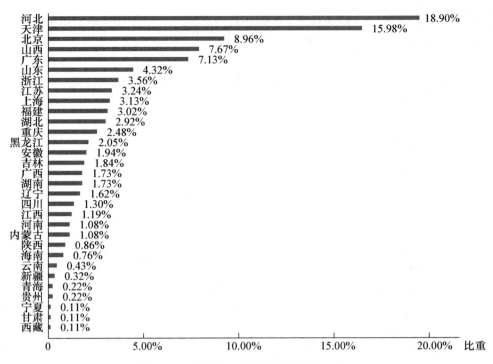

图 2-1　大学生自主创业者的创业地分布

（1）机会识别能力。

大学生自主创业者寻找合适的创业方向时主要基于两种类型：一种是根据市场需求寻找解决方案的市场导向型；另一种则是根据技术的商业潜质找市场的技术导向型。图 2-2 显示，大学生自主创业者中技术导向型的比重较大，为 56.26%；市场导向型的比重较小，为 43.74%。

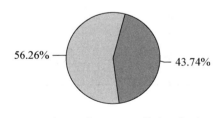

图 2-2　大学生自主创业者的机会识别能力

（2）个性特征。

大学生自主创业者对创业者所需具备的个性特征进行分值为 1 至 5 的认同度打分，分值越高表示越认同，其中 1 表示完全不同意，5 表示完全同意。表 2-5 的数据显示，在有理想抱负、创造力、自信心等 22 类个性特征中，广受大学生自主创业者认同的 5 类依次为有理想抱负、创造力、自信心、解决问题感和风险承担。以上五大个性特征的认同度均值均在 4 分以上。

表 2-5　大学生自主创业者的个性特征

个性特征	均值	标准差
有理想抱负	4.042	0.886
创造力	4.041	0.883
自信心	4.034	0.862
解决问题感	4.008	0.909
风险承担	4.001	0.889
追求自由	3.997	0.902
善于合作共享	3.992	0.919
擅长交际	3.991	0.916
志愿服务感	3.986	0.903
极其浓厚的兴趣	3.983	0.858
对商业信息敏感	3.981	0.883
自控力	3.976	0.876
善于激励他人	3.976	0.904
追求社会繁荣	3.971	0.895
百折不挠	3.964	0.896
财富	3.959	0.862
社会正义	3.957	0.907
他人的认可	3.945	0.891
所有权物主身份	3.944	0.874
对社会信息敏感	3.925	0.900
外向	3.914	0.899
环保意识	3.893	0.917

注：观测值个数为 925。

（三）大学生自主创业者的创业企业概况

以大学生自主创业者创业企业为分析对象，通过整合问卷相关数据，重点从大学生自主创业者创业企业所属行业领域、商业模式以及经营状况等方面进行研究，具体分析如下。

1．大学生自主创业者创业企业所属行业领域

大学生自主创业者所属行业领域分布较为广泛（见表 2-6）。其中，属于教育行业的创业企业数量最多，占比为 26.24％；剩下占比相对较高的行业领域依次是金融（16.20％）、医疗健康（15.44％）、消费电商（10.04％）。咨询、前沿科技和文化产品等行业领域占比较小。

2．大学生自主创业者创业企业的商业模式

（1）商业模式的驱动因素。

受访大学生自主创业者的创业企业重视技术创新。商业模式的驱动因素一般可分为市场需求创新、技术创新以及需求与技术创新。市场需求创新往往从客户端出发，围绕市场需求进行价值捕获，实现价值创造；技术创新则从资源端入手，基于技术手段上的创新进行创业活动规划。需求与技术创新是上述两种驱动因素的结合。表 2-6 显示，认为技术创新是商业模式的驱动因素的大学生自主创业者的数量最多，比重为 45.57％；认为市场需求创新是商业模式的驱动因素的大学生自主创业者的数量次之，比重为 30.24％；认为需求与技术共同驱动的大学生自主创业者的数量最少，仅占 24.19％。

表 2-6　大学生自主创业者创业企业的领域与商业模式

变量	分类	频数	比重	累计比重
创业领域	消费电商	93	10.04％	10.04％
	医疗健康	143	15.44％	25.49％
	教育	243	26.24％	51.73％
	金融	150	16.20％	67.93％
	O2O	43	4.64％	72.57％
	社交	40	4.32％	76.89％
	前沿科技	29	3.13％	80.02％
	企业服务	63	6.80％	86.83％
	餐饮	68	7.34％	94.17％
	文化产品	31	3.35％	97.52％
	咨询	14	1.51％	99.03％
	其他	9	0.97％	100.00％
创业企业商业模式的驱动因素	市场需求创新	280	30.24％	30.24％
	技术创新	422	45.57％	75.81％
	需求与技术创新	224	24.19％	100.00％

续表

变量	分类	频数	比重	累计比重
创业企业的模式特色	目标市场和客户	216	23.33%	23.33%
	渠道	159	17.17%	40.50%
	合作网络	165	17.82%	58.32%
	客户关系管理	163	17.60%	75.92%
	技术	119	12.85%	88.77%
	业务流程	51	5.51%	94.28%
	盈利模式	27	2.92%	97.19%
	成本控制	24	2.59%	99.78%
	其他	2	0.22%	100.00%

（2）创业企业的模式特色。

大部分受访大学生自主创业者的创业企业的特色在于目标市场和客户。具体而言，23.33%的大学生自主创业者认为其企业商业模式的特色主要体现在目标市场和客户上，该项占比也是所有选项中最高的。此外，认为其企业商业模式的特色为合作网络、客户关系管理和渠道的大学生自主创业者的比重相似，分别为17.82%、17.60%和17.17%，这表明大学生自主创业者注重其创业企业所在的生态系统。相对而言，只有较少的受访大学生自主创业者将业务流程、盈利模式和成本控制作为其企业的主要特色。总体而言，大学生自主创业者创业企业的特色也从侧面反映出当今时代的竞争从企业间的竞争或供应链间的竞争转向了生态系统的竞争。

3. 大学生自主创业者创业企业的经营状况

（1）大学生自主创业者创业企业的市场估值。

表2-7显示，大学生自主创业者创业企业的市场估值呈右偏分布，个别创业企业的市场估值较大。其市场估值均值为480.9万元，且市场估值的标准差为1 673万元，这表明市场估值差异较大。其中，创业企业市场估值的最小值为0元，中位数为50万元，最大值为3亿元。

（2）大学生自主创业者创业企业的销售额。

表2-7显示，大学生自主创业者创业企业的销售额也呈右偏分布。其销售额均值为136.3万元，且标准差为575.1万元，这表明销售额差异程度小于其市场估值的差异程度；其中，创业企业销售额的最小值为0元，最大值为5 000万元。此外，创业企业的销售额第75百分位数小于市场均值，这表明创业企业中存在明星企业，其销售额远远大于其他创业企业的销售额。

（3）大学生自主创业者创业企业的人员规模及其增长率变化。

表2-7显示，受访的大学生自主创业者创业企业2020年的人员规模平均为9.384人，且第75百分位数为12人，这反映了其创业企业的人员规模较小，往往是由于大学生自主创业者创业企业发展处于起步阶段、资金不甚充裕等客观限制，以及精力和经验较少等主观限制。但也有部分大学生自主创业者创业企业的人员规模高达130人，初步具备了一定规模。受访的大学生自主创业者创业企业2020年的人员规模与其2019年的人员规模相似，平均人员规模相同，但第75百分位数和最大值高于2019年。

大学生自主创业者创业企业的人员规模平均增长率，即对每个企业的人员规模增长率求平均值，为40.8%，呈现出高增长态势。但最大值和百分位数显示，50%以上的创业企业呈现负增长和零增长，可以看出不少受访者的创业企业发展受限或处于初创阶段。

（4）大学生自主创业者创业企业的用户数量及其增长率变化。

表2-7显示，受访的大学生自主创业者创业企业2020年的用户数量平均为2 802人，初步形成了一定的市场用户规模，但标准差为29 606人，说明不同创业企业的用户数量差异较大。受访的大学生自主创业者创业企业2020年的用户数量明显大于2019年的用户数量，其中，其创业企业2019年的用户数量平均为1 713人，且第25、50、75百分位数分别为6、15、50人，显著低于2020年的80、380和1 200人。

大学生自主创业者创业企业的用户数量平均增长率，即对每个企业的用户数量增长率求平均值，为11 100%，呈现超高速增长的特征；且最大值和百分位数显示，75%以上的创业企业均实现了用户数量的正增长，其中有25%的创业企业的用户数量增长率超过7 900%，呈现高速增长的特征。

表2-7　大学生自主创业者创业企业的经营状况

指标	均值	标准差	最小值	最大值	第25百分位数	第50百分位数	第75百分位数
企业估值（万元）	480.9	1 673	0	30 000	12	50	200
企业销售额（万元）	136.3	575.1	0	5 000	5	10	17
企业人员规模（2020年，人）	9.384	8.488	0	130	5	7	12

续表

指标	均值	标准差	最小值	最大值	第25百分位数	第50百分位数	第75百分位数
企业人员规模（2019年，人）	9.232	8.008	0	80	5	7	10
人员规模增长率（%）	40.8	137.5	−100	1 567	−37.5	0	66.7
用户数量（2020年，人）	2 802	29 606	0	500 000	80	380	1 200
用户数量（2019年，人）	1 713	26 647	0	350 000	6	15	50
用户增长率（%）	11 100	51 500	−100	1 285 600	175	1 567	7 900

二、大学生自主创业者的创业动机分析

本研究以受访大学生自主创业者为样本，对其创业动机及影响因素采用计量经济学方法进行了描述性统计及相关性回归分析。本研究选取了大学生自主创业者的创业动机类型维度作为刻画对象，以创业者人口统计学特征、家庭特征、创业经历、创业者职业观、高校创业支持活动情况等因素为主要自变量，分析以上因素对已有创业经历的大学生创业者创业动机的具体影响，从而深入理解大学生创业行为、精细化创业教育和创业支持，并就更好地为满足大学生的创业需求提出政策建议。

（一）大学生自主创业者的创业动机分析

根据创业动机的不同，创业者行为可被划分为机会型创业与生存型创业。这一划分方法最早由全球创业观察报告提出，其明确指出，机会型创业是指那些为了追求一个商业机会而从事的创业活动；而生存型创业是指那些由于没有其他就业选择或对其他就业选择不满意而从事的创业活动。国外研究成果共同反映了一个问题：对于大学毕业生而言，他们很少因迫于生活压力或对当前工作不适应而进行生存型创业，多数情况下是因个人创业特质的驱动或发现创业机会而开展机会型创业。我国大学生创业以机会型创业为主，虽然在创业率上与发达国家尚有差距，但近年来

呈现迅速上升的趋势[①]。

根据 2020 年的问卷设置，创业动机共有 15 个细分度量方向，分别是：（1）实现个人理想；（2）想当企业家；（3）想当社会企业家；（4）服务社会；（5）报效祖国；（6）响应国家"双创"号召；（7）赚钱；（8）自由自主的工作与生活方式；（9）其他同学或朋友都在创业；（10）之前创业过，感觉有经验；（11）可以向亲戚中创业的人学习；（12）最近比较流行；（13）发现市场上有短缺的产品或服务；（14）参加创业相关竞赛；（15）老师或企业给予的指导。每个方面均采用 Likert 5 分法进行衡量，由低到高分别赋值 1 至 5，其中 1 表示"完全不同意"，5 表示"完全同意"。

与研究在校大学生创业动机时的处理方式一致，此处同样选取 7 个维度衡量机会型创业动机（关于社会企业家，本报告另有篇幅集中研究）：（1）实现个人理想；（2）想当企业家；（3）服务社会；（4）报效祖国；（5）响应国家"双创"号召；（6）自由自主的工作与生活方式；（7）发现市场上有短缺的产品或服务。我们对上述机会型动机 7 个方面的得分取平均值以构建机会型创业动机变量。其余动机如"赚钱"等与生存相关，"其他同学或朋友都在创业"、"可以向亲戚中创业的人学习"和"最近比较流行"与社会网络关系中的示范效应、级联效应相关，还有部分动机与个人过往经历相关，因而我们将除了机会型创业动机之外的剩余动机归类为"其他动机"。

各维度动机平均值如表 2-8 所示，整体来看，机会型创业动机的均值（3.99）高于其他动机（3.85），但标准差相差不大。从细分维度来看，所有细分动机中均值最大的为"实现个人理想"（4.20），其属于典型的机会型创业动机，而均值最小的为"最近比较流行"（3.70），并不属于机会型创业动机，而是源于对经济环境和趋势的理解判断。同时，受访者对"自由自主的生活与工作方式"也表现出了较强的兴趣（4.03），这同样是一项机会型创业动机，表明大学生自主创业者普遍将创业可以享受到的自主自由的生活与工作方式作为创业的动力。"赚钱"的单项分值（4.02）排名第三，据此可以判断大学生进行创业仍有相当一部分原因来自物质需求，但无法进一步了解物质需求的背后是生存目的还是机会目的，比如赚钱是为了养家糊口还是为了获得接触更多资源的机会。总体上从两种动机分值上的较大差异和各分项分值的排名可以发现，大学生创业更多的是出于机会型动机，即一种在主动自我实现、自我跃升的同时实现社会价值的动机。

---

① 郭必裕. 我国大学生机会型创业与生存型创业对比研究. 清华大学教育研究，2010，31（4）：70-73.

表 2-8 大学生自主创业者创业动机各维度表

变量	均值	标准差	最小值	最大值
机会型创业动机	3.99	0.11	3.83	4.20
其他动机	3.85	0.10	3.70	4.02
实现个人理想*	4.20	0.74	1.00	5.00
自由自主的工作与生活方式*	4.03	0.86	1.00	5.00
赚钱	4.02	0.88	1.00	5.00
报效祖国*	3.99	0.91	1.00	5.00
发现市场上有短缺的产品或服务*	3.96	0.94	1.00	5.00
响应国家"双创"号召*	3.95	0.91	1.00	5.00
服务社会*	3.92	0.96	1.00	5.00
想当社会企业家	3.91	0.85	1.00	5.00
老师或企业给予的指导	3.91	0.90	1.00	5.00
参加创业相关竞赛	3.83	0.92	1.00	5.00
想当企业家*	3.83	0.91	1.00	5.00
可以向亲戚中创业的人学习	3.83	0.96	1.00	5.00
其他同学或朋友都在创业	3.81	0.99	1.00	5.00
之前创业过,感觉有经验	3.76	1.01	1.00	5.00
最近比较流行	3.70	1.00	1.00	5.00

注:*表示机会型创业动机。样本量为925。

表 2-9 从性别、年龄、学历进一步考察了创业动机在不同创业群体中的表现。就性别来看,女性的机会型创业动机分值略低于男性,其他创业动机分值男女基本持平,即男性创业者的机会型动机比女性创业者更强。

表 2-9 大学生自主创业者两类创业动机分值的个人特征分布

维度		机会型创业动机	其他创业动机
性别	男性	4.00	3.83
	女性	3.96	3.84
年龄	18~25 岁	3.98	3.84
	26~30 岁	4.01	3.68
学历	高职	3.91	3.80
	本科	4.00	3.84
	硕士	3.97	3.84
	博士	4.04	3.95

就年龄来看，26～30岁的大学生自主创业者机会型创业动机分值为4.01，略高于18～25岁的大学生自主创业者，但二者差异较小，即较为年长的大学生自主创业者和相对年轻的大学生自主创业者在机会型动机强度方面相差无几，这可能是由于二者同为大学生创业群体，群体年龄跨度不大，使得机会型动机的表现具有相似性。

就学历而言，博士生和本科生的机会型创业动机分值最高，均不低于4分，即博士生与本科生的机会型创业动机更为明显，学历为高职的大学生自主创业者机会型创业动机分值最低，即高职生的机会型创业动机相对较弱。这可能是由不同学历的毕业生在校期间所得到的不同的创业支持导致的，也可能是源于社会资源的差异。

总体来看，不论是从性别、年龄还是学历来看，各个大学生创业群体的机会型创业动机分值均高于其他创业动机，说明对于不同性别、年龄和学历的大学生自主创业者而言，机会型动机是其创业动机的主要来源，这与前述理论发现和样本分析结果相符。

（二）大学生自主创业者创业动机的影响因素分析

已有文献中针对大学生创业动机的成熟度量模型①还非常少，本研究借鉴以下有关创业动机影响因素的理论进行分析。Kuratko等通过实证研究发现了影响创业动机的四种因素：外部激励、内部激励、独立与自我控制和家庭保障（为保障和支持家庭而开展创业）②。Robichaud等采用实证研究检验了上述四大因素并补充了部分条目（退休准备、生活改善等）③。高日光等提出了影响当代大学生创业动机的四个维度，包括内在的自我实现、追名求富、外在的社会支持、家庭影响④。陈文娟等对江苏省高校大学生创业样本数据进行了实证研究，发现影响大学生创业动机的排在前三位的关键因素是机会识别能力、政策支持和成就事业水平⑤。从上述诸多

---

① 高日光，孙健敏，周备. 中国大学生创业动机的模型建构与测量研究. 中国人口科学，2009（1）：68-75，112.

② Kuratko D F，Hornsby J S，Naffziger D W. An examination of owner's goals in sustaining entrepreneurship. Journal of Small Business Management，1997（1）：24-33.

③ Robichaud Y，Egbert M，Roger A. Toward the development of a measuring instrument for entrepreneurial motivation. Journal of Developmental Entrepreneurship，2001，6（2）：189-201.

④ 高日光，孙健敏，周备. 中国大学生创业动机的模型建构与测量研究. 中国人口科学，2009（1）：68-75，112.

⑤ 陈文娟，等. 大学生创业动机影响因素：以江苏省高校大学生为例. 中国科技论坛，2015（9）：138-142.

研究结论可以看出，影响创业动机的主要因素总体上可划分为内部（个人、家庭）因素和外部因素两方面，现有理论大多是对内部和外部因素的延伸。Suzuki 等认为，创业动机是环境和个人两类变量的共同产物[1]。因此，现有对创业动机影响因素的研究基本上都是从内部环境因素[2]、外部环境因素[3]两个角度进行考察的。

就内部环境而言，Shane 和 Venkataraman 等研究提出创业者决策的制定必然受到个性特征的影响[4]。同时，Djankov、Miguel 等认为家庭及周边环境对机会型创业和生存型创业皆有影响。就外部环境而言，针对大学生的创业动机，部分学者关注大学环境[5]、学校创业支持[6]和社会网络[7]等影响因素。van Praag 和 Versloot、Gohmann 还提出国家经济政策对创业活动有影响[8]。对此，我们做出如下假设：作为内部环境的两大主要部分，个人特征和家庭环境将显著影响大学生的创业动机；作为外部环境的高校创业支持情况将对大学生创业动机产生积极影响。基于此，我们建立如下模型：

$$Y_i = \alpha + \beta_1 Person_i + \beta_2 Fml_i + \beta_3 Support_i + \beta_4 Control_i + \delta_i$$

其中，Y 为被解释变量，表示大学生自主创业者的机会型创业动机。结合 2020 年的问卷数据，考察机会型创业动机时，我们主要询问大学生自主创业者是对以下七个方面的认同程度：（1）实现个人理想；（2）想当企业家；（3）服务社会；（4）报效祖国；（5）响应国家"双创"号召；（6）自由自主的工作与生活方式；（7）发现

① Suzuki, et al. Entrepreneurship in Japan and Silicon Valley: a comparative study. Technovation, 2002 (22): 595−606.

② Segal G, Borgia G, Schoenfeld J. The motivation to become an entrepreneur. International Journal of Entrepreneurial Behavior & Research, 2005 (11): 42−57; Taormina R J, Kin-Mei Lao S. Measuring Chinese entrepreneurial motivation: personality and environmental influences. International Journal of Entrepreneurial Behaviour & Research, 2007 (13): 200−221; Hessels J, van Gelderen M, Thurik R. Entrepreneurial aspirations, motivations and their drivers. Small Business Economics, 2008 (31): 323−339; Sivarajah K, Achchuthan S. Entrepreneurial intention among undergraduates: review of literature. European Journal of Business and Management, 2013, 5 (5): 172−186.

③ Taormina R J, Kin-Mei Lao S. Measuring Chinese entrepreneurial motivation: personality and environmental influences. International Journal of Entrepreneurial Behaviour & Research, 2007 (13): 200−221.

④ Shane S, Venkataraman S. The promise of entrepreneurship as a field of research. The Academy of Management Review, 2000, 25 (1): 217−226.

⑤ 江海燕. 广东高校大学生创业动机的影响因素研究. 广州：华南理工大学，2008.

⑥ 李洪波，牛昕. 创业环境对大学生创业动机的影响研究. 技术经济与管理研究，2013 (5): 40−43.

⑦ 周勇，凤启龙，陈迪. 创业环境对大学生自主创业动机的影响研究：基于江、浙、沪高校的调研. 教育发展研究，2014, 34 (17): 33−37.

⑧ van Praag C M, Versloot P H. What is the value of entrepreneurship? A review of recent research. Small Business Economics, 2007, (29): 351−382; Gohmann S F. Institutions, latent entrepreneurship, and self-employment: an international comparison. Entrepreneurship Theory and Practice, 2012 (2).

市场上有短缺的产品或服务。每个方面均采用 Likert 5 分法进行衡量，由低到高分别赋值 1 至 5，其中 1 表示"完全不同意"，5 表示"完全同意"。为整体分析机会型创业动机的影响因素，对上述七个方面的得分取平均值以构建机会型创业动机变量。$Person$ 为创业者内部环境其中的个人特征变量，包括性别、年龄、学历、专业、出生地、是否农业户口、是否双一流高校、学习成绩排名、对创业的理解、创业状态、社会职业成功观、职业成功感、创业经历等。其中，创业状态是指企业当期是否存续；社会职业成功观以失败后的再创业意愿作为代理变量，包含社会企业和普通企业的创业者；创业经历用创业次数代理。Fml 为内部环境中的家庭特征变量，主要用家庭收入水平、父母创业经历衡量。$Support$ 为外在环境，本研究主要关注高校教育对大学生自主创业者创业动机的影响，因此选用高校创业支持情况来衡量，包括高校创业机构数量、高校创业培训情况（包含创业教育课程、创业实践活动）、参与高校训练营次数及高校创业培训满意度，以上变量从院校制度体系、活动开展情况、活动参与情况、满意程度四个不同细分维度对创业教育构念进行测度，丰富了作为外部环境的高校创业支持活动的衡量体系，便于全面、具体地解释高校创业支持对创业动机的影响。β_i 为个人特征、家庭特征、高校创业环境对大学生自主创业者创业动机的影响，δ_i 为残差项。选取以上因素对机会型动机进行回归分析，得出以下回归结果（见表 2-10）。

表 2-10 大学生自主创业者机会型动机回归结果

	变量	系数估计	标准误差	t 检验值	P 值	95％置信区间	
个人特征变量	性别	0.025 0	0.020 9	1.190 0	0.233 0	0.016 1	0.066 1
	年龄（26~30 岁）	0.068 0	0.049 1	1.380 0	0.166 0	0.028 3	0.164 3
	学历	0.002 7	0.006 3	0.430 0	0.664 0	0.009 6	0.015 1
	专业	0.029 7	0.015 0	1.970 0	0.049 0	0.000 1	0.059 2
	出生地	0.017 2	0.018 8	0.920 0	0.359 0	0.054 0	0.019 6
	是否农业户口	0.017 9	0.021 6	0.830 0	0.408 0	0.060 3	0.024 5
	是否双一流高校	0.036 4	0.025 8	1.410 0	0.159 0	0.087 1	0.014 3
	学习成绩排名	0.094 9	0.064 5	1.470 0	0.141 0	0.031 6	0.221 4
	对创业的理解	0.298 4	0.026 4	11.320 0	0.000 0	0.246 7	0.350 1
	创业状态	0.012 2	0.017 2	0.710 0	0.477 0	0.046 0	0.021 6
	社会职业成功观	0.028 3	0.007 3	3.880 0	0.000 0	0.014 0	0.042 6
	职业成功感	0.010 0	0.001 6	6.400 0	0.000 0	0.006 9	0.013 0
	创业经历	0.012 9	0.013 5	0.950 0	0.341 0	0.039 5	0.013 7

续表

	变量	系数估计	标准误差	t 检验值	P 值	95％置信区间	
家庭特征变量	家庭收入水平	0.130 3	0.067 8	1.920 0	0.055 0	0.263 5	0.002 8
	父母创业经历	0.002 4	0.022 1	0.110 0	0.912 0	0.041 0	0.045 9
高校创业支持情况	高校创业机构数量	0.006 5	0.007 5	0.860 0	0.391 0	0.008 3	0.021 2
	参与高校训练营次数	0.001 0	0.007 4	0.140 0	0.889 0	0.015 5	0.013 5
	高校创业培训情况	0.001 4	0.005 5	0.250 0	0.802 0	0.012 1	0.009 3
	高校创业培训满意度	0.218 1	0.029 4	7.420 0	0.000 0	0.160 5	0.275 8
截距项		0.668 0	0.146 9	4.550 0	0.000 0	0.379 6	0.956 4
调整 R^2		0.632					

注：$R^2 = 0.632$。

根据概率 P 值可知，在 10％的显著性水平下，创业者的专业、家庭收入水平、对创业的理解、职业成功感、社会职业成功观、高校创业培训满意度对大学生自主创业者的机会型创业动机有正面影响，即在其他变量保持不变的情况下，上述变量的正向单位变化分别可以导致机会型创业动机分值提高 0.029 7、0.130 3、0.298 4、0.010 0、0.028 3、0.218 1。相反的是，创业者的学历、父母创业经历、参与高校训练营次数、高校创业培训情况对机会型创业动机的影响不显著。

三、大学生自主创业支持及其评价

大学生自主创业行为不仅受到创业动机、创业技能、个人特征、风险偏好等内在特征的影响，同时还会因创业情境、社会支持、市场环境等外在因素的交互作用而呈现差异性。随着大众创新、万众创业战略的深入推进，我国相关部门高度重视大学生创业，多项扶持政策相继出台，创业支持体系不断完善，在满足大学生创业需求、激发大学生自主创业积极性、推进大学生可持续创业方面发挥着重要作用。本部分旨在分析受访大学生自主创业者创业支持体系建设及效果评价，结合理论研究发现与问卷调查数据，从政府、风险投资机构和高校三个维度出发，对大学生自主创业者对创业支持的需求、接受创业支持的情况以及其对创业支持的评价等方面进行研究分析，总体上探究当前我国创业支持体系建设的成效和不足，并就如何完善创业支持体系，推进创业支持高效化、平台化、系统化提出相关建议。

（一）大学生创业支持体系建设：已有理论回顾

大学生创业支持体系建设是国内外理论研究与实践最为关注的话题之一。从

1947 年哈佛大学教授迈尔斯·梅斯在 MBA 教学中首次开设创业管理（Management of New Enterprise）课程起，关于创业支持的理论研究与实践建设便在国际社会备受推崇。我国在这方面的研究与实践起步较晚，但自李克强总理于 2014 年 9 月在夏季达沃斯论坛上提出推动"大众创业、万众创新"以来，相关政策文件相继颁布实施，大学生创业支持体系建设这一话题在国内学术界迎来了探索高峰期。为了更清楚地了解创业支持研究现状及最新进展，本研究集中搜集了近三年国内外前沿文献，对创业支持理论研究与实践成果进行文献综述。

现有文献对创业支持体系的研究主要集中在创业支持体系的内涵维度、评价指标以及创业支持对创业行为的影响三个方面，创业支持对创业行为的影响在本报告前面的章节中有所涉及，本部分主要探究前两个方面。

1. 创业支持体系的内涵维度

无论是中文文献还是外文文献，现有研究普遍认同应当推动高校、政府机构、企业等多方协同参与，通过创业教育、政策支持（如税收减免、技术资金支持、园区孵化等）构建全面的创业支持体系。荷兰学者雷德斯多夫和埃茨科维兹于 20 世纪 90 年代提出了三螺旋理论，强调高校、政府、企业三方应建立有效的联动机制，整合优势资源，促进信息共享，三方联动，螺旋作用于创业支持体系建设。当前美国形成的高校主导下的政府和企业合作保障机制就是对三螺旋理论的实践结果[①]。在美国的创业支持体系下，高校主导创业教育和技术创新，政府提供信息沟通渠道与政策支持，企业提供对接平台与产品转化：三者具有共同的目标，良性互动，构成了完整的产学研创新体系。

国内学者也从不同维度探究了创业支持体系的内涵。本研究梳理了相关研究结果（见表 2-11）。尽管各研究中学者关于创业支持的具体维度的认识存在差异，但总体而言仍然符合三螺旋理论，是基于政府、企业、高校三方互动共同搭建的制度安排。

表 2-11　国内学者对创业支持体系维度的不同阐述

时间	学者	维度
2018 年	源波	前期培训、金融贷款、成果转化、休学创业、场地保障等
2018 年	张梦丹	创业资金扶持政策、创业教育政策、创业孵化政策、创业服务政策
2012 年	郭瑞	高校创业教育、政府创业政策、企业创业支持
2012 年	李良成、张芳艳	金融支持、创业教育、创业服务、配套措施、创业文化

---

① 郭连锋，董彦艳，元伟霞，等. 三螺旋视角下美国创业教育的发展历程、特点与启示. 当代教育理论与实践，2020，12（4）：133-138.

除了由政府、高校、企业提供的政策支持和创业教育外，一些研究还将创业文化视为创业支持体系建设的重要维度。Gnyawali 和 Fogel 提出的五维度模型认为，具有效力的创业政策不仅要看到创业者个体的创业诉求、激情和能力，还要关注如何为创业者提供资源和营造氛围[①]；李良成、张芳艳认为创业文化是创业支持体系的重要内容[②]。在我国的政策实践中，教育部印发的《关于大力推进高等学校创新创业教育和大学生自主创业工作的意见》也强调营造鼓励创新创业的校园文化环境是构建全覆盖、分层次、立体化的高校创新创业教育体系的重要举措。

综合国内外文献研究，本报告总结了大学生自主创业支持体系建设的基本框架，即以三螺旋理论为基础，以政府、企业、高校为主体，以创业教育、政策支持、创业文化为核心内容的全方面、多层次的创业支持体系。基于此框架，我们结合问卷数据，在下文深入分析创业支持体系现状。

2. 创业支持体系的评价指标

国内外研究文献中关于创业支持体系的评价指标的争论在于是基于客观指标进行评价，还是采用主观认知作为评价依据。主张采用客观指标的研究以创业支持体系建设的目的为出发点，认为创业支持体系建设是为了促进创新创业，因此需要用客观的绩效指标衡量有效性，例如黄志纯、刘必千为检验创业教育的有效性，提出了师资队伍、学生素质、社会声誉、环境建设、组织领导"五位一体"的评价指标体系[③]。然而另一方认为大学生作为创业支持体系的核心参与者和最大的利益相关者，在评价创业支持体系方面有毋庸置疑的话语权，而前述方法忽视了创业支持对主观意愿动机、创业知识素养等内在特质的影响，因此应重视大学生创业者的主观认知，并以之为基础评价创业支持体系的效果。这两种观点均有合理性，本报告采用第二种观点，即以大学生创业者的主观认知作为评价当前我国创业体系建设的依据。

(二) 大学生自主创业者对创业支持体系下各机构重要性的评价

根据问卷相关问题，本部分考察了受访大学生自主创业者对当前各创业支持机构重要性的评价。在原有框架的基础上，我们新增了风险投资机构、园区、相关培

---

① Gnyawali D R, Fogel D S. Environments for entrepreneurship development: key dimensions and research implications. Entrepreneurship Theory and Practice, 1994 (4): 43-62.

② 李良成，张芳艳. 创业政策对大学生创业动力的影响实证研究. 技术经济与管理研究，2012 (12): 41-45.

③ 黄志纯，刘必千. 关于构建高职生创新创业教育评价体系的思考. 教育与职业，2007 (30): 78-79.

训机构、科研机构等其他创业支持主体，更加符合中国的创业情境。如图 2-3 所示，在进行自主创业的受访大学生中，认为高校等教育机构对于大学生自主创业者来说重要的人数最多，占比近 18%。此外，分别有超过 15% 的受访大学生自主创业者认为创业训练营等培训机构和政府对大学生创业也非常重要。但大企业等行业合作伙伴和科研机构在大学生创业支持体系中的重要性较低，分别仅有 8.84% 和 2.97% 的受访者认为它们在创业支持体系中是重要的。

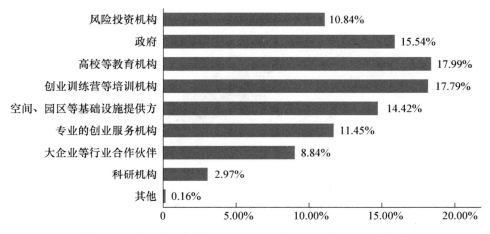

图 2-3 大学生自主创业者对不同创业支持机构重要性的评价

（三）政府创业支持及评价

2020 年新冠肺炎疫情背景下，就业形势严峻。针对这一问题，有关部门持续推进创业支持政策出台与实施落地，鼓励自主创业。2020 年 4 月和 11 月，教育部先后颁布了《关于做好 2020 届全国普通高等学校毕业生就业创业工作的通知》和《关于做好 2021 届全国普通高校毕业生就业创业工作的通知》，持续加大"双创"支持力度，会同有关部门落实大学生创业优惠政策；10 月 15 日，2020 年全国"大众创业、万众创新"活动周举行，并推出课程培训、咨询辅导、跟踪扶持、成果转化、创业补贴等方面的优惠政策；各地方也响应"双创"号召，实施了一系列支持、鼓励创新创业的政策和发展创业教育的举措。

由于各地政府创业支持政策各异，难以统计，因此本部分我们旨在分析大学生自主创业者对政府创业支持的需求和期望，以有针对性地满足相关需求、更好地发挥政府支持的作用；同时，我们调查了大学生自主创业者参与政府进行的创业教育的情况，一定程度上可以反映政府在创业教育方面提供支持的现状。

1. 大学生自主创业者对政府创业帮扶的需求

如图 2-4 所示，创业担保贷款和技能培训是受访的大学生自主创业者最关心的问题，有此需求者人数分别占总体样本的 24.58% 和 24.73%。对比 2019 年的数据，我们发现：一方面，资金需求仍然是大学生自主创业者关切的问题，大学生自主创业者对政府在这一方面提供相应的优惠政策存在较高的期待；另一方面，随着技术不断进步和环境日趋复杂，大学生自主创业者在技能培训方面产生了新的需求。

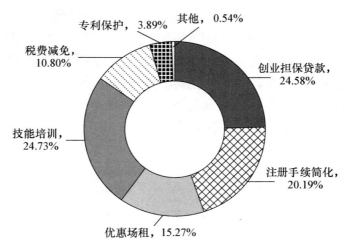

图 2-4　大学生自主创业者对政府创业帮扶的需求

而对于由政府主持设立的用于产业孵化、培育创新企业的园区，从图 2-5 中可以看出，在所有的受访大学生自主创业者中，需要创业培训服务、良好的办公场所和物业服务等支持的人数最多，分别占比 28.51% 和 26.03%。这说明在园区配套基础设施和服务平台建设的过程中，大学生自主创业者更期待培训支持力度的加大和创业环境的改善。

2. 大学生自主创业者参加政府或创业服务机构组织的培训活动情况

在创业教育体系建设中，除高校发挥着主导作用外，政府或创业服务机构也提供了相应的创业培训、咨询辅导服务，发挥了一定的作用。在受访的大学生自主创业者中，如图 2-6 所示，有 51.94% 的受访者表示从未参加过或很少参加由政府或创业服务机构举办的创业培训活动，如讲座、沙龙、私董会等，有 39.09% 的受访者表示参加过一些类似培训活动，仅有 8.96% 的受访者表示自己经常参加。这说明政府部门在开展相关创业教育培训，吸引大学生自主创业者参加方面存在明显不足，政府创业教育的覆盖面较窄。

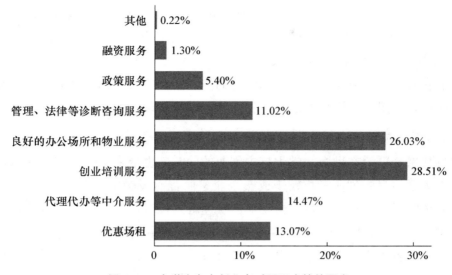

图 2-5　大学生自主创业者对园区支持的需求

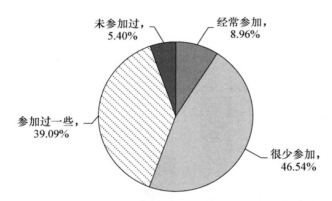

图 2-6　大学生自主创业者参加政府或创业服务机构组织的培训活动情况

（四）风险投资机构创业支持与评价

融资问题是影响大学生创新创业成败的关键问题。除了政府或商业银行提供的创业贷款外，风险投资机构目前正逐渐成为大学生创业企业重要的融资渠道。当前，创业板、风险投资、天使投资等市场化融资渠道日益丰富，监管机制逐渐完善，基于技术或模式创新的大学生创业项目也更容易获得风投机构的青睐。本部分旨在分析风险投资在大学生自主创业支持中的作用与效果。

1. 大学生自主创业企业风险投资的支持情况

在 926 名受访者中，有 57.78% 的大学生自主创业企业没有获得风险投资，有 42.22% 的大学生自主创业企业有风险投资的介入。在有风险投资介入的企业中，仅有不足20％的企业处于风险投资的种子期阶段，大部分有风险投资机构风险投资的企业处于天使轮或 A 轮阶段，处于 B 轮及以上阶段的企业占比较小，但相比2019 年有所提高。可以看出，相较于 2019 年的数据，风险投资机构对大学生自主创业企业在资金支持方面发挥了更加明显的作用，有相当一部分创业企业突破了起步初期阶段，在风险投资机构的参与和支持下逐渐发展壮大。

2. 大学生自主创业者对风险投资机构的需求

市场化融资渠道在助力大学生自主创业的同时，也带来了一系列金融风险和监管问题。大学生自主创业者相较于成熟企业家而言对投融资和资金运作了解不足，因此需要风险投资机构的支持，帮助他们快速融入投资市场，更高效地获得融资和进行资本运作。根据图 2-7 的结果，受访大学生自主创业者对风险投资机构提供的除资金外的各类支持的需求差别较大。接近一半的受访者表示对提供专业指导的需求更迫切；也有相当一部分受访者更希望风险投资机构帮助对接合作资源和其他资金方。风险投资机构应有针对性地提供相应的服务支持，既帮助大学生自主创业企业更高质量地扩张发展，提高创业成功率和存活率，也为自身带来更高的投资回报，实现双赢。

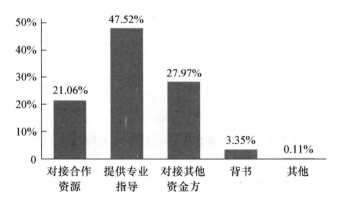

图 2-7　大学生自主创业者对风险投资机构各类支持（除资金外）的需求

（五）高校创业支持与评价

高等学校是开展创业教育、促进创业孵化的主导者。教育部在《关于大力推进高等学校创新创业教育和大学生自主创业工作的意见》中指出："在高等学校开展创新创业教育，积极鼓励高校学生自主创业，是教育系统深入学习实践科学发展观，服务于创新型国家建设的重大战略举措；是深化高等教育教学改革，培养学生创新精神和实践能力的重要途径；是落实以创业带动就业，促进高校毕业生充分就业的重要措施。"2015 年，国务院办公厅颁布了《关于深化高等学校创新创业教育改革的实施意见》，明确指出到 2020 年建立健全融课堂教学、自主学习、结合实践、指导帮扶、文化引领为一体的高校创新创业教育体系。本部分旨在分析大学生自主创业者对所在院校的创业机构、创业支持政策、创业教育课程活动和创业文化四个方面的评价，探究当前高校创业教育体系建设的现状与不足。

1. 大学生自主创业者所在院校创业机构的设立情况

如图 2-8 所示，在受访的大学生自主创业者中，其所在院校更多地开设了创业学院、创业训练营、创新创业教育平台、大学科技园和大学生创业指导中心来完善创业机构支持体系，也有部分高校开设了创业类专业、大学生创业社团、创业投资基金；而创业实践基地建设较为薄弱，仅有 7.34% 的受访者所在院校开设。但总体而言，受访的大学生自主创业者所在院校的创业相关机构设立较为多样，保障体系较为健全。

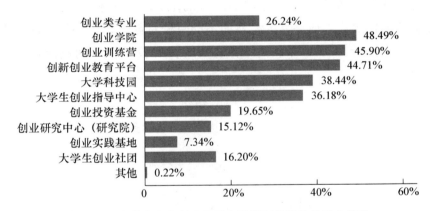

图 2-8　大学生自主创业者所在院校创业机构的设立情况

2. 大学生自主创业者对所在院校创业支持政策的评价

在对所在院校实施的各项创业政策进行评价时，有 22.18% 的大学生自主创业者认为优先转入创业相关专业的政策是最给力的，其次是创业算学分（21.27%）、放宽学习年限创业（20.88%）、实验设备向学生开放（19.53%）。这表明在政策支持方面，大学生自主创业者一方面希望高校出台相关政策帮助他们处理创业和学业的冲突，促进创业和学习生活的平衡；另一方面希望能利用所在院校的设备与学习资源研究新技术、新产品、新模式。

表 2 - 12   大学生自主创业者对所在院校创业支持政策的评价

创业政策	频率	百分比
休学创业	165	6.51%
放宽学习年限创业	529	20.88%
创业算学分	539	21.27%
优先转入创业相关专业	562	22.18%
实验设备向学生开放	495	19.53%
学校科研成果优先向创业学生转让	237	9.35%
其他	7	0.28%

3. 创业教育课程活动开展情况与形式

如图 2 - 9 所示，表示所在院校创业课程活动不少或很多的受访者与表示所在院校创业课程活动很少甚至没有的受访者各约占一半，仅有 2.48% 的受访者表示所在院校没有创业教育课程活动，这说明调查的绝大多数高校都开展了创业课程活动，创业教育的覆盖广度成果喜人。然而不同院校对创业教育课程活动的重视和推进情况存在较大差异，有近一半受访者表示所在院校尽管有创业课程，但数量很少，仍需改善。

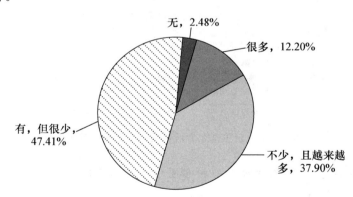

图 2 - 9   大学生自主创业者所在院校创业教育课程活动开展情况

而对于创业教育的形式，我们在调查中了解到，模拟创业、案例分析、实践分享是高校创业教育的主要形式，同时兼有理论讲授和创业能力培养。可以看出，当前高校创业教育呈现出"注重实操，兼顾理论学习和能力培养"的特点，是较为合理的创业教育方式。

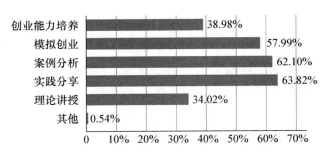

图2-10　大学生自主创业者所在院校创业教育形式

4. 大学生自主创业者对所在院校创业文化的评价

通过对大学生自主创业者对所在院校创业文化的评价的调查，我们发现目前大部分高校处于创业文化形成阶段，开始关注创业教育并且着力营造创业氛围，尽管目前只有15.87％的受访者认为所在院校创业氛围是浓厚的（见表2-13），但随着高校对创业教育日益重视，不断推出相关政策、教育课程活动，我国高校总体创业文化的前景是乐观的。

表2-13　大学生自主创业者对所在院校创业文化的评价

创业文化	频数	百分比	累计百分比
相关课程、活动较少，创业宣传和支持力度有限，对创业仍然缺少认知	165	17.82％	17.82％
学校开始重视创业，成立了相关机构，相关课程、活动越来越多，创业氛围正在形成	614	66.31％	84.13％
学校高度重视创业，相关机构很多，各种课程、活动扑面而来，创业氛围浓厚	147	15.87％	100.00％

（六）总结与建议

本部分以三螺旋理论为理论基础，结合中国特殊的创业环境，从大学生自主创业者主观认知的角度调查了中国创业支持体系建设的现状及对其的评价。综合以上调查与分析，我们得出以下结论：

高校、政府、企业等相关机构在创业支持体系中的角色定位逐渐明确。相较于2019年，高校在创业支持体系中的影响力超过了政府和其他机构，逐渐成为自主创业支持体系的主导者。政府在创业支持体系中应当做指导员、支持者，而不是裁判员、管理者，要充分发挥高校和市场在推动"大众创业、万众创新"方面的自主性。

创业支持体系逐渐完善，各类机构参与助推自主创业企业做大做强。调查发现，除了高校、政府、企业以外，受访者对创业训练营、创业园区、创业服务机构等在创业支持体系中的重要性给予了较高的评价，这些商业或公益性质的创业相关机构参与进来，有助于弥补现有创业支持体系的不足。值得关注的是风险投资机构对受访者创业企业的支持方面，得到风险投资机构资金支持的创业企业比例大大提高，并且大部分突破了种子期进入天使轮、A轮甚至更高的阶段。各类机构的参与进一步完善了创业支持体系，共同助推自主创业企业发展壮大。

政策支持方面，大学生自主创业者对政府、风险投资机构更偏向资金渠道和技术培训的需求，对高校更倾向于学业和资源方面的政策支持。结合2019年的调查数据，我们发现，资金渠道始终是大学生自主创业者迫切关注的需求，2020年的调查发现技术培训的需求也是大学生自主创业者的主要关注点。而对于高校方面的政策支持，受访者更倾向于优先转入创业相关专业、放宽学习年限创业、创业算学分等帮助大学生自主创业者兼顾创业与学业的支持举措和实验设备向学生开放这一政策。相关机构应根据大学生自主创业者的诉求，有针对性地推行相应的扶持政策，让大学生自主创业者最关切的问题得到回应与解决。

创业教育方面，创业教育与培训基本覆盖，但课程开设和参与程度方面的问题仍需解决。调查发现绝大多数的高校都开设了创业教育和课程活动，在覆盖广度上成果喜人。但创业教育课程培训开设数量和参与程度仍亟须改善，超过一半的受访者表示很少参加甚至没参加过政府或服务机构组织的培训活动，而在高校创业课程活动开设方面，也有近一半的受访者表示所在高校很少甚至没有开设创业教育课程活动，综合来看创业教育建设覆盖面广，但开设力度和参与度不足。

创业文化方面，创业文化氛围的营造得到重视，但仍处于建设形成阶段。大部分受访者所在的学校开始重视创业，相关机构和教育课程纷纷设立，创业文化开始形成。政府和高校应当重视创业文化建设，营造创业氛围，厚植创业者文化土壤，让"大众创业、万众创新"的观念深入社会、深入校园。

四、大学生自主创业者创业绩效影响因素研究

在"大众创业、万众创新"的背景下，高校大学生创新创业得到了政府和高校的高度重视。然而，大学生创业创新企业获取高绩效并非易事。本部分将在已有文献的基础上对大学生创业绩效及大学生创业绩效的影响因素进行回顾归纳，使用课题组问卷数据进行实证检验，拟对大学生自主创业者创业绩效有哪些影响因素，相

关影响因素如何影响大学生创业绩效等问题给予回应，通过厘清相关因素对大学生创业绩效的影响机理，为今后政府、高校、社会企业提升大学生创业绩效提供更为全面精准的施力点。

（一）国内外创业绩效相关研究：已有理论回顾

1. 创业企业绩效相关研究

在开展对大学生创业绩效影响因素的分析之前，首先对创业绩效做出界定对于理解为什么要开展本项研究和如何开展本项研究是十分有必要的。大部分研究认为创业企业绩效是指企业在创业过程中完成任务或目标的程度，是全面地衡量创业成果和竞争优势的重要指标。Venkataraman指出，创业是发现和利用盈利机会的过程，除了经济方面的绩效外，个人努力和为社会做出贡献都是创业企业绩效的重要表现[①]。

在创业企业绩效的内涵方面，Murphy等以1987—1993年的51篇探讨创业绩效的实证性文章为基础，共整理出了八项绩效构念，分别为效率、成长、利润、规模、流动性、成败、市场占有率、杠杆能力[②]。他们发现过去的研究虽然可区分为多个衡量构面，但多数偏向财务指标（如利润率）而忽略了操作性指标（如成长性），且至多使用两个构面构念；在资料来源部分，也多倾向于使用以问卷方式获得的初级数据，较少使用客观的次级数据。Venkataraman等则指出创业绩效不同于一般的组织绩效[③]。因为创业着眼于发现和利用能创造利润之机会，所以除了要考虑经济绩效外，还须加入个人能力的成长、愿景目标的实现情况等非经济因素。此外，从社会层面来看，创业活动可创造新市场、新产业、新科技、新制度、新工作并提升生产力。因此，创业绩效应同时考虑个人和企业在经济与社会方面的成果。Chandler和Hanks认为需要从个体、组织和环境这三个方面理解创业绩效体系[④]。Cooper用失败、边缘生存和高增长作为衡量创业绩效的标准[⑤]。

① Venkataraman S. The distinctive domain of entrepreneurship research//Katz J A. Advances in entrepreneurship, firm emergence and growth. Greenwich：JAI Press，1997.

② Murphy G B，Trailer J W，Hill R C. Measuring performance in entrepreneurship research. Journal of Business Research，1996（36）：15-23.

③ Venkataraman S，MacMillan I，McGrath R. Progress in research on corporate venturing//D L Sexton，J D Kasarda. The state of the art of entrepreneurship，Boston：PWS-Kent，1992：487-519.

④ Chnadler G N，Hanks D W. Issues of research design and construct measurement in entrepreneurship research：the past decade entrepreneurship. Theory and Practice，2001，21（2）：51-57.

⑤ Cooper A C，Artz K W. Determinants of satisfaction for entrepreneurs. Journal of Business Venturing，1995（10）：439-457.

Chrisman 等认为在衡量企业绩效时应考虑生存绩效和成长绩效。生存绩效包括员工人数、未来可持续经营的可能性、初创期盈利等指标，成长绩效包括员工人数增长率、市场份额、销售量等指标[①]。

2. 创业企业绩效影响因素相关研究

Hofer 和 Sandberg 提出行业结构、企业战略、创业者特征以及三者的相互作用对新创企业的绩效具有很大的影响，但是，这对于完全理解创业的结果可能还不够[②]。Chandler 和 Hanks 认为正确理解创业绩效与创业者的关系需要考虑三个方面：个体、组织和环境[③]。后续的实证研究亦多是从个体、组织和环境等方面对创业企业绩效的影响因素进行研究。

在个体层面，人格理论是用来解释创业成功的经典理论[④]。早期创业研究的重点是试图发现成功创业者的一般特征和动机[⑤]。例如针对创业者性别对创业企业绩效的影响，相关研究考察了男女创业者的不同偏好、期望、动机和行为[⑥]，将绩效增长差异归因于社会文化中的性别偏见。相关研究提出基于社会规范的性别角色和刻板印象为男性提供了相对有利的获得资源、进入网络和得到机会的条件[⑦]，从而有利于创业绩效的提升。Batjargal 等研究了男女创业者社会网络规模对新创企业成长的影响，并解释了女性创业者和男性创业者的网络和文化背景如何影响新创企业的成长。Batjargal 等认为强大的关系文化中的社会义务、共享身份和关怀实践促进

---

① Chrisman J J, et al. The determinants of new venture performance: an extend model. Entrepreneurship Theory and Practice, 1998, 23 (1): 5-29.

② Hofer C W, Sandberg W R. Improving new venture performance: some guidelines for success. American Journal of Small Business, 1987, 12 (1): 11-26.

③ Chandler G N, Hanks S H. Measuring the performance of emerging businesses: a validation study. Journal of Business Venturing, 1993, 8 (5): 391-408.

④ Rauch A, Frese M. Let's put the person back into entrepreneurship research: a meta-analysis on the relationship between business owners' personality traits, business creation, and success. European Journal of work and Organizational Psychology, 2007, 16 (4): 353-385.

⑤ Brockhaus Sr R H. Risk taking propensity of entrepreneurs. Academy of Management Journal, 1980, 23 (3): 509-520.

⑥ De Carolis D M, Litzky B E, Eddleston K A. Why networks enhance the progress of new venture creation: The influence of social capital and cognition. Entrepreneurship Theory and Practice, 2009, 33 (2): 527-545; Davis A E, Shaver K G. Understanding gendered variations in business growth intentions across the life course. Entrepreneurship Theory and Practice, 2012, 36 (3): 495-512; Eddleston K A, Powell G N. Nurturing entrepreneurs' work-family balance: a gendered perspective. Entrepreneurship Theory and Practice, 2012, 36 (3): 513-541.

⑦ Alice H Eagly. Reporting Sex Differences. American Psychologist, 1987, 42 (7): 756-757; Gupta V K, et al. The role of gender stereotypes in perceptions of entrepreneurs and intentions to become an entrepreneur. Entrepreneurship Theory and Practice, 2009, 33 (2): 397-417.

了信息、资源和情感支持的获取，从而促进了新创企业的成长[①]。他们的研究还发现性别平等主义弱化了女性创业者的社会网络规模对新创企业成长的不利影响。除了创业者的一般个人特征外，相关研究亦聚焦在创业者的品质特征上，例如创业者的创新性、先动性与风险承担性。创新性主要反映企业从事并支持创新、具有实验精神的倾向，从而能够导致新产品的开发问世或现有产品的有效改进，并以之满足当前或未来市场的需求[②]。先动性代表一种前瞻性的视角，其特征是对市场中未来需求的积极追求和预测，具有先动性的企业能够积极识别并利用新出现的机会适应不断变化的竞争环境。风险承担性代表了典型的企业家精神，其中失败的代价和潜在的回报水平都很高[③]。

在组织层面，Zhang 等从互联网创业的角度解构了当前中国新创企业的成长机制，指出探索性定位和商业模式创新在新创企业成长过程中起着重要作用[④]。他们通过对我国 210 家新创企业的调查，从企业战略发展的角度出发，阐述了探索性定位对新创企业成长的重要性及二者之间的关系。Zhang 等还结合当前互联网企业的发展趋势和互联网新创企业在获取资源、降低风险等方面的独特优势，指出商业模式创新在探索性定位与新创企业成长之间起中介作用。Sinha 和 Osiyevskyy 研究了创始人团队人力资本对新创企业成长均值和变异性的影响[⑤]。他们在新创企业创始人团队背景下对人力资本进行了概念化，包括团队规模、团队承诺（即致力于创业的平均工作时间）、团队在行业中的平均工作经验、团队过去的平均创业经验（新创业）、团队平均教育水平和团队平均生活经验（年龄）。Sinha 和 Osiyevskyy 的实证研究结果表明，创始团队人力资本对新创企业成长具有显著的影响。

在环境层面，众多学者从不同的角度探讨了创业环境对创业绩效的影响。从众多理论和实证研究看，群体生态论、战略适应论、资源论等理论研究视角比较受人

①　Batjargal B, et al. The moderating influence of national culture on female and male entrepreneurs' social network size and new venture growth. Cross Cultural & Strategic Management，2019（8）.

②　McKenny A F, Short J C, Ketchen Jr D J, et al. Strategic entrepreneurial orientation: configurations, performance, and the effects of industry and time. Strategic Entrepreneurship Journal，2018，12（4）：504-521.

③　Chirico F, Sirmon D G, Sciascia S, et al. Resource orchestration in family firms: investigating how entrepreneurial orientation, generational involvement, and participative strategy affect performance. Strategic Entrepreneurship Journal，2011，5（4）：307-326.

④　Zhang H, Sun X, Lyu C. Exploratory orientation, business model innovation and new venture growth. Sustainability，2017，10（1）：56.

⑤　Sinha K K, Osiyevskyy O. The impact of founding team's human capital on mean and variability of new venture growth. Academy of management proceedings，2018（1）.

们的关注①。群体生态论者认为那些与环境相适应的创业组织将生存下来，而那些与环境不相适应的创业组织将会被淘汰，环境被看作企业生存的决定因素。环境决定因素包括创业机会的差异化结构、区位的不同、市场条件、政治气候等。Lerner等的研究证明了环境与创业绩效的相关关系②，一些研究者甚至认为创业者能够改变创业环境。战略适应论者认为只有那些战略与环境相适应的企业才可能获得很高的绩效水平，而战略与环境不相适应的企业终将被别的企业战胜并走向失败。他们研究发现创业者的特征对创业绩效的影响最小，产业结构和战略之间的互动对创业绩效有显著的影响。根据战略适应论，创业绩效取决于环境，环境是重要的，但又不是影响绩效的独立因素。相反，企业可以运用其战略适应环境中的机会和威胁。在这一适应过程中，小企业会表现出不同的成长速度与绩效③。资源论者关注创业组织内部的各种资源，依据创业组织所能整合的各种资源对企业的绩效进行研究。根据资源论，企业被看作一组资源和能力的集合，它们又被通过管理转化为企业的优势与弱势。许多学者认为创业绩效的差异能够被组织所拥有的不同资源以及它们的应用所解释，而并非只能由其所处产业环境的差异解释。资源论被广泛地用来解释创业绩效，其主要的贡献在于能够帮助人们理解企业内部资源的重要性，以及如何利用能力去取得高绩效④。朱秀梅将资源可获得性、环境动态性、资源整合能力纳入了创业导向和新创企业绩效关系框架，并通过实证研究验证了有效的资源整合与利用是创业导向转化为创业绩效的主要路径，由于新创企业资源管理能力相比大企业较差，故而提升其资源整合能力十分关键⑤。

（二）大学生自主创业者创业绩效影响的研究设计

本部分的研究对象是大学生自主创业者，利用 2020 年大学生自主创业者问卷调查数据对大学生创业绩效及其影响因素进行研究。根据上述文献综述和相关理论发现，本研究拟借鉴朱鹏的研究框架⑥，考虑个体、组织、环境不同层面的影响因素，构建基于"主体—行为—结果"这一逻辑的大学生创业绩效研究理论框架（见图 2－11）。这一框架的设立思路为创业者在创业过程中采取的行为是连接创业主体

---

① 余绍忠. 创业绩效研究述评. 外国经济与管理，2013 (2)：34－42.

② Lerner M，Brush C，Hisrich R. Israeli women entrepreneurs：an examinati of factors affecting performance. Journal of Business Venturing，1997，12 (4)：315－339.

③ 张映红. 动态环境对公司创业战略与绩效关系的调节效应研究. 中国工业经济，2008 (1)：105－113.

④ 吴道友. 中小企业内创业能力与其绩效的关系研究. 杭州：浙江大学，2003.

⑤ 朱秀梅. 资源获取、创业导向与新创企业绩效关系研究. 科学学研究，2008，26 (3)：589－595.

⑥ 朱鹏. 创业绩效：理论溯源与研究进路. 求索，2020 (6)：157－166.

与创业绩效的必经中间环节。创业主体的个体因素和结构因素很大程度上塑造了创业行为选择进而影响企业绩效。同时，市场环境和制度环境的变化在这一过程中具有推动或制约作用。

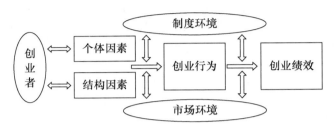

图 2 - 11　大学生创业绩效研究理论框架

本研究通过对关于创业企业绩效的已有文献的梳理发现测度创业企业绩效的指标形式多种多样，比如有学者采用企业盈利水平和组织有效性来测度创业企业绩效[1]，也有研究者认为创业者的收入、创业自我评价、创业机会识别[2]能较完整地代表创业企业绩效[3]。本研究选取了企业估值的对数作为被解释变量。

于是我们建立以下模型：

$$EP_i = \beta_1 PI_i + \beta_2 SI_i + \beta_3 EB_i + \beta_4 EI_i + \delta_i$$

其中 EP 为被解释变量，表示大学生创业企业绩效，使用企业估值的对数衡量；结合问卷设计以及研究框架设定，我们选取的影响大学生自主创业者创业绩效的因素主要包括个体因素（PI）、结构因素（SI）、创业行为（EB）和环境因素（EI），β_i 为各影响因素对创业绩效的影响，δ_i 为残差项。

具体而言，在本报告中，创业者的个体因素主要包括年龄、性别、学历、专业、就读高校层次、家庭收入水平、户口、学习成绩、学制等人口统计学特征以及先动性、风险承担性、创新性等品质特征。结构因素包括父亲学历、母亲学历、父母创业经历。创业行为包括创业次数、是否跨行业、接受创业培训情况、行业领域、商业模式驱动因素、企业最大特色等。环境因素包括院校支持、政府支持和风

①　钟卫东，张伟. 创业者受教育程度与在校表现对创业绩效的影响：基于小微企业样本的实证研究. 教育研究，2014，35（6）：58－66.

②　Zhao H，Seibert S E，Lumpkin G T. The relationship of personality to entrepreneurial intentions and performance：a meta-analytic review. Journal of Management，2010，36（2）：381－404.

③　Chrisman J J，et al. The determinants of new venture performance：an extend model. Entrepreneurship Theory and Practice，1998，23（1）：5－29；Nonaka I，Kodama M，Hirose A，et al. Dynamic fractal organizations for promoting knowledge-based transformation：a new paradigm for organizational theory. European Management Journal，2014，32（1）：137－146.

投支持，具体的变量说明见表 2-14。

表 2-14 变量选取和含义说明

影响因素	变量	变量说明
个体因素	年龄	取值为 1~6，分别对应"18~25 岁"、"26~30 岁"、"31~40 岁"、"41~50 岁"、"51~60 岁"和"60 岁以上"
	性别	男=1；女=0
	学历	取值为 1~4，分别对应"高职"、"本科"、"硕士"和"博士"
	专业	取值为 1~4，分别对应"商科"、"自然科学"、"社会科学"和"其他"
	就读高校层次	双一流=1；非双一流=0
	家庭收入水平	取值为 1~5，分别对应家庭收入由低到高五种类型
	户口	农业户口=1；非农业户口=0
	学习成绩	取值为 1~5，分别对应学习成绩由高到低五种类型
	学制	全日制=1；非全日制=2；其他=3
	先动性	倾向于做一份有挑战性的工作，取值为 1~5，分别对应"完全不同意"到"完全同意"
	风险承担性	即使工作进展不顺利，也能锲而不舍，取值为 1~5，分别对应"完全不同意"到"完全同意"
	创新性	完成需要新思路才能解决的任务对我来说是一种享受，取值为 1~5，分别对应"完全不同意"到"完全同意"
结构因素	父亲学历	取值为 1~4，分别对应"高中以下"、"高中或中专"、"本科或大专"和"研究生及以上"
	母亲学历	取值为 1~4，分别对应"高中以下"、"高中或中专"、"本科或大专"和"研究生及以上"
	父母创业经历	是=1；否=0
创业行为	创业次数	次数 1=1；次数 2=2；次数 3=3
	行业领域	"消费电商"=1；"医疗健康"=2；"教育"=3；"金融"=4；"O2O"=5；"社交"=6；"前沿科技"=7；"企业服务"=8；"餐饮"=9；"文化产品"=10；"咨询"=11；"其他"=12
	是否跨行业	是=1；否=0
	商业模式驱动因素	"市场需求创新"=1；"技术创新"=2
	企业最大特色	"目标市场和客户"=1；"渠道"=2；"合作网络"=3；"客户关系管理"=4；"技术"=5；"业务流程"=6；"盈利模式"=7；"成本控制"=8；"其他"=9
	接受创业培训情况	是否参加过由政府或创业服务机构举办的创业培训活动（讲座、沙龙、私董会）? 取值为 1~4，"没有参加"=1；"很少参加"=2；"参加过一些"=3；"经常参加"=4

续表

影响因素	变量	变量说明
环境因素	风投支持	您的企业是否有风险投资方介入？是＝1；否＝0
	院校支持	您所就读院校的创业文化如何？"相关课程、活动较少，创业宣传和支持力度有限，对创业仍然缺少认知"＝1；"学校开始重视创业，成立了相关机构，相关课程、活动越来越多，创业氛围正在形成"＝2；"学校高度重视创业，相关机构很多，各种课程、活动扑面而来，创业氛围浓厚"＝3 您就读的院校是否有开设创业教育相关的课程？取值为0～3，"没有"＝0；"有，但很少"＝1；"不少，且越来越多"＝2；"很多"＝3 您就读的院校是否有创业相关的实践类培训活动（创业训练、讲座、沙龙、竞赛等）？取值为0～3，"没有"＝0；"有，但很少"＝1；"不少，且越来越多"＝2；"很多"＝3
	政府支持	是否有政府资金提供支持？是＝1；否＝0

（三）大学生自主创业者创业绩效影响因素：来自 2020 年的经验证据

本部分利用 2020 年课题组的大学生自主创业者问卷调查结果，根据研究设计进行实证分析，研究大学生自主创业者创业绩效影响因素。回归结果见表 2－15。

表 2－15　大学生创业者创业绩效影响因素的实证结果

影响因素	变量	企业估值
个体因素	年龄	－0.08
		(0.377)
	性别	0.396***
		(0.125)
	学历	0.108
		(0.126)
	专业	－0.054
		(0.092)
	就读高校层次	0.006
		(0.17)
	家庭收入水平	0.292***
		(0.079)
	户口	－0.230
		(0.131)
	学习成绩	－0.157
		(0.084)
	学制	－0.159
		(0.353)

续表

影响因素	变量		企业估值
结构因素	先动性		0.114*
			(0.089)
	风险承担性		0.187**
			(0.086)
	创新性		0.209*
			(0.112)
	父亲学历		0.321***
			(0.106)
	母亲学历		0.228**
			(0.111)
	父母创业经历		0.334**
			(0.137)
创业行为	创业次数		0.117**
			(0.053)
	是否跨行业		−0.206***
			(0.076)
	商业模式驱动因素 （技术创新）		0.382**
			(0.154)
	行业领域	消费电商	0.093
			(0.251)
		医疗健康	0.894***
			(0.238)
		教育	0.503**
			(0.208)
		金融	0.794***
			(0.238)
		O2O	0.703**
			(0.331)
		社交	0.346
			(0.378)
		前沿科技	0.342
			(0.368)
		企业服务	0.041
			(0.279)
		文化产品	0.004
			(0.450)
		咨询	0.154
			(0.540)

续表

影响因素	变量		企业估值
创业行为	企业最大特色	目标市场和客户	0.386
			(0.336)
		渠道	0.525
			(0.359)
		合作网络	1.103***
			(0.364)
		客户关系管理	0.781**
			(0.340)
		技术	0.576
			(0.371)
		业务流程	0.359
			(0.408)
		盈利模式	0.566
			(0.487)
	接受创业培训情况		0.515***
			(0.087)
环境因素	风投支持		0.394***
			(0.128)
	院校支持	创业文化氛围	0.352***
			(0.121)
		创业教育课程开设情况	0.289***
			(0.104)
		创业实践活动开展情况	0.129**
			(0.102)
	政府支持		0.657***
			(0.240)
截距项			3.921***
			(0.241)
样本量			921
调整 R^2			0.194

注：括号里报告了相应回归系数的稳健标准误。选取商业模式驱动因素中的市场需求创新、行业领域中的餐饮行业、企业最大特色中的成本控制作为基准组。

根据实证回归结果，本报告发现在个体因素方面，大学生个人统计特征对创业绩效的影响普遍不显著，但性别和家庭收入水平对创业绩效有显著影响，得出的结论是：（1）与女性相比，男性大学生自主创业者更可能拥有更高的企业绩效，这一结果与 Batjargal 等[①]的研究结果相符；（2）家庭收入水平越高的大学生自主创业者更可能获得更高的企业绩效。此外，本报告发现，创业者的品质特征相比个人统计特征对创业绩效的影响更为明显，其中创新性、先动性与风险承担性均对创业者的创业绩效有正向影响，即创业者善于创新、敢于人先、勇于承担风险等品质有利于提高创业企业绩效，这一研究结果与 MeKenny 等的研究结果[②]一致。在结构因素方面，本报告得出的结论是父亲学历、母亲学历和父母创业经历对大学生自主创业者创业绩效的影响皆为正向且显著，即父母学历高或者父母拥有创业经历有利于大学生自主创业企业实现高的绩效。这一结果还可能与社会网络、文化背景、资源支持等因素有关。

在创业行为方面，本报告认为丰富的创业经历有利于大学生自主创业者创业绩效的提升。刘益平和张燕也认为创业经历对创业团队的稳定性、工作效率有重要的作用[③]。而跨行业创业对创业绩效的影响是负向的，原因可能在于跨行业创业的创业者往往对行业的认识不够详细与深入，只有拥有跨行业知识背景，才能更容易抓住市场需求。因此，未来的创业支持活动可以引导学生提升对跨行业创业的理解和重视程度，例如开设更多的跨行业创业课程与教育讲座，帮助学生了解行业发展现状，从而更好地掌握并识别跨行业创业的市场机会。由实证结果可知，创业者参加创业培训对创业企业的估值具有十分显著的正向影响。造成该研究结果的原因可能是参加过创业培训的创业者可以从中获得更多关于创业的知识，学习到更多创业技能，从而使创业企业获得更好的发展。同理，参加创业培训活动次数较多的创业者获得了更为全面的创业训练，磨炼了各项创业技能，对创业活动做了更为充分的准备，从而能在创业实践中表现更好，帮助创业企业获得更好的发展。与此同时，在接受教育的过程中，通过与成功企业家、企业高管、风投代表、职业经理人及技术专家等优质人脉资源的沟通交流，能够及时、有效地得到实用的创业指导、最新的市场分析和高质量的信息，并可能获得销售、技术、资金等方面的支持，从而克服学生在资源、市场和供应商等方面存在的"新进入缺陷"，降低学生创业风险，提高创业绩效。

在创业企业特征方面，问卷对商业模式驱动因素进行区分，即市场需求创新和

① Batjargal B, Hitt M, Webb J, et al. Women and men entrepreneurs'social networks and new venture performance acrosscultures. Academy of Management Annual Meeting Proceedings，2009（1）：1-6.
② McKenny A F, Short J C, Ketchen Jr D J, et al. Strategic entrepreneurial orientation: configurations, performance, and the effects of industry and time. Strategic Entrepreneurship Journal，2018，12（4）：504-521.
③ 刘益平，张燕. 基于 Timmons 创业过程模型的大学生创业行为影响因素探析. 黑龙江高教研究，2017（4）：135-141.

技术创新。本部分将市场需求创新作为参照组进行计量分析。由计量分析结果可得，相对于以市场需求创新作为商业模式驱动因素的创业企业，以技术创新作为商业模式驱动因素的创业企业估值更高。造成该情况的原因可能是注重技术创新的创业企业可以利用新技术增强企业的竞争力，帮助创业企业获得更好的发展。总体而言，创业者可以根据自身情况，尽可能选取需求创新与技术创新共同驱动模式，将新技术和新的市场需求结合起来，促进企业的发展。根据 2020 年的问卷调查结果，创业企业所在行业领域对创业者的创业企业估值存在影响，但不是每个行业类别对创业企业绩效都有正向影响。与其他领域相比，医疗健康、教育、金融和 O2O 等领域的创业企业估值相对较高。这一结果可能与近年来随着科技的迅速发展和人们对健康的日益重视，尤其是新冠肺炎疫情以来医疗健康、线上教育、电商业务等行业的快速发展和市场需求上升相关。在企业特色方面，认为企业的最大特色是合作网络和客户关系管理的自主创业者的创业绩效较其他选择更高。

　　在环境因素方面，本研究发现风投支持、高校支持和政府支持均对绩效有显著的正向影响，这一结果与相关研究的结论相符[1]。例如 Luís Farinha 等研究发现政府政策有助于提高创业的成功率，进而推动创业活动，对企业绩效有正向影响[2]。周倩等认为创新创业支持作为高校、企业、政府三方联动的重要构成之一螺旋作用于创新创业新发展[3]。高校作为国家鼓励大学生创业的重要的支持主体，其完善的课程体系、广泛的创业知识对创业企业绩效有显著的正向影响。创业者就读院校的创业支持自变量主要包括创业文化氛围、创业教育课程开设情况、创业实践活动开展情况三个维度，且对创业绩效均有显著的正向影响。因此，高校应更加重视创业文化氛围的建设工作，开设和开展更多的创业相关课程、实践活动，加大创业宣传和支持力度，努力为创业者营造一个良好的创业氛围，促进创业企业的发展。

①　Littunen H. Entrepreneurship and the characteristics of the entrepreneurial personality. International Journal of Entrepreneurial Behavior & Research, 2000（6）：295-310；Mitchelmore S, Rowley J. Entrepreneurial competencies：a literature review and development agenda. International Journal of Entrepreneurial Behaviour & Research, 2010（2）：92-111；Zhao H, Seibert S E, Lumpkin G T. The relationship of personality to entrepreneurial intentions and performance：a meta-analytic review. Journal of Management, 2010, 36（2）：381-404；Boyles T. 21st century knowledge, skills, and abilities and entrepreneurial competencies：a model for undergraduate entrepreneurship education. Journal of Entrepreneurship Education, 2012（1）：41-55.

②　Farinha L, Lopes J, Bagchi-Sen S. et al. Entrepreneurial dynamics and government policies to boost entrepreneurship performance. Socio-Economic Planning Sciences, 2020（72）.

③　周倩, 胡志霞, 石耀月. 三螺旋理论视角下高校创新创业教育政策的演进与反思. 郑州大学报（哲学社会科学版）, 2019, 52（6）：54-60.

参考文献

［1］蔡莉，于海晶，杨亚倩，等. 创业理论回顾与展望. 外国经济与管理，2019，41（12）：94-111.

［2］陈文娟，等. 大学生创业动机影响因素：以江苏省高校大学生为例. 中国科技论坛，2015（9）：138-142.

［3］程建青，罗瑾琏，李树文，等. 创业动机与主观幸福感：社会规范的调节作用. 科技进步与对策，2020，37（6）：46-52.

［4］崔琳，李明军. 大学生创业动机的影响因素与激励策略. 科技传播，2020，12（12）：78-80.

［5］窦大海，罗瑾琏. 创业动机的结构分析与理论模型构建. 管理世界，2011（3）：182-183.

［6］范巍，王重鸣. 创业意向维度结构的验证性因素分析. 人类工效学，2006（1）：14-16.

［7］高日光，孙健敏，周备. 中国大学生创业动机的模型建构与测量研究. 中国人口科学，2009（1）：68-75，112.

［8］郭必裕. 我国大学生机会型创业与生存型创业对比研究. 清华大学教育研究，2010，31（4）：70-73.

［9］郭连锋，董彦艳，元伟霞，等. 三螺旋视角下美国创业教育的发展历程、特点与启示. 当代教育理论与实践，2020，12（4）：133-138.

［10］黄春新，何志聪. 胜任力模型如何适用于高科技企业研发团队的管理. 经济论坛，2004（8）：58-67.

［11］黄志纯，刘必千. 关于构建高职生创新创业教育评价体系的思考. 教育与职业，2007（30）：78-79.

［12］江海燕. 广东高校大学生创业动机的影响因素研究. 广州：华南理工大学，2008.

［13］康兰媛，朱红根. "民工荒"背景下农民工择业稳定性影响因素实证分析：基于代际差异视角. 江西农业大学学报（社会科学版），2013，12（4）：479-485.

［14］李洪波，牛昕. 创业环境对大学生创业动机的影响研究. 技术经济与管理研究，2013（5）：40-43.

［15］李佳丽. 百森商学院创业教育 ET&A 理念和课程生态体系构建对我国的

启示. 高教探索，2019 (6)：54—60.

[16] 李良成，张芳艳. 创业政策对大学生创业动力的影响实证研究. 技术经济与管理研究，2012 (12)：41—45.

[17] 李伟铭，黎春燕，杜晓华. 我国高校创业教育十年：演进、问题与体系建设. 教育研究，2013，34 (6)：42—51.

[18] 李永强，毛雨，白璇，等. 自我概念与品牌个性匹配研究. 软科学，2008 (6)：38—41.

[19] 刘益平，张燕. 基于 Timmons 创业过程模型的大学生创业行为影响因素探析. 黑龙江高教研究，2017 (4)：135—141.

[20] 刘忠艳. ISM 框架下女性创业绩效影响因素分析：一个创业失败的案例研究. 科学学研究，2017，35 (2)：272—281.

[21] 马轶群，孔婷婷，丁娟. 贫困经历、创业动机与大学生创业意愿提升研究：基于在校大学生调查数据的实证分析. 高教探索，2020 (1)：109—116.

[22] 钱永红. 创业意向影响因素研究. 浙江大学学报（人文社会科学版），2007 (4)：144—152.

[23] 孙跃，胡蓓，杨天中. 基于成就动机的大学生创业意愿影响因素研究. 科技管理研究，2011，31 (13)：130—134.

[24] 汪志刚，孙超平，韩恩恩. 大学生创业动机观察与创业收益代价研究：基于对安徽两所工科院校的调研分析. 合肥工业大学学报（社会科学版），2012，26 (1)：156—160.

[25] 王军. 基于创业者特征视角的新创企业成长的影响机理研究. 长春：吉林大学，2020.

[26] 吴道友. 中小企业内创业能力与其绩效的关系研究. 杭州：浙江大学，2003.

[27] 徐菊，陈德棉. 创业教育对创业意向的作用机理研究. 科研管理，2019，40 (12)：225—233.

[28] 徐旭英，邹晓东，张炜. 斯坦福大学创业教育实施的特点与启示. 高等工程教育研究，2018 (2)：119—124.

[29] 薛红志，张玉利. 公司创业研究评述：国外创业研究新进展. 外国经济与管理，2003 (11)：7—11.

[30] 杨道建，陈文娟，徐占东. 创业动机在创业成长影响因素中的中介作用研究. 高校教育管理，2019，13 (6)：103—112.

［31］余绍忠. 创业绩效研究述评. 外国经济与管理，2013（2）：34-42.

［32］云乐鑫，薛红志，杨俊. 创业企业商业模式调整研究述评与展望. 外国经济与管理，2013，35（11）：21-28.

［33］曾照英，王重鸣. 关于我国创业者创业动机的调查分析. 科技管理研究，2009，29（9）：285-287.

［34］张凯竣，雷家骕. 基于成就目标理论的大学生创业动机研究. 科学学研究，2012，30（8）：1221-1227，1280.

［35］张秀娥，张坤. 创业教育对创业意愿作用机制研究回顾与展望. 外国经济与管理，2016，38（4）：104-113.

［36］张映红. 动态环境对公司创业战略与绩效关系的调节效应研究. 中国工业经济，2008（1）：105-113.

［37］张玉利，谢巍. 改革开放、创业与企业家精神. 南开管理评论，2018，21（5）：4-9.

［38］钟卫东，张伟. 创业者受教育程度与在校表现对创业绩效的影响：基于小微企业样本的实证研究. 教育研究，2014，35（6）：58-66.

［39］周冬梅，陈雪琳，杨俊，等. 创业研究回顾与展望. 管理世界，2020，36（1）：206-225，243.

［40］周倩，胡志霞，石耀月. 三螺旋理论视角下高校创新创业教育政策的演进与反思. 郑州大学报（哲学社会科学版），2019，52（6）：54-60.

［41］周勇，凤启龙，陈迪. 创业环境对大学生自主创业动机的影响研究：基于江、浙、沪高校的调研. 教育发展研究，2014，34（17）：33-37.

［42］朱贺玲，周霖. 大学生创业动机的性别差异实证研究：以厦门大学为例. 高等理科教育，2010（4）：68-71.

［43］朱鹏. 创业绩效：理论溯源与研究进路. 求索，2020（6）：157-166.

［44］朱秀梅. 资源获取、创业导向与新创企业绩效关系研究. 科学学研究，2008，26（3）：589-595.

［45］Ajzen I. The theory of planned behavior. Organizational Behavior and Human Decision Processes，1991，50（2）：179-211.

［46］Alice H Eagly. Reporting Sex Differences. American Psychologist，1987，42（7）：756-757.

［47］Amit R，Muller E. Push and pull entrepreneurship. Journal of Small Business and Entrepreneurship，1995（4）：12.

［48］Andreas Engelen，Florian Heinemann，Malte Brettel. Cross-cultural entrepreneurship research：current status and framework for future studies. Journal of International Entrepreneurship，2009，7（3）.

［49］Bae T J，Qian S，Miao C，et al. The relationship between entrepreneurship education and entrepreneurial intentions：a meta-analytic review. Entrepreneurship Theory and Practice，2014，38（2），217−254.

［50］Batjargal B，Hitt M，Webb J，et al. Women and men entrepreneurs' social networks and new venture performance across cultures. Academy of Management Annual Meeting Proceedings，2009（1）：1−6.

［51］Batjargal B，et al. The moderating influence of national culture on female and male entrepreneurs' social network size and new venture growth. Cross Cultural & Strategic Management，2019（8）.

［52］Bhave Mahesh P. A process model of entrepreneurial venture creation. Elsevier，1994，9（3）.

［53］Boyles T. 21st century knowledge，skills，and abilities and entrepreneurial competencies：a model for undergraduate entrepreneurship education. Journal of Entrepreneurship Education，2012（1）：41−55.

［54］Brockhaus Sr R H. Risk taking propensity of entrepreneurs. Academy of Management Journal，1980，23（3）：509−520.

［55］Chandler G N，Hanks S H. Measuring the performance of emerging businesses：a validation study. Journal of Business Venturing，1993，8（5）：391−408.

［56］Cheng S，J S Long. Testing for IIA in the multinomial logit model. Sociological Methods Research，2007（35）：583−600.

［57］Chirico F，Sirmon D G，Sciascia S，et al. Resource orchestration in family firms：Investigating how entrepreneurial orientation，generational involvement，and participative strategy affect performance. Strategic Entrepreneurship Journal，2011，5（4）：307−326.

［58］Chnadler G N，Hanks D W. Issues of research design and construct measurement in entrepreneurship research：the past decade entrepreneurship. Theory and Practice，2001，21（2）：51−57.

［59］Chrisman J J，et al. The determinants of new venture performance：an extend model. Entrepreneurship Theory and Practice，1998，23（1）：5-29.

[60] Cooper A C，Artz K W. Determinants of satisfaction for entrepreneurs. Journal of Business Venturing，1995（10）：439-457.

[61] Davis A E，Shaver K G. Understanding gendered variations in business growth intentions across the life course. Entrepreneurship Theory and Practice，2012，36（3）：495-512.

[62] De Carolis D M，Litzky B E，Eddleston K A. Why networks enhance the progress of new venture creation：The influence of social capital and cognition. Entrepreneurship Theory and Practice，2009，33（2）：527-545.

[63] Dweck C S. Mindsets：how praise is harming youth and what can be done about it. School Library Media Activities Monthly，2008，24（5）.

[64] Eddleston K A，Powell G N. Nurturing entrepreneurs'work-family balance：a gendered perspective. Entrepreneurship Theory and Practice，2012，36（3）：513-541.

[65] Edward L Deci，Richard M Ryan. The "what" and "why" of goal pursuits：human needs and the self-determination of behavior. Psychological Inquiry，2000（11）：227-268.

[66] Engle R L，Dimitriadi N，Gavidia J V，et al. Entrepreneurial intent：a twelve-country evaluation of Ajzen's model of planned behavior. International Journal Entrepreneurial Behaviour and Research，2010，16（1），35-57.

[67] Farinha L，Lopes J，Bagchi-Sen S. et al. Entrepreneurial dynamics and government policies to boost entrepreneurship performance. Socio-Economic Planning Sciences，2020（72）.

[68] Gnyawali D R，Fogel D S. Environments for entrepreneurship development：key dimensions and research implications. Entrepreneurship Theory and Practice，1994（4）：43-62.

[69] Gohmann S F. Institutions，latent entrepreneurship，and self-employment：an international comparison. Entrepreneurship Theory and Practice，2012（2）.

[70] Gupta V K，et al. The role of gender stereotypes in perceptions of entrepreneurs and intentions to become an entrepreneur. Entrepreneurship Theory and Practice，2009，33（2）：397-417.

[71] Henry C，Lewis K. A review of entrepreneurship education research. Education＋Training，2018，30（3）：263－286.

[72] Hessels J，van Gelderen M，Thurik R. Entrepreneurial aspirations, motivations and their drivers. Small Business Economics，2008（31）：323－339.

[73] Hofer C W，Sandberg W R. Improving new venture performance：some guidelines for success. American Journal of Small Business，1987，12（1）：11－26.

[74] James J Chrisman，Alan Bauer Schmidt，Charles W Hofer. The determinants of new venture performance：an extended model. Entrepreneurship Theory and Practice，1998，23（1）：5－29.

[75] Jamieson I. Education for enterprise//Watts A G，Moran P. Schools and enterprise，CRAC. Bellilnger，Cambridge：MA，1984：19－27.

[76] Jeffery S McMullen，Dean A Shepherd. Entrepreneurial action and the role of uncertainty in the theory of the entrepreneur. The Academy of Management Review，2006，31（1）.

[77] Jones C，English J. A contemporary approach to entrepreneurship education. Education＋Training，2004，46（8/9）：416－423.

[78] Krueger N F. The cognitive infrastructure of opportunity emergence. Entrepreneurship Theory and Practice，2000（Spring）：5－23.

[79] Krueger N F. What lies beneath? The experiential essence of entrepreneurial thinking. Entrepreneurship Theory and Practice，2007（31）：123－138.

[80] Kuratko D F，Hornsby J S，Naffziger D W. An examination of owner's goals in sustaining entrepreneurship. Journal of Small Business Management，1997（1）：24－33.

[81] Lerner M，Brush C，Hisrich R. Israeli women entrepreneurs：an examinati of factors affecting performance. Journal of Business Venturing，1997，12（4）：315－339.

[82] Liñán F，Fayolle A. A systematic literature review on entrepreneurial intentions：citation，thematic analyses，and research agenda. International Entrepreneurship and Management Journal，2015，11（4）：907－933.

[83] Littunen H. Entrepreneurship and the characteristics of the entrepreneurial personality. International Journal of Entrepreneurial Behavior & Research，2000（6）：295－310.

[84] Ma C, Gu J, Liu H, et al. Entrepreneurial passion and organizational innovation: the moderating role of the regulatory focus of entrepreneurs. Journal of Developmental Entrepreneurship, 2017, 22 (3): 175.

[85] Martin B C, McNally J J, Kay M J. Examining the formation of human capital in entrepreneurship: a meta-analysis of entrepreneurship education outcomes. Journal of Business Venturing, 2013, 28 (2): 211-224.

[86] Martin Fishbein, Icek Ajzen. Belief, attitude, intention, and behavior: an introduction to theory and research. MA: Addison-Wesley Publishing Company, 1975: 53.

[87] McGee J E, Peterson M, Mueller S L, et al. Entrepreneurial self-efficacy: refining the measure. Entrepreneurship Theory and Practice, 2009, 33 (4): 965-988.

[88] McKenny A F, Short J C, Ketchen Jr D J, et al. Strategic entrepreneurial orientation: configurations, performance, and the effects of industry and time. Strategic Entrepreneurship Journal, 2018, 12 (4): 504-521.

[89] Mitchelmore S, Rowley J. Entrepreneurial competencies: a literature review and development agenda. International Journal of Entrepreneurial Behaviour & Research, 2010 (2): 92-111.

[90] Murphy G B, Trailer J W, Hill R C. Measuring performance in entrepreneurship research. Journal of Business Research, 1996 (36): 15-23.

[91] Mwasalwiba E S. Entrepreneurship education: a review of its objectives, teaching methods, and impact indicators. Education+Training, 2010, 52 (1): 20-47.

[92] Nonaka I, Kodama M, Hirose A, et al. Dynamic fractal organizations for promoting knowledge-based transformation: a new paradigm for organizational theory. European Management Journal, 2014, 32 (1): 137-146.

[93] Olson P D, Bosserman D A. Attributes of the entrepreneurial type. Business Horizons, 1984, 27 (3): 53-56.

[94] Pittaway L, Cope J. Entrepreneurship education: a systematic review of the evidence. International Small Business Journal, 2007, 25 (5), 479-510.

[95] Rauch A, Frese M. Let's put the person back into entrepreneurship research: a meta-analysis on the relationship between business owners' personality

traits, business creation, and success. European Journal of work and Organizational Psychology, 2007, 16 (4): 353-385.

[96] Rauch A, Hulsink W. Putting entrepreneurship education where the intention to act lies: an investigation into the impact of entrepreneurship education on entrepreneurial behavior. Academy of Management Learning & Education, 2015, 14 (2): 187-204.

[97] Robichaud Y, Egbert M, Roger A. Toward the development of a measuring instrument for entrepreneurial motivation. Journal of Developmental Entrepreneurship, 2001, 6 (2): 189-201.

[98] Segal G, Borgia G, Schoenfeld J. The motivation to become an entrepreneur. International Journal of Entrepreneurial Behavior & Research, 2005 (11): 42-57.

[99] Shane S, Venkataraman S. The promise of entrepreneurship as a field of research. The Academy of Management Review, 2000, 25 (1): 217-226.

[100] Shapero A. Sokol L. The social dimensions of entrepreneurship//C A Kent, D L Sexton, K H Vesper. Encyclopedia of entrepreneurship. Englewood Cliffs, NJ: Prentice-Hall, 1982: 72-90.

[101] Sinha K K, Osiyevskyy O. The impact of founding team's human capital on mean and variability of new venture growth. Academy of management proceedings, 2018 (1).

[102] Sivarajah K, Achchuthan S. Entrepreneurial intention among undergraduates: review of literature. European Journal of Business and Management, 2013, 5 (5): 172-186.

[103] Stevenson H H, Gumpert D. The heart of entrepreneurship. Harvard Business Review, 1985, 63 (2): 85-94.

[104] Suzuki, et al. Entrepreneurship in Japan and Silicon Valley: a comparative study. Technovation, 2002 (22): 595-606.

[105] Taormina R J, Kin-Mei Lao S. Measuring Chinese entrepreneurial motivation: personality and environmental influences. International Journal of Entrepreneurial Behaviour & Research, 2007 (13): 200-221.

[106] van Praag C M, Versloot P H. What is the value of entrepreneurship? A review of recent research. Small Business Economics, 2007, (29): 351-382.

[107] Venkataraman S, MacMillan I, McGrath R. Progress in research on corporate venturing//D L Sexton, J D Kasarda. The state of the art of entrepreneurship, Boston: PWS-Kent, 1992: 487−519.

[108] Venkataraman S. The distinctive domain of entrepreneurship research//Katz J A. Advances in entrepreneurship, firm emergence and growth. Greenwich: JAI Press, 1997.

[109] Whetton D A, Cameron K S. Developing management skills. MA: Addison-Wesley Publishing Company, 1998.

[110] William B Gartner. A conceptual framework for describing the phenomenon of new venture creation. The Academy of Management Review, 1985, 10 (4).

[111] Zhang H, Sun X, Lyu C. Exploratory orientation, business model innovation and new venture growth. Sustainability, 2017, 10 (1): 56.

[112] Zhao H, Seibert S E, Lumpkin G T. The relationship of personality to entrepreneurial intentions and performance: a meta-analytic review. Journal of Management, 2010, 36 (2): 381−404.

第三章　大学生社会创业案例

一、造梦公益：贫民窟的探索

创业项目简介：

DBSA 造梦公益（Dream Building Service Association）是针对全球贫困青年儿童以及弱势群体，尤其是贫民窟地区开展公益活动的非营利性组织。团队由来自普林斯顿大学、芝加哥大学、英属哥伦比亚大学、南京大学、四川大学、北京林业大学、法国高等建筑学院等海内外著名院校的学生，以及来自金融管理、建筑设计、文化传媒等领域的专业人士组成。DBSA 旨在通过提供教育培训、改善社会基础设施、搭建国际交流平台的方式来帮助青年儿童提高专业能力、自力更生。自 2014 年成立以来，DBSA 已在肯尼亚 Mathare 贫民窟重建 3 所小学，在 22 所合作小学进行支教，并举办了首届足球赛、两届贫民窟达人秀与两届画展，为贫民窟的青年儿童提供相互交流的平台。目前已与当地的非政府组织合作，开展了足球、艺术等一系列长期课程，为青年儿童提供培训。

正所谓"无心插柳柳成荫"，阴斌斌在创建造梦公益之初也没有想到它在未来会走到这一步，但就是在这样没有刻意规划却自觉且全力而为的坚持中，越来越多的项目成功落地，企业也在成熟壮大。

（一）想法萌生与团队初成

当今时代，无论是在大学校园里还是在企业发展中，团队合作都占有重要地位。阴斌斌找到这样一群志同道合的小伙伴建立起造梦公益，是一件很机缘巧合的事情。

故事开始于他在国外求学时。由于对自己的未来感到迷茫，对于毕业之后是否回国、自己到底该去做些什么的问题都找不到具体而明确的答案，因此他选择去非洲的某个大城市看一看，用一段特殊的历练打破自己所处的困境。阴斌斌联系了他在非洲的朋友，被顺利地安排住在当地的一个志愿者之家做移民志愿者。这是他第一次去非洲，也是第一次接触到非洲的贫民窟。在他住的地方，所有的房子都是一片片锈迹斑斑的铁皮搭建而成的。那是贫民窟里面的一所学校，全校有三百多人，都挤在这个非常狭小并且黑暗的地方学习。

这对阴斌斌产生了很大的震撼，他萌生了帮助他们的想法。在最开始，他并不知道自己可以做出怎样的改变，但他想，就从最基本的开始吧，先为他们建好一所学校，让这些朝夕相处的孩子过得好一点、学得好一点。出乎意料的是，当他把这个消息发布在网上，想要筹集一些钱交给当地的学校时，一下子有很多的人帮助转发，也陆续有很多从马来西亚、日本、德国、中国等地来的非志愿者加入这个稚嫩的计划，四个未来的造梦公益创始人就在其中。他们一拍即合，五个人的小团队立刻着手一起做这件事情。不到一周的时间，他们就已经筹够了钱交给学校。这其实是造梦公益的第一个项目，只不过，当时的造梦公益还不能叫一个组织。

阴斌斌和他的团队认为这个项目只是他们的举手之劳，引不起多大的社会关注，他们虽然沉浸在成功帮到他人的满足中却没有想过继续下去。没想到的是，央视主动找到他们做了采访，这样一个机会很快让许多人知道了这个项目。甚至有很多人来问他：既然这个项目这么好，那么为什么不去发展它呢？把它做下去，让更多的中国人都能了解真正的非洲贫民窟，让中国想要帮助非洲人民的人有真实可行的途径。在几年前，中国对非洲贫民窟的认识是很片面的，大家只知道非洲贫民窟里面很脏、很乱、很差，一般人一辈子也不会进去一次。阴斌斌在这样的鼓励和期待下，也燃起一股斗志。如果他们真把这件事情做下去，就可以每年把志愿服务和援助项目做得更好，更精准地帮助非洲。同时，他们还能让中国人对非洲有更加全面的了解和认识。说做就做，他立刻把这个想法分享给了当时一起做项目的四个小伙伴，在很短暂的讨论后，他们就达成了共识：这是件大有可为的事。

于是他们决定注册一个公益组织。他们当时还都是学生，为了使团队具有更专业的能力和更丰富的社会经验，他们开始在网上发布计划并招募同事，接着就开始做第二年的计划，准备在贫民窟再建一所学校。对建一所学校需要什么，阴斌斌几人非常熟悉，他们招募了第二年的志愿者并进行培训，同时招募建筑师做预算，就这样边召集人马边开展起第二个项目。

这个时候，造梦公益真正地成立了，逐渐地接触了很多项目，也逐渐扩展到了更多的国家。这就是他们创业之初的经历。造梦公益原本只是起源于一个项目和一种天真的善良执念。

> 说实话我们开始真的没有想那么多，当时大家都只是学生，大家只是想着非洲我们可能就来这么一次了，就得做点什么才能不留遗憾。我见过北京、上海这样的大城市的极致繁华，也见过非洲贫民窟这样的极度落后贫苦，这样极端对比的体验，在我的人生中是一种很大的收获，这就够了。我们也没想到，一做就可以做这么多年。后来，规模越来越大，接触的资源也越来越多，我们的想法也越来越完善，战略目标的规划也越来越清晰了。
>
> ——阴斌斌，2020-12-4

"千里之行，始于足下。"一个企业的成立和成长，往往是机遇和努力双重作用的结果。

（二）团队的挑战

随着造梦公益规模越来越大，接触的资源也越来越多，他们的想法也越来越完善，战略目标的规划变得越来越清晰：需要更加完善的企业文化，换言之，需要有核心价值观对它进行精神支撑。

> 其实我们的团队和大部分的公益组织的团队还是有很大的差别。因为我们的团队主要是在海外，尤其是在非洲这种地方，招募团队还是存在一定困难的，一方面是薪酬问题，另外一方面，无论是员工还是志愿者，在那边待的时间久了会有一定的逆反心理，所以长期身处非洲的这个事实决定了我们的团队不会像其他团队那样，能够经常聚集在一起。尤其是我们的项目扩展到了六个国家，需要经常出差。比如我们有在国内负责筹款的，有负责传播的，还有负责资源对接的，都是全职的。与此同时，还有一些同事，他们在肯尼亚负责执行。那么我们如何把这些分散在世界各地的同事聚集起来呢？
>
> ——阴斌斌，2020-12-4

这是造梦公益相对于其他企业或公益组织的发展来说一个很特殊的难题，但是又是发展过程中不可避免也必须解决的问题。在一个项目筹备的初期，他们选择使用网络定期线上开会进行前期的讨论策划，尽量减少给原本就很繁忙劳累并与家人聚少离多的工作人员增加负担。关于在非洲的执行层面，他们每年大概会向非洲派去50名到100名国际志愿者，这些志愿者及他们负责的任务是造梦公益所有活动的核心。招募完成后，创始人团队会根据当地实际状况与企业项目安排把志愿者们分成小组各自去完成不同的部分，他们需要完成项目后才能回国。

造梦公益的理念就在于，每一个项目都能够给当地带来一定的积极正面的影响，让慈善的每一分钱和每一份力都不落空。建一所学校，就要能够帮助几百名学生上课；为他们提供食物援助，就要真的能够帮助人们解决饥饿问题……他们不需要做太多的宣传，只要开放一个渠道，来自社会的善意就源源不断。其实包括志愿者，所有工作人员在这个过程当中，就是踏踏实实的感觉。每一个人到这个地方来就是希望能够在短短的几个月的时间内做出一定的成绩，能够给当地带来一定的影响，这个观念深深地扎根在他们心里，是来自人天然的善念，也是造梦公益企业文化发展的成果。创始人们不断地向大家强调这一点，让每一个人都觉得等到他回来的时候，他自己和他付出心血的地方都将会发生质变，从而产生一种使命感，这就是造梦公益组织的核心价值观。

阴斌斌没有说一些高大上的、抽象的词汇，只是平淡地叙述："我们的核心价值观，大概就是不断地向大家强调，你们每一个人在做的事情都是极其有意义的，不但能帮助无数的非洲家庭摆脱愚昧、接受教育，还能使非洲在国人心中的形象更加立体化"。整个企业，通过线上的高效协调和沟通有序运转，紧紧拧成一股绳。

（三）运转模式

在阴斌斌看来，最重要的一点就是交流。通过不同组织之间的交流和组织内部工作人员之间的交流来提高自己的竞争力、影响力和知名度。

作为一个公益组织、社会性企业，造梦公益自己其实并没有造血功能。其资金来源主要包括三个部分：第一部分来自筹款，比如通过支付宝搜索相关的项目会获得详情，大家就可以根据自己的实际情况进行捐助了；第二部分来自企业的捐助，既包括国内的企业也包括国外的企业；第三部分主要是一些基金会的捐助，包括中国社会福利基金会、中国红十字基金会，还有一些海外的基金会。

而在支出方面，事实上，不能完全依靠志愿者这种免费的劳动力。志愿者只是整个链条中的一小部分，志愿者更多地要依靠全职团队的带领。也就是说，项目由造梦公益在国内的全职团队进行策划，并且在当地招募一些全职人员为项目的落地提供后勤保障。一个项目的运行，需要大量的前期投入，造梦公益会从总的预算资金里抽出一定比例，按照国家法定标准的百分之十给员工发工资，包括固定工资和差旅费等。

这样的收支对造梦公益也有一种激励，造梦公益为获得正常运行和开展公益项目所需的资金必须更加谨慎地筹划项目和用心地实施，当社会认可了造梦公益的作为和能力后，也会提供更大的支持，助力更多好的援助非洲的项目顺利实施，促进造梦公益的发展。

1. 项目拓展

造梦公益从不同层面为当地的教育提供帮助，给了大量非洲孩子拥抱梦想的权利。

首先，最为基础的是学校援建，目前在非洲已经有 8 个项目。就项目执行的时间安排而言，从筹款到设计再到最终的落地，即一所学校硬件设施的基本建设完成的整个过程，根据学校的规模，大概要花费半年至一年不等的时间。就运营周期而言，学校援建本身属于比较短期的项目，但是在援建基础上展开的后续修补、完善、改进以及以学校为中心展开的助学援助项目则是长期持续性的过程。比如，为鼓励孩子们好好学习而设立的专属奖学金项目，持续为非洲数百万因贫困而失学的儿童提供资金支持，需要长期的运营和投入。再比如为学校找到负责的老师们以及制定出合理的教学计划，教会师生使用比较先进的设备，给孩子提供真正有益的教育，也不是一朝一夕可以完成的。

为丰富当地儿童、青少年的文化生活，造梦公益还组织了足球培训、达人秀培训、艺术项目等对接当地的文体活动，面向贫民窟艺术家和贫民窟学生群体，为他们提供接触精彩世界的机会。丰富精神世界，是另一种形式的志愿服务。就项目周期而言，文体活动类项目是短期的，但具有比较明显的周期性特征，以狂欢节为例，这一每年寒暑假举办一次的大型活动从策划到落地再到最后的执行大概需要两个月时间。

另一大类项目是国际免费午餐。造梦公益面向的主要是贫民窟学生群体。就项目周期而言，国际免费午餐是全年性的、持续性的，为非洲人民提供长期的支持帮助。

造梦公益尽量用有限的资源和精力完成更多不同的项目，帮助更多需要帮助的人。这并不是盲目求大求多，造梦公益对每个项目都有明确的标准和定位，对要达到什么样的效果有清晰的构想，在确保以现有资金和分配方式能够达到项目预期效果的基础上，尽量让公益普惠化、效果最大化。

一个项目的确立是经过多重考量的。一般会综合考虑资金运营能力、项目执行难度、当地需求的强烈程度及急迫性来选择项目地点，在初期资金不是很雄厚的情况下，在有限的能力范围内进行适当的选择。他们会根据当地需求的强烈程度及急迫性确定选择范围，再结合对各地安全状况、社会秩序等的实地调研结果，尽量选择基础设施完善、社会较稳定、执行难度较小、可行性较高的地点，在需求急迫的对象中选择最为稳妥的地区，再结合其需求为其提供最为及时有效的帮助。

总体而言，现阶段项目结构以长期性、建设性项目为主体，配合短期、定期、灵活的辅助性项目，建成了以"青年儿童教育培训"为核心的非洲非营利性公益项目体系。

2. 商业计划

造梦公益在成立初期并没有通常而言的确切成体系的"商业计划书"，这与"造梦公益"的起源相符合。选择从富庶的加拿大到贫瘠的肯尼亚做志愿者的金融系留学生阴斌斌，希望体验不一样的人生，而他也因此获得了能够改变他人人生的机会……正是在一系列的机缘巧合和不断坚定的公益信念下，造梦公益才诞生了，并且从一个小"想法"变成一个大的社会性公益组织，所有的一切是在实践中逐步发展来的，最初是没有明确的计划书的。

对于造梦公益这样的国际公益组织，复杂多变的当地情况给项目每一个步骤的实施带来了诸多不确定因素。与国内的常规商业性企业相比，跨国的社会性企业可规划的空间更小，信度、可行性也更低。造梦公益是一种特殊的社会创业，同类型的项目很少，可借鉴的经验和范式也都比较少，所以"计划赶不上变化"，造梦公益的发展模式是在实践中逐渐形成的，而不是按照商业计划书的规划形成的。

在企业逐步正规化之后，创始人团队也意识到要进行相应的计划。阴斌斌说到："我希望在未来20～30年的时间，能够在非洲建100所学校，这100所学校我要向3万人提供上学的机会，在此之后会考虑将来的管理和配套设施，比如奖学金、食物、师资力量的配置等，那么这个时候规划就慢慢地出来了。"

绝不能没有计划，也绝不能死板地按章行事。偏向前者，在长期中，企业将无法稳定前行，并且容易走弯路、浪费资源。偏向后者，没有随机应变、及时调整的能力，在短期内每一个项目都将寸步难行。造梦公益选择制定长远规划和设定项目预期，而关于精细环节的计划则随实践中新出现的问题而大胆调整。

3. 创业环境和机遇

造梦公益抓住了发展的"黄金时机"。就政治局势而言，中国和非洲有着深厚的传统友谊和良好的合作关系，经受住了时间和国际风云变幻的考验，堪称发展中国家间关系的典范，并在新形势下得到进一步巩固和加强。2015年12月4日，中国国家主席习近平在中非合作论坛约翰内斯堡峰会开幕式上发表了题为《开启中非合作共赢、共同发展的新时代》的致辞，习近平主席在致辞中表示："中方愿在未来3年内同非方重点实施'十大合作计划'"。中国积极对非洲进行援助，一方面，良好的政策为中国在非企业的发展指明了积极的方向，带来了大力度的优惠。中国政府鼓励中国企业"走出去"，为其提供税费优惠，甚至贷款政策上的支持。另一方面，中国在非洲致力于基础设施建设、营造良好的文化环境，也为中国企业在非创业提供了更好的条件。中国"一带一路"倡议的实施打造了"中国名片"，提高了当地人对中国企业的接受度，极大改善了中国企业在非洲的发展环境。此时造梦公益项目的出现响应了国家政策，具有政策上的优势。

就宏观经济形势而言，中国宏观经济飞速发展，实力渐趋雄厚，金融体系不断完善，社会资本日趋活跃。有了良好的经济基础才能去援助别人，中国改革开放以来经济的发展增加了经济总量，也促进了社会资本的流通，为融资提供了便利条件，具有优势。

就社会形势而言，中非之间的友好关系促进了中非友谊的发展，中国在非洲一系列的举措提高了非洲人民对中国的好感度和接受度，为项目在当地的落地实施提供了有利条件。

就中非科技条件而言，洲际交通、通信的发展为海外创业项目提供了便利的技术条件。非洲基础设施（电力、铁路等）建设的日益完备使得当地项目的推进困难大为减少。

就外部微观环境而言，非洲处于供方市场。在非洲，同类型的社会企业数量比较少，竞争并不激烈，潜在进入者的威胁不是很大，使得造梦公益一经创立就迅速得到各方支持。

造梦公益内部也拥有很多的优势，例如创始人拥有较广泛的人脉资源，能够联系到中国甚至世界各地高等院校的具有公益热情的高素质人才，构建了有执行力、有凝聚力的团队。但是造梦公益创立初期也有一些劣势：在资金方面，创始人团队缺少有效的融资渠道，获得充足的启动资金比较困难；在运营管理体制方面，缺乏有效的企业体制机制，组织比较松散；在知名度方面，企业的知名度较低，难以获得当地人和国内投资者的认可；等等。

造梦公益充分发挥自己的人才和团队优势，借助国家层面的优惠政策和中非友好关系，通过网络与媒体采访提高了社会关注度，抓住机遇快速发展。事实上，往前10年和往后10年来创立一个这样的企业都会更困难很多。在10年前，没有"一带一路"等大力度的宏观政策的支持，中国的国际影响力也不比此时，他们也许可以在非洲建一所学校，做几个项目，但是很难真正建立起这样的一个公益组织。如果再往后走10年的话，那么可能同类型的公益组织已经较多，再创业到非洲同台竞争就比较困难。阴斌斌坦言："我觉得这个时间节点是非常重要的"，抓住机遇才有了今天的造梦公益。

（四）内部组织优化

1. 志愿者的招募

阴斌斌自己在非洲贫民窟里做志愿者时，就常常想："这里的生活太苦了，我一定要为他们做些什么。"随着造梦公益的发展，在非洲当地调查、联系人员、监督工程、组织活动、进行教学等都需要更多的员工和志愿者。鉴于出国工作的特殊性，普通的招聘难以提供足够的人员，长久地出差、艰苦的工作环境都让很多的人望而却步。同时，也有很多想要加入的人对造梦公益知之甚少，没有途径报名。要保障人员的质量和数量，就需要中非间搭建一条联通志愿服务和公益项目的通途。阴斌斌想："我们的资金就是在社会募集的，为什么工作人员不能从社会招募呢？"说干就干，创始人团队一商量，就发布了招募信息，很快有许多心怀善意的人前来报名，愿意离开家人和熟悉的、舒适的生活圈前去非洲帮助那些贫穷落后地区的孩子们。造梦公益还安排了面试、筛选和选后的培训环节，以帮助大家更好地适应环境和完成工作。

在阴斌斌看来，目前大半工作人员都驻扎在非洲的不同国家，他们不怕苦和累，义无反顾地帮助着中国援非项目的落地实施，帮助着非洲青少年接受陌生的学校和教育。曾经阴斌斌和同学几个人因为想要为非洲贫民窟建一所小学校而苦于无路，只能自己跌跌撞撞地去做包括集资、找工程队等的一系列工作，现在志愿者只要筛选通过就可以为对非公益出一分力，这是造梦公益的初衷，也是它最大的意义。

2. 正规化的努力

唐太宗说过："创业之难，既已往矣；守成之难，方当与诸公慎之。"在最茫然的第一个项目做成后，怎样才能让团队成为一个正规化的企业，把具体落实对非援助的工作持久地开展下去，填补此方面的空白，是摆在创始人们面前的一个难题。阴斌斌希望通过努力，优化造梦公益内部组织结构，促进它长久发展。

公益的性质决定了造梦公益和一般创业企业有所不同。员工的工资由企业自行从社会募资中按比例提取，大量员工需要长期在海外工作，企业的组织与结构都与普通的企业有区别。如何将心中滚烫的大爱落到实处？如何用代表着中国人友好善良的钱款真正实现改善非洲人民的生活，尤其促进其教育发展的目的呢？造梦公益在成立的时候，创始人都是做策划的核心成员，他们之间因为彼此熟悉、有共同的信念以及既定的福利分配制度而不会出现争夺权力和利益的情况。他们直接根据工作内容分为策划部、项目部、市场部、财务部、运营监督部等具体承担不同的任务。随着团队的扩大，每一个部门由最初的两三个人发展到具有一定规模，创始人担任负责人，带领自己的小团队去工作。例如市场部需要定期做文案，运营 Facebook、公众号或者微博，还需要和一些机构建立一定的合作关系，参加一些会议。这些看起来繁复的事务，其实都可能是决定一个项目能不能落地的关键。

接收到慈善捐款后，除了进一步开展已有项目外，造梦公益需要不断地测评新的项目。非洲的贫穷地区众多，找到既有迫切需求又具有较强的实行可能的地区与援助项目难度较大。先行团队进行了足够的实地调研后，最终拍板是由理事会完成的。理事会决定着企业的发展方向，也就是说，理事会的决策是否科学合理，决定着企业未来的成败和每个投资者及员工的利益。理事会成员该怎么决定呢？这曾经困扰着创始人们。经过不断地调整、收集大家的意见和试运行，现在的理事会成员主体为最早的一些联合创始人和为企业做出过较大贡献的人。同时，还邀请了一些社会名望较高或在自己领域内有一定地位的人加入理事会，这样可以为企业带来更多资源和社会关注。这样一个专业且拥有核心资源的团队经过实践的检验，是可以带领企业不断向前发展的。

有合理的规划，有能干的执行团队，有全国汇集而来的爱心，造梦公益飞速发展着。

（五）感悟与建议

1. 最想说的话

创业是困难的，虽然其中的快乐和成就感是没经历过的人难以感同身受的，但难熬的日子还是很多很多，最让人备受煎熬之处在于看不清未来。阴斌斌谈到这里的时候并没有很激动。他曾经在这种心惊胆战中挣扎过，现在终于能够平静地接受，因为他知道，他能做的只有尽力让自己做到最好。就在访谈的当下，造梦公益的团队依然会感觉可能明年企业就活不下去了，所有的人都会解散，一切的成功都只是过去。

但是，在一步一步地把眼前最急迫的问题解决掉，一步一个脚印地落实工作的过程中，看着自己的项目终于达到预期目标时，他们总能收获满满的成就感和价值感。实干或者应该说用尽全力，是他们安心的秘诀。在真正的执行过程中，出现过的问题太多了，创始人团队也常常会觉得太困难了，做不下去了，也怀疑过自己还该不该坚持，但咬咬牙大家一起熬过去了，现在再回头看，那段时间是多么珍贵，它们是宝贵的经验，也是值得回忆的经历。

最难过的一次，阴斌斌在马拉维联系当地的事务，为了去一个很偏远的地方，他一个人开车开了500公里。异国他乡，并且是在非洲这样治安水平较差、暴力冲突多发的地区，孤身一人在一条路上，中间开几百公里连一辆车都见不到，也没有手机信号，什么都没有，只能自己克服恐惧硬着头皮往前开。在那个地方，如果真的不幸遇到危险没能回来，可能就在这个世界上消失了，没有人知道他是怎么没的。正如中国最早修建铁路时遭到附近民众的强烈反对甚至攻击，认为铁路会"震断龙脉"，在非洲学校施工的过程当中也会有当地居民拿着刀和棍子来示威或阻止工程的进行，抢劫、醉酒闹事也是遇到过的。做公益本身也不是一件所有人都理解和支持的事，在工作中被故意刁难，很多当地的工人拒绝配合，甚至做出各种捣乱、找麻烦的事，对于费尽心血去跟进工程的人而言是很心累的，但是把它完成了之后阴斌斌却会觉得，其实这些事情就是非常正常的，这就是现实。在这样的经历中，身处其中的人的心灵会获得巨大成长，他们的心理更强大，坚信再大的事情都是可以被解决的，他们也逐步具备了创业最应该具备的能力，即解决问题的能力，不管什么问题总是可以被解决，如果当下的境况很难过，则要么只要挨过这段时间忍忍就好了，是时机未到，要么就是这个项目从一开始就是错的，及时止损也是很重要的。对于有很多年创业经验的造梦公益团队，他们更多地相信事在人为，他们也的确做到了！

2. 经验分享

对于还在象牙塔中学习的莘莘学子，阴斌斌想说，无论是找工作还是自己创业，都会碰到各种各样的困难。能够自己去解决掉它们是一种很关键的能力。步入社会，没有人能在遇到问题的时候永远得到别人的帮助，大家必须学会逼着自己去处理让人手忙脚乱、毫无头绪的麻烦，慢慢地，能力和心态都是可以练出来的。另外，当你有一个好的想法时，不管是不是很惊世骇俗，不管身边人能不能理解自己，都要尽力去尝试和体验，不要感到害怕，因为也许在某一刻，你就突然找到了你真正热爱的、想做的、可以为之奋斗终生的事业！

采写：

张海　高云经济学院2019级本科经济学三班

王萌　2019级法学本科一班

徐涵潇　2019级本科基地班

二、零壹——骨的 Family，Good Family

创业项目简介：

2019年2月28日，国际罕见病日之际，在罕见骨病患者与罕见病领域资深实践者共同倡议下，国内首个关注整个罕见骨病患者群体的民间公益组织零壹正式成立。零壹重点关注罕见骨病患者及其家庭，力图打破罕见骨病领域关注少、盲点多的现状！从0开始，向1迈进！携手患者及其家庭，与医疗专家、政府企业、媒体公众等通力合作，开展多学科花骨朵义诊、疾病科普、患者教育等活动，助力罕见骨病群体可持续发展！

(一) 缘起——帮助被忽视的罕见骨病患者群体，共同的信仰让我们相聚

零壹的联合创始人孙月也是一位罕见骨病患者，决定创办零壹与她自身的经历紧密相关。大学时，孙月曾在学校心理咨询中心做过咨询员。2005年大学毕业后，孙月去了一家创业公司工作。两年后，孙月选择离开原来的工作岗位，开始自己创业。第一次创业，她选择办一家辅导机构。机构规模不大，大概有十个全职或兼职的老师，但每期也能有一百多个学员。在盈利方面，用她自己的话来说，就是"赚钱也还行吧"。对她来说，这是一段很愉快的经历。但是，身为罕见骨病患者群体一员的她发现，教育并不是将患有罕见骨病的孩子们拉出困境的根本之策。她清楚地记得，在读高中的时候，学校为了照顾她而特意设置新的花洒、新的坡道，从而让她能够在学校便利地生活。可是现实生活中，孩子们并不总是能得到这样的照顾，社会对这一群体的关注仍然不足以让他们真正体面地生活。于是，在辅导机构做了十年后，孙月选择来到北京一家病友公益组织，开启了她的全职公益人生活。在这里，她遇见了后来一起创业的小伙伴单为如和张志军。她在这段时间里，做了很多具有开拓性的工作，也发现有很多事情可以去做，并且可以用非传统的方法去做。孙月是个比较喜欢思考的人，平时做事就喜欢琢磨"怎么干才有效"和"还可以怎么干"。在工作中发现乐趣，每天都能开开心心地工作，是她的生活理念。积极乐观的工作态度为她萌生很多新想法创造了条件，罕见骨病公益创业的构想也逐渐形成。

2018年，孙月离开了北京，来到深圳，开始了她的第二次创业。"但这次跟上次不一样，上次是一个人，这次我有了小伙伴，而且是非常年轻有活力的小伙伴。"对孙月来说，这次创业也是一次比较轻松、开心的创业。

　　单为如，2017 年以前，和大多数人一样，与罕见骨病患者群体完全没有交集。大学四年，她努力学习，争取奖学金。2017 年大学毕业后，她从南京来到北京，追求她的北漂梦想。当时她和一群公益圈的室友住在一起。室友们整天谈论一些稀奇古怪的罕见病，吐槽糟糕的无障碍建设情况，讨论怎么去倡导、怎样去改变……那时她还不为所动，继续投身应聘的浪潮里，并成功入职腾讯。但后来的一次摄影志愿者经历，彻底改变了她的工作方向。

　　那天，她的摄影对象正是室友口中常提的成骨不全患者。在和这群人相处的过程中，她切实了解到罕见骨病患者群体面临的困境，更感受到了他们的可爱、亲切。从那天起，她开始想要更加深入地了解这个群体，想和他们站在一起，去向公众诉说。于是她投了简历，在北京这家病友公益组织当起了传播官。在之后一年半的时间里，她试着把身边的罕见骨病患者朋友介绍给更多人认识和了解。她也越来越认识到罕见骨病患者群体所面临的形势有多么严峻，比如歧视、质疑、医疗环境差、医保政策不完善、家庭因病致贫、孩子因病致残、不能顺利入学、缺少教育导致就业困难等。她渴望让这个群体变得更好、社会更加平衡。

　　2019 年，她正式提交了辞呈，结束了她的第一份工作。她想看到更广阔世界里的生命，去发现他们的价值。于是她来到了深圳，开始公益创业。

　　张志军，是团队里年纪最小的成员，只有 22 岁。"18 岁之前的我是一个看不到未来的人。"作为一名成骨不全患者，长期在家的生活给他带来了很多负面情绪。但同时也是因为身为患者，他更关注罕见骨病这个群体。2017 年下半年，在一次偶然的机会中，他开始做病友工作，平常会接触到大量的病友及其家庭。在他们身上，他看到了和自己相同的疾病经历：诊断、治疗难度大，家庭陷入疾病带来的负面情绪中。由此，张志军萌生出这样的想法，即要通过自身的一点点努力，去改变现有的病友群体环境。他认为，一个个病友不应该是一座座孤岛，而应该可以互相建造桥梁，开启亲切的联络。

　　2018 年 12 月，孙月和他交流了创业的想法，这正好契合了他做病友工作的想法。不是服务一种罕见骨病患者群体，而是服务多种罕见骨病患者群体。"但这种服务不是单方面的，前面有两条跑道，我们会和病友及其家庭一同奔跑，共同成长，而且这些事情我们不做，近几年可能也不会有人做。"

　　就这样，三个小伙伴一起来到深圳，开始了他们的公益创业，为罕见骨病患者群体奋斗。2019 年 2 月 28 日，国际罕见病日那天，三个小伙伴一起约定，正式组建深圳零壹团队（见图 3-1）。他们成立了"深圳市零壹罕见骨病关爱中心"，后来 2020 年年初在深圳市崇上慈善基金会下设立专项基金。就这样，零壹渐渐步入了正轨。

图 3-1　零壹创始人：孙月　单为如　张志军

(二) 发展——从零到壹，开拓创新，迎难直上

零壹主要的项目分为以下三种：

第一，多学科义诊。罕见骨病的治疗不仅要依靠骨科医生的力量，更要以多学科医生会诊的方式为病人解决病症。零壹与多家医院合作，努力为患者提供多学科专业的治疗方案，最大限度地满足患者的需求。

第二，医患科普。罕见骨病的治疗对患者需要科普，对医生的科普也十分重要。零壹拥有丰富的罕见骨病治疗案例，收集了很多有医学参考价值的信息。零壹以公益形式向医院的医生提供案例，一些对某些罕见骨病了解很少的医生可以在零壹的帮助下完成对罕见骨病患者的治疗。

第三，贫困儿童的联合救助（新模式）。零壹团队与阿里菜鸟优加团队共同努力，通过菜鸟物流优加云客服面向病友、患者父母以及肢体障碍残障伙伴提供就业岗位，岗位类别包括线上客服和语音客服两种，以解决罕见骨病患者以及其周边人群的就业问题。

> 我们做这些工作，都是以患者为中心去考虑的。我们机构有两个患者，拥有相同的疾病经历，每做一项工作之前，都会考虑这件事情对患者来说到底有哪些益处，而我们也建立了疾病群体人才画像，在工作的过程中找到符合特质的病友，一起协同工作。

——张志军，2020-11-30

罕见骨病目前在大多数人的印象里，只是一个概念。零壹总结了多年工作的经验，推动项目落地，开发新的模式，给政府提供成功的案例，提升政府对这个群体的关注度，也让大家更加了解罕见骨病。零壹作为患者和医生之间的桥梁，能够提供专业的患者组织视角，有助于更有效地调度资源。

从大范围来说，在国家提升公共健康水平的过程中，零壹是患者组织，背后是诸多患者及其家庭，他们的声音非常重要。关爱罕见骨病患者不是某一群体的事情，而是整个社会的重要工作。零壹提供的模式可以让政府、医疗机构、媒体、公众等共同参与。不管是政策的制定上，还是疾病救助方面，抑或是罕见骨病学科的发展方面，患者组织的经验和视角都是不可忽视的因素。零壹以多方联合、多团队合作的方式，让专业的团队做专业的事情。

在发展过程中，零壹遇到了很多困难。零壹积极应对这些困难并提出了有针对性的解决方案。

首先是大环境的挑战。零壹的目标是提高诊断的精准性，使患者在接受治疗时能够就近得到照护，同时在生活上能够有更多选择和可能性。但是面对的挑战是：大部分医生和患者本身对疾病的认知少，患者的发现率低。

> 零壹的应对策略是深入一线做聚焦，实现目标人群、医生、患者的同步发展。在发展上，几乎没有对标机构，我们摸石头过河，开创了以患者为中心的机构新模式。

——单为如，2020-11-30

零壹应对挑战的方式是抛去"身份感"，把握核心价值和原则，不断探索和尝试，不纠结于自身是公益组织还是社会企业，也撇开罕见病定义的局限，在大环境下找准自己的定位，探索零壹是谁、可以是谁、希望成为谁。另外，零壹不断总结经验，并且积极和相关专家对话、学习、取经。

> 在个人发展上，我们三人每个人的成长背景不同，个人发展阶段也不同。如何同步成长，各自发展出优势并给予彼此支持是我们在创业期间很重要的议题。

——孙月，2020-11-30

采访过程中，创始人对公益创业环境做出了自己的评价。

零壹团队认为目前其所处的创业环境和公益行业都发生了很大的变化：首先，网络的发展打破了信息壁垒，降低了创业的准入门槛；其次，公益行业多年的发展带来了行业的细分，比如传播有专业的媒体公司，筹款有各大筹款平台，招聘也有多组织联合的招聘活动，等等。

零壹项目做得扎实，对所解决的社会问题有深入的理解，对策略和联合十分注重，这是零壹团队的优势。

（三）成就——整合多方资源，开创"矩阵式"运营模式

零壹建立以来，开展了 3 次罕见骨病多学科义诊，包括成骨不全、软骨发育不全、骨纤维结构不良、假性软骨发育不全、低磷性佝偻病、布鲁克综合征、干骺端发育不良、干骺端软骨发育不良、奥尔布赖特综合征、脊椎骨骺发育不良、斯蒂克勒综合征、黏多糖贮积症 12 种罕见骨病，并帮助了 170 个罕见骨病患者家庭；零壹联合多家公益慈善机构，为 19 位家庭困难的孩子筹集到救助资金并多次开展患者教育等科普活动；零壹开展了 3 次联合科研工作，开展了"一起大罕，武汉加油，爱你中国"罕见病日活动。

面对罕见骨病患者群体多元的服务需求，零壹愿意做一座小桥，联结多方资源和真正服务于患者的机构，共同建设罕见骨病的生态治疗系统，以期真正提升患者群体的生活质量，实现可持续发展。

2019 年，零壹联合多方启动了国内首个罕见骨病多学科义诊项目——花骨朵巡诊康复计划；开展了多学科医生研讨会、罕见骨病水疗工作坊、科研联合工作、花骨朵小课堂、病房服务和医疗救助等工作（见图 3-2 至图 3-6）。

图 3-2 花骨朵义诊
广东深圳 2019 年 7 月 20 日

图 3-3 花骨朵义诊
云南昆明 2019 年 12 月 1 日

图 3-4 多学科医生研讨会

图 3-5 花骨朵小课堂

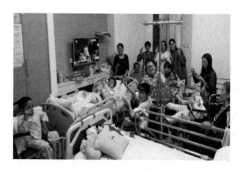

图 3-6　病房服务和医疗救助

　　站在罕见骨病患者群体的可持续生活的角度，零壹团队希望通过相关项目，逐步提升罕见骨病患者的生存和生活质量。

　　作为患者组织，零壹是罕见骨病患者和医生间的桥梁，更是各大医院、医生团队间沟通的桥梁。零壹以病友利益为根本出发点，联合国内外多学科专家了解罕见骨病患者群体，深入研讨罕见骨病诊疗方案，推动改善就医环境，逐步开展多学科医生研讨会。

　　零壹和罕见骨病患者及其家庭一起成长，与有待完善的罕见骨病患者支持体系一起进步，认真对待开展的每一个项目、每一位合作伙伴、每一个病友及其家庭，也重视零壹团队的成长。从个人发展到团队协作，零壹团队始终步履不停，保持不断学习与探索的精神，努力进步。

　　零壹团队的协作模式被单为如概括为"矩阵式"的。与商业组织有严格的级别不同，零壹团队中每个人都可以成为领导者，在自己擅长的方面发挥所长。为了可持续地发展下去，零壹团队会在每周例会上进行重大决定，同时不断革新，改进模式。为了提高效率，零壹团队会精确地分列优先级，具体到每个人每天需要做什么事情，这需要每个人的配合，在这种模式下可以看到彼此的进度。

　　不仅如此，区别于普通的、零散的、随机的志愿者服务，零壹有专业的团队、正规的组织结构，团队人员全职投入志愿服务当中。核心团队包含理事团队三人和专业团队三人，理事团队是与零壹创始人团队一起工作过的伙伴，拥有 5～10 年的公益行业经验。理事团队虽然没有薪水，但仍需完成一定量的工作，并且必须参加年会。由于公益可以跨专业、跨行业、跨团队，专业团队由零壹和其他团队合作组建，专业团队中成员都是来自各个领域的专业人士。同时零壹的成长还得益于深圳市崇上慈善基金会的支持，崇上慈善基金会安排了由十人组成的团队为零壹提供优质的筹款平台和财务、行政、运营支持。而作为医疗志愿服务团队，零壹的医疗专家来自各个医院，是各领域、各学科的专家，共计约三十人，是零壹非常重要的支持方。通过这种拼图模式，零壹的各项事务得以顺利开展。其中，零壹所发挥的作用更像是一座桥梁或一条纽带，将有志于帮助罕见骨病患者的各方力量汇聚在一起，更加高效地提高罕见骨病患者群体的生活质量。

零壹还形成了独特的团队文化——家庭感。零壹尊重病友群体的智慧，尊重专家的专业性，每个人的思考和意见都很宝贵，每个人都是团队的资源，终身学习是整个团队一直追求的，希望以此实现零壹更好的持续发展，每个人的内在动力来自本身对公益的追求，每个人都发自内心地为工作付出。

（四）展望——走专业化路线，定位"政府智囊团"

作为国内首个聚焦罕见骨病患者群体的非营利性公益组织，零壹所做的工作是开创性的；这也意味着零壹并没有具体的可供参考的对象。在谈及零壹未来的发展规划时，孙月幽默地说："最开始我们的目标就两字：活着。我们是第一个关注罕见骨病患者的组织，我们只有'活着'才可能为他们做更多的事。"

如今，经过两年的发展，零壹已经具有了一定的社群基础，有包容多元的团队，也有很好的行业口碑。零壹的发展目标不再局限于活下去，在孙月看来，零壹会成长为一个专业的公益组织。零壹将做更加专业的联合、更开放的合作，将更多优势资源引入罕见骨病患者群体中。在未来，零壹将做更广泛的信息推广、更专业的疾病筛查和干预，实现对患者及其家庭的持续支持。零壹的专业性将体现在三个方面：对行业问题的深入探索、对解决问题模式的实践和完善，以及多学科跨领域的专家团队的不断壮大。

专业化是零壹的发展战略，"政府智囊团"则是零壹的发展定位。

——孙月，2020-11-30

零壹将在保障自身的专业性的基础上，走"政府智囊团"路线。目前不是政府不关心或者不重视罕见骨病患者群体，而是政府不了解如何帮助这一群体。零壹希望能够找到行之有效的方法，为政府援助罕见骨病患者提供解决方案，最终实现改善罕见骨病患者群体现状和生活环境的目标。

实际上，相比其他很多公益组织，零壹成立时间较短，在具体的项目运营和组织机制架构方面仍然需要细化或者完善，特别是对于这样一个聚焦患者的组织而言，专业化是其形成行业优势的必由之路。而最值得称道的是，零壹为公益组织的发展提供了一条新思路——定位于政府的智囊团，为政府提供解决方案，成为政府与罕见骨病患者之间的桥梁，借助政府的力量改善患者生活的大环境。这一新思路具有很强的启发性，为之前已经存在的公益组织，以及未来将会出现但在目前尚没有被社会关注或者公众关注度不高的新领域的公益组织提供了参考。

（五）回顾与反思——关于大学生创业的建议

从一开始的"活着就好"到现在拥有一定的规模，单为如等人已经在公益这个领域走出了自己的路。作为一名大学生创业者，单为如对大学生创业有着独到的见解，她说："大学生创业这个词一直很火，也挺吸引眼球，社会关注度很高，政策上也有很多支持。大学生是一个很有意思的群体，是受教育程度较高的一群人，也是社会经验相对较少的一群人；是拥有各种梦想的一群人，也是承负着家长和社会期待的一群人。因此，迷茫总是会伴随我们。但是创业的现实，又要求我们不得不更加理性和专业。"

在目前的社会环境中，大学生创业逐渐成为一种潮流，大学生之中也不乏跟风的心理，相当数量的大学生在没有弄清楚市场环境和自身发展目标的情况下天马行空地盲目创业，创业成功率也因此极低。

> 创业只是一种手段，不能为了创业而创业。创业一定要聚焦到人，并且是一个群体，为着群体的利益而创业。
>
> ——单为如，2020-11-30

在创业之前，一定首先要考虑清楚自己为什么要创业、创业的初衷是什么。而在创业过程中，特别是创业初期，迷茫、不知如何开展具体工作是绝大多数创业者都会面临的问题。对于这个问题，张志军提出了解决方案，他说："我觉得有两点非常重要：一是善于观察；二是理性分析并解决问题。在做病友工作过程中，我发现我与患者及其家属间的沟通经常存在一定的障碍，对方无法理解我所要表达的意思，这其实并不意味着谁对谁错，而是说明这种沟通机制本身存在一定问题。那么，这个时候就需要理性地分析，找出问题的关键所在，然后有针对性地对沟通机制进行重组和优化。到目前为止，零壹的病友沟通机制已经经历过五次修改。只有通过不断优化方案，尽可能地降低沟通成本，才能实现工作效率最大化。"

什么样的创业才算是成功的？是形成多大规模，还是实现多少利润？在单为如看来，这些不是唯一的衡量标准。"在如今的文化氛围下，社会总是要求大学生必须怎么样，年轻人必须怎么样，创业者必须怎么样。面对这些来自社会或者家庭的压力，我们应该把时间拉长来看，在时间的长轴上，我们还只是行走在前面的一部分，因此不必纠结于两个月或者两年之内一定要达到什么样的目标。在创业的过程中能够收获友谊，获得经验，不断认识自己，这也是一种很大的成功。"

采写：

吴紫绮 社会与人口学院 2019 级本科

邵禹源 信息学院 2018 级本科

高文昊 经济学院 2019 级本科

张润雪 新闻学院 2019 级本科

三、宁夏 C 公益——公益创业的选择与勇气

创业项目简介：

C 公益，原称宁夏 Change 青年公益组织，成立于 2013 年 6 月 16 日，是一家致力于通过朋辈教育和资源引进的方式陪伴宁夏乃至西北地区高中及以上学历青年成长和发展的平台型教育公益组织。其愿景是希望陪伴青年积极、独立、有担当地成长，让每一个宁夏乃至西北地区的青年都可以享有充分的发展机会。2016 年该团队以"宁夏青年公益实践中心"为名在宁夏民政厅登记注册，发展至今，已经成功实施了多个重要的项目，如"我的梦 我的路"公益宣讲会、青桥计划、YoUP 青年论坛、沙鸣 Talks、模拟联合国大会、APEC 未来之声等。"我的梦 我的路"公益宣讲会入选了由团中央社会联络部、国务院扶贫办社会扶贫司、民政部社会组织管理局、中国青少年发展基金会联合主办的 2019 年度全国青年社会组织"伙伴计划"优秀项目征集活动"创意之星"项目。自 2014 年起，其累计举办公益宣讲 10 余场，累计受益人数达 6 000 人次，累计提供公益实践机会约 240 次；沙鸣 Talks 开展至今已为 40 余人次提供公益实践和赋能赋权机会；APEC 未来之声的直接受益者已达 161 人次……C 公益组织的影响力正在不断扩大（见图 3-7 和图 3-8）。

255 798+ 阅读量	211 115+ 阅读量	1 899 843+ 阅读量	3 237+ 媒体播放量	137 897+ 图片直播浏览量
10 467+ 转发量	48 816+ 转赞评	1 624+ 转赞评	19+ 转赞评	

图 3-7 C 公益组织的影响力

活动参与者

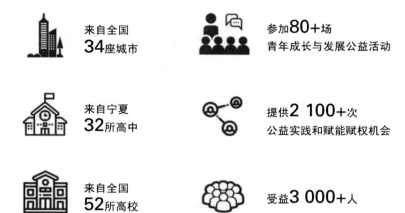

来自全国 **34**座城市

参加**80+**场 青年成长与发展公益活动

来自宁夏 **32**所高中

提供**2 100+**次 公益实践和赋能赋权机会

来自全国 **52**所高校

受益**3 000+**人

图3-8 C公益组织的活动参与者

（一）序言

2011年，一个来自宁夏的高二男孩代表他的高中，出现在了全国模拟联合国大会的会场。在此过程中，他结识了很多来自北京、上海、广州、深圳等一线城市的同龄人。但他很快发现，前来参加模拟联合国大会的学校，全宁夏高中只有他就读的那所，而许多一线城市竟有几十所之多。参会的同龄人们还参与过数不胜数的其他活动，他们有着更开阔的眼界、更活跃的思维和更丰富的成长经历，这很大程度上得益于一线城市提供的丰富的教育资源和机会。

这次经历让他深受刺激，并开始思考该如何打破地区差异带来的教育资源不均等状况，解决宁夏等西北偏远地区教育资源匮乏的问题。于是，在师长的支持下，还在上高二的他就和一些志同道合的高中校友一起创办了宁夏首届中学生模拟联合国大会活动。但很快，他再次意识到，关注这项活动的群体还是偏精英的少数群体。于是，他和他的伙伴们决定创建一家可持续发展的公益机构，通过朋辈教育和资源引进，陪伴更多宁夏青年成长。

于是，在2013年高考结束后的第二天，他们创办了非营利性机构——C公益。这个男孩就是C公益的创始人——朱子沐。

（二）C公益与团队：组织架构

C公益最初的成员都是朱子沐的高中校友，他们所在的高中是宁夏最好的高中之一。这些联合创始人中不乏考入北大、清华、斯坦福等名校的学霸。优质的人力资源给 C 公益初期的发展提供了坚实的基础。2018 年，C 公益核心团队成员陆续大学毕业，在人生选择的岔路口，有些人留下了，有些人则没有。2019 年，团队第一批全职员工、许多核心成员放弃了一线城市及海外更好的工作机会，回到宁夏全职创业，C 公益走上了快速发展的轨道。今天，C 公益共有 6 名全职员工、42 名核心成员参与机构日常工作，151 名执行志愿者参与线下活动。员工的月薪为 2 400～6 000 元，这个薪资水平在宁夏当地处于中上的水平。

在朱子沐看来，他们在员工激励方面已经做出了一些努力，但做得还不够。内部激励方面，C 公益更关注员工的自身成长。例如，员工可以免费参加行业论坛、内部举办的读书交流会等；朱子沐也会和一些员工进行一对一的交流，帮助员工解决工作中出现的问题。有时候，C 公益也会将合作伙伴提供的内推名额、活动门票等作为员工内部福利。

目前，C 公益已经建立起了基本完整的组织框架和治理机制（见图 3-9）。

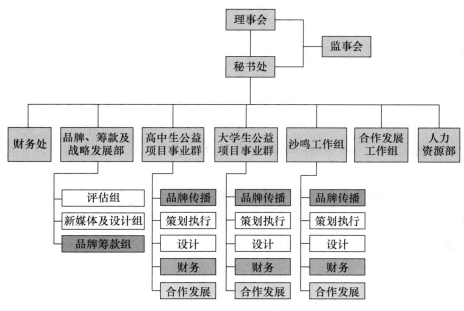

图 3-9　C 公益的组织框架

此外，C 公益还建立了一套项目管理和激励机制（见图 3-10），针对管理层设置半年度、季度和月度的工作计划、重点工作和预算，明确项目负责人、目标和结果、关键绩效指标和团队激励方式等，旨在通过计划、执行、反馈和检查提高工作效率，实现工作目标。

图 3 - 10　C 公益的项目管理和激励机制

作为一个小规模的公益性组织，C 公益走过了一条充满艰辛、不解与困难的道路。在发展过程中，一些团队成员由于工作、学业、家庭的原因渐渐离开。朱子沐有些伤感地说道："走着走着，有些人可能就不见了。像今年，我们的全职员工最多达到了 15 个人，但现在只剩下了 5 个。""我们固然可以从很多角度剖析成员们离开的原因，比如父母压力、个人追求等，但这其实没有必要。更重要的是，珍惜那些陪你一起战斗过的人，珍视曾经一起为了一个目标共同奋斗的经历。也希望离开的员工在未来能够快乐幸福，留下的成员能够沉下心来，做好团队建设，特别是全职团队与志愿者团队的沟通协调工作。"朱子沐说道。

在发展过程中，团队成员不免发生很多分歧。关于这一点，在朱子沐看来，分歧是正常的，但分歧的另一面是共同的目标，只不过每个人实现目标的路径不同。这个目标就是 C 公益的愿景，就是通过朋辈教育和资源引进的方式陪伴宁夏乃至西北地区高中及以上学历青年成长和发展，让每一个宁夏乃至西北地区的青年都可以享有充分的发展机会。所以，目标一致是很重要的事。C 公益一般采取秘书处和理事会民主投票的方式解决分歧，以确定今后的道路。

(三) C 公益的运转模式

1. 财务模型

非营利性机构具有两个核心特点：一是以公益为导向；二是没有股东和分红。它的收入一般有七个渠道，分别是服务收入、商品收益、投资收益、政府补助、捐赠收入、会员会费和其他收入。关注不同领域、在不同地域和社会环境下发展的非营利性机构具有不同的财务模型，也都有适合自己的收入来源。与商业公司一样，一家非营利性机构的财务可持续模型不是一蹴而就的，而是需要长时间的探索和调整。

C公益的官网公布了每年所有的捐赠者与捐赠额。对C公益来说，现阶段捐赠收入仍是最主要的收入来源，此外少部分来自服务收入。在未来，C公益希望打造的可持续发展财务模型是：50％以上来自捐赠收入，20％～30％来自基金会资助，10％来自政府补助，10％来自服务收入，但这一模型还处于探索打造期。

2. C公益与目曦教育

在他人的想象中，创业与打拼的过程中，大大小小的困难必定不计其数，但对于仍然在这条公益道路上坚持的人来说，能够被跨越的障碍都不值一提。尽管其中的酸甜苦辣难为人知，但挫折更能给人带来教训和经验，更何况真正重要的难题永远是下一个。回顾C公益的发展历程，朱子沐认为资金短缺问题一直反复出现，最令人操心。

从2018年开始，团队一批核心成员纷纷大学毕业，两个副秘书长回到银川做半全职的工作，朱子沐仍在上海做自由职业者。到2018年年底，他们发现，C公益要想可持续地走下去，就必须要有全职员工，因为只有这样才能获得基金会的资助。但资金的匮乏本身就制约了全职员工的招聘。为了打破困局，朱子沐在2019年年初决定在上海注册一家商业公司，即上海目曦教育科技有限公司，通过债转股的方式，才得以落实第一批全职员工。

自此，朱子沐的团队是一套班子运营两套系统，一套是C公益组织，一套是新注册的目曦教育。2020年1月，两套系统正式分家。这意味着财政系统和全职员工都完全分为两个部分，目曦教育不再负责C公益员工工资的发放。

目曦教育主要通过两种方式为C公益提供支持。一是商业项目上的合作，比如在和提供留学服务的公司做项目时，朱子沐和他的团队会把这个机会给C公益，让其与C公益合作从而使得C公益获得收益。二是在人力上给予支持。在当时，C公益的规模并不算大，全职员工以及志愿者都不多，在C公益缺人手的情况下，目曦教育的全职员工可以为其提供人力上的支持。

3. 产品服务

在C公益为自己定下的三年目标中，产品服务被划分为四个板块，分别为针对高中生、大学生、职场青年的三大服务板块与"探索者计划"。在未来，大学生板块将成为最核心的业务，而其他三个板块则是辅助业务。

针对高中生群体，C公益会在寒暑假期间召开公益宣讲会、举办短期的暑期训练营等。针对大学生群体，C公益不仅邀请职场优秀人士为大学生做线上一对一、一对二的帮扶，还提供有关职业发展和技能提升的线上讲座、线下论坛、营地交流和为期一两个月的训练营。针对职场青年群体，C公益会开展沙鸣 Talks 讲座等。除此之外，"探索者计划"的目的在于把一线城市以及国际上的优质青年发展资源带到宁夏，从环境角度帮助本地青年成长。

在不断打磨已有业务和努力拓展业务范围的过程中，C公益始终坚持自己的原则：符合C公益的使命和愿景，做到服务人群，保持公益性。陪伴青年成长和发展、朋辈教育和资源引进、积极独立有担当、只接触高中及以上学历青年……除了这些最基本的底线以外，一个新项目是否能够开展，更多地取决于该项目在C公益当下生态关系及未来五年发展目标中的定位，并从受众、利益相关方和机构自身的角度，从人、事、钱等方面进行综合考量。

在以前，C公益主要作为渠道性机构，即直接与校方合作获取生源。现在，C公益正在向渠道＋社群的双渠道机构转变，除了和校方与政府保持直接联系外，还着力打造自己的社群，并利用公众号等平台进行推广。当然，由于仍处于转型期，社群和粉丝基数不大，宣传效果一般。但也要看到，很多产品与服务仍不够成熟，大规模推广可能会导致人手不足的问题。因此，C公益更希望能在将产品打磨成熟后再进行大面积宣传。

4. 风险

关于风险问题，朱子沐认为应从人、事、钱三方面来看。人手不足、业务受不可抗因素影响产生负面问题、品牌形象受损、资金不足等，都是最常见但也最重要的问题。对于现阶段的C公益来说，人和资金是更为重要的。但朱子沐认为，人都自然会有风险意识，但过于关注风险预警的意义不大，见招拆招就好。

（四）C公益与行业生态

1. C公益与其他公益组织

组成"第三部门"的公益机构、社会组织和非营利性机构之间在原则上只有合作，而不构成竞争。尽管由于捐赠等资源的总量有限，一些无形竞争不可避免，但不论是在全国还是在西北地区，同类机构还没有饱和，各个机构也都不够完善，因此整个生态圈还是以合作、交流和共创为主旋律。国内有很多与C公益类似的青年发展组织，在商业领域有北辰青年、行动派、松果仁研习社等，在公益领域有爱思青年、益微青年、JA（Junior Achievement）等。C 公益与这些组织之间保持着开放交流的关系，共同致力于推动整个行业发展，例如与北辰青年合作在成都举办了 2019 全国青年发展行业峰会，与 ABC 美好社会咨询社共同发布了《青年发展能力库研究报告》，并于 2020 年年末与 SEED Lab 社创实验室联合发布了《中国教育公益组织青年赋能类项目评估指南》。

2. 未来：关于行业前景和公益生态

当被问到对整个国内公益生态的前景的看法时，朱子沐坦言自己"不是特别乐观"。首先，西方对第三部门或非营利性组织的定义，在中国的社会背景下往往不可行。未来，中国的非政府组织 90% 以上需要依靠与政府的高度协作、高度互补。其次，行业中还面临着诸多问题，例如公益资本化，公益过多地受到商业资本的负面影响，导致从业者不够纯粹、专业性不强，使得行业很难继续发展下去。

朱子沐认为，近年来备受关注的"公益组织的商业模式""公益组织向社会企业转型"等议题的背后，本质是中国捐赠体量扩大的停滞和行业系统的不完善，加之中国民众对公益组织的认知存在误区，都导致公益组织必然出现缺人和缺钱等问题。当然，朱子沐并不否认，对于一个公益组织来说，成功转型为一家自力更生、自造血的社会企业的确是件好事，但社会对公益组织的导向已经开始出现较大的偏差。社会应把关注点放在公益慈善常识普及、行业基础设施建设和行业生态建设等方向，而不是过多地关注如何让公益机构快速赚到钱，并向社会企业转型。这种导向上的偏差导致许多公益机构的负责人不再把心思放在自身业务上，也忽视了原有的资金来源与渠道。总之，国内公益行业面临的问题十分复杂，并非仅仅是某一方的责任，不是轻易能够解释清楚的。

尽管对行业的未来并不乐观，但 C 公益仍然坚持"做好自己"。一路走来，C 公益所能帮助的除了自己的受众之外，还有那些伴随 C 公益成长、开展公益活动的年轻人。不论是过去还是未来，C 公益都在尽最大的努力推动整个行业和社会变得更好。

当被问及"最想和正在或将要投身于公益事业与创业的年轻人说的一句话"时，朱子沐回答道："只有两个词，不忘初心和坚持。"

采写：

段中英　商学院 2019 级本科八班

吴嘉慧　2019 级信息资源管理专业

仪晓青　2019 级社会科学试验班（管理学科类）一班

四、是光四季诗歌：有爱就是光

创业项目简介：

昆明市呈贡区是光四季诗歌青少年服务中心（下文简称"是光"），于 2018 年 7 月 3 日注册，是国内首家且规模最大的乡村诗歌教育公益组织。"是光"从 2016 年 10 月开始服务于乡村儿童，旨在通过为当地三至八年级的教师提供诗歌课程包和培训，解决乡村孩子缺乏情感表达渠道和心灵关注的问题。截至 2020 年 3 月，"是光"已经服务包括云南、贵州、广西、河南等在内的地区的中小学 823 所，68 000 余名孩子有了人生的第一堂诗歌课。

（一）邂逅诗歌，四季花开——"是光"的前世

2016 年 10 月的一天，中国人民大学的毕业生康瑜正在云南省保山市一个叫作潞水镇的小镇上支教，她和往常一样正在给孩子们上书法课。突然，屋外下起了大雨，孩子们的目光都被屋外弹起又落下的雨点所吸引。康瑜没有制止孩子们在课堂上分心的行为，而是索性带着孩子看雨、听雨，康瑜找来一个小音箱，播放了一首 *The Rain*。雨声夹带着歌声，时而悠扬，时而沉郁，康瑜受到启发，对孩子们说："不如我们来写诗吧！"看着孩子们将信将疑的表情，康瑜一字一句郑重地告诉他们："但凡以后屋外下雨，我们就来写一首小诗"。

这是这群大山里的孩子的第一堂诗歌课。康瑜发现，孩子们内心世界里的情感和想象力并没有被大山所束缚，而是在诗歌中得到了充分的表达。此后，每逢雨天，康瑜便开始和学生们一起听雨写诗。在一年的坚持下，诗歌课成了学校的正式课程。他们每个季节上两堂诗歌课，这样的四季诗歌课分别是——春光、夏影、秋韵、冬阳（见图 3-11、图 3-12）。

彼时的康瑜并不知道，灵光乍现的四季诗歌课不仅在潞水中学延续了下来，还逐渐推广到了云南、贵州、广西、河南等省份的贫困地区的数百所学校，为数万名孩子带来了诗意的生活。当然，这一切，都在"是光"成立以后。

如果要给康瑜的创业故事找一个起点的话，那么就要从她人生中的第一个抉择说起。康瑜在 2015 年夏天从中国人民大学经济学院毕业，放弃了保研机会，通过"美丽中国"公益项目前往云南乡村支教。用康瑜自己的话来说，不是"放弃"，而是"选择"。也正是因为这个任性而大胆的选择，康瑜邂逅了一群大山中的孩子，也在与他们相处的过程中逐渐找到了自己的"天命"。

图 3 - 11　康瑜和孩子们在一起读诗歌

图 3 - 12　乡村的孩子在写诗

康瑜在大山中度过了她两年的支教时光，她发现山里的孩子和自己以往接触的孩子，无论在物质条件方面还是在心理方面，都有着很多不同：

我直接感受到的是，大病大灾在他们的家庭里经常发生。他们的童年就很少有人陪伴，爸爸妈妈大部分时间都在外面打工，爷爷奶奶负责照顾他们，但是爷爷奶奶又没有太多文化知识，所以跟他们的沟通也就非常少。等到了中学，他们中的很多人可能不像我想的那样热爱学习，其中不少孩子结束了九年义务教育，结束之后可能就不会再继续下去，他们的家庭和他们自己可能都没有太多的信心。另外，他们在情感上非常敏感、非常细腻，很有特点。

——康瑜，2020-12-18

物质条件的匮乏、父母陪伴的缺失、教育资源的限制，还有大山的阻隔，常常会使这些孩子封闭在自己的世界里，极力压抑心中的情感，表现得或叛逆或胆怯。康瑜想方设法想要解开孩子们的心结，缓解留守儿童心理健康问题。她在教室里设置了"心思盒"，耐心地回复每一个孩子的纸条，帮助他们解开心结。除此之外，康瑜还尝试了教孩子绘画，办歌手大赛（见图3-13），给孩子创办社团，模仿人大进行"百团大战"……无论采用什么方式，康瑜的出发点都是用一种平等的方式走进这些孩子的世界，给他们关心与爱，引导他们表达心中的情感，慢慢地，她成了孩子们口中的"康老大"或是"康小鱼（瑜）"，因为她足够真诚，因为她愿意倾听。

图3-13　诗歌音乐会现场

倾听和关注只是第一步，康瑜真正想要实现的是引导孩子们主动倾诉情感，表达内心世界。康瑜说，与其说是她选择了诗歌，不如说是诗歌找上了她，找上了这些孩子。在康瑜尝试的各种方式里，诗歌最能直通孩子的内心，再加上诗歌较为简短有趣，不容易像日记和作文那样让孩子厌烦。平时不善表达的女孩在诗歌课上找到了释放情感的窗口，在落下大滴大滴的眼泪的同时，写出了一首又一首真挚而动人的诗：

我是个自私的孩子

我希望雨后的太阳

只照射在我一个人的身上

我会感到温暖

我是个自私的孩子

我希望世界上有个角落

能在我伤心时空着

安慰我

我是个自私的孩子

我希望妈妈的爱只属于我一个人

让我享受爱的味道

——《我是个自私的孩子》

在诗歌课开设之后，调皮捣蛋的孩子砸玻璃窗的次数也直线下降了。后来，"会写诗的孩子不砸玻璃窗"成了"是光"公益组织的口号，这句口号的英文翻译也耐人寻味："They used to crack, now they create"（他们不再"破坏"，而是开始"创造"）。康瑜说，她有一次走在校园里，俯身捡起地上的一张小纸片，上面就写着一首动人的小诗——"我愿和你自由地好着/像风和风/云和云"，没有署名。也许是某个痴情少年或是花季少女写下的情诗，但理想的教育不也正是这样吗？就像雅斯贝尔斯说的那样，"一朵云推动一朵云"，"一个灵魂唤醒一个灵魂"。康瑜通过"四季诗歌课"的尝试，成功地让校园里充满了诗意的灵魂。后来，康瑜偷偷把这首诗投到了她组织的"诗歌大赛"的大屏上参加评选，她邀请了孩子们最喜欢的小诗《在山的那边》的作者、中国人民大学教授王建新老师来担任评委，这首匿名诗最终获得了二等奖，和它一同获得二等奖的还有小玲花的一首短诗：

天上的人儿在点火，地上的人儿在许愿

——李玲（小玲花）

当康瑜再一次看到小玲花的这首短诗的时候，她已经结束支教回到了北京，正在为出国留学而备考。那时正值教师节，康瑜收到了一个大盒子，里面装满了孩子们寄给她的诗和信，其中小玲花的字条再一次触动了康瑜。她告诉康瑜，自己人生中的第一次反抗，就是在她的诗获得二等奖后有人质疑她抄袭的时候。诗歌让原本怯弱不自信的女孩变得勇敢和自信，而小玲花的母亲，在看到女儿的诗被印在明信片上的时候，原本打算让她读完初中过几年就嫁人的想法也转变为决定供她继续读书。

小玲花在信里对康瑜说："老师，我想许一个愿望，我希望有更多像我这样的孩子，能够在诗歌里面找到自己"。小玲花的许愿让康瑜更加清楚地看到，原来真的有那么多孩子能够在诗歌里找到自己，于是康瑜做出了第二个任性而大胆的抉择，放弃出国深造，创办"是光四季诗歌"公益组织，帮助更多偏远地区的孩子找到自己。

当我们在采访中再一次问到是什么促使康瑜做出创办"是光"这一决定的时候，康瑜告诉了我们她创办"是光"最为直接的一个原因：

> 我之前没有想到有那么大的力量，所以最开始只是想着偏远地区的孩子们可能需要诗歌课，但是当地的老师又不会上，我就想去买一些诗歌课程带给他们，但是大概花了半个月的时间调研后，发现市面上的诗歌课程价格昂贵而且也没有那么适合偏远地区的孩子。孩子们需要这样一种打开他们内心的东西，而现实中又恰恰缺乏这种东西，那我就决心自己创业，这是我想要创办这家公益组织最直接的原因。
>
> ——康瑜，2020-12-18

康瑜并不是"为了创业而创业"，她"放弃出国转而创业"的决定看似草率和随意，实则是经历了两年支教经历的积淀、找到内心所爱之后水到渠成的抉择。当康瑜带着"是光"再一次回到大山里的时候，她对自己创办的"是光"早已有了明确的定位和清晰的构想。

> 我们想要解决的是乡村儿童因为情感闭塞、无法获得心灵陪伴而产生的一系列问题，所以最直接的想法其实是希望他们能够自由地表达情感，然后能自处，然后能获得关爱，并且能够与外界连接，热爱他们现在的生活。
>
> ——康瑜，2020-12-18

让乡村儿童获得"平等的诗歌教育"和"自由地表达情感"是"是光"努力的方向，也是康瑜的初心。

（二）扎根乡土，"我们"是光——"是光"的今生

1. 团队组建——向光而生

任何一个初创项目都会面临各种困难，光有一腔热忱还不够，找到一支无坚不摧的初创团队也至关重要。

康瑜称自己"足够幸运"，因为"在机构创立之初就有一大帮好朋友加入"，组

建起了一支专业的团队，既有朵渔老师这样的著名诗人，也有来自清北人厦等高校文学社的毕业生，还有扎根一线的老师，他们以专业志愿者的身份加入"是光"，和她并肩战斗。

被问及是怎么样快速组建起一支合适的初创团队的时候，康瑜这样解释道：

> 其实最重要的一点是，你要能够解释清楚这件事情的意义，究竟在解决什么问题，这是你创建的时候就要想清楚的。然后就是想清楚怎么做，一开始的时候我给了我父母一份创业计划书，所以他们没有阻拦我，后来朋友们也支持我，是因为他们觉得这两个问题我都想清楚了。还有一点我觉得很重要，就是他们都是非常温暖而且有能力的人，他们也想参与到这件事情中，所以大家就聚在一起。
>
> ——康瑜，2020-12-18

"是光"的团队在近几年内逐渐壮大，截至2020年12月，"是光"拥有4名全职成员、4名兼职成员、69名核心志愿者（成员），所有的志愿者加起来有1 900多名。

"是光"的全职成员并不多，工作的核心力量还是志愿者，因而首先要解决两大问题：其一，如何吸纳和筛选志愿者；其二，如何运营和管理团队。前者直接决定了工作力量是否充足，后者直接决定了工作是否高效。这两个问题关乎"是光"的团队运营与组织管理的科学性和可持续性。

2. 志愿者体系——因爱而聚

关于志愿者的问题，主要有以下两个。第一个是志愿者的心理。"是光"坚持用公益活动中的真善美激发志愿者的原动力。康瑜解释道：

> 很多志愿者来到"是光"是有原动力的，他们意识到"是光"做的这件事情可能跟他们平常做的事情不太一样。我相信有很多人心里都是想要在社会上做一些不一样的有意义的事情。还有一些志愿者跟我说，他们是真的被孩子们的故事还有孩子们的诗所打动，所以我觉得这一点也是非常重要的。
>
> ——康瑜，2020-12-18

第二个是志愿者体系的构建，"是光"通过"三级志愿者"体系（见图3-14）科学地筛选志愿者，保证了志愿者的质量和工作热情，由上千位志愿者组成的初级志愿者和人才库也保证了"是光"拥有充足的后备力量。

此外，"是光"营造了积极的团队氛围，核心志愿者拥有终身荣誉工牌，还有一些有纪念意义的物品发放给志愿者，这些举措给志愿者创造了归属感和价值感。

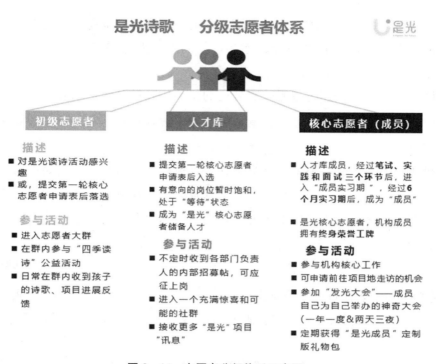

图 3-14　志愿者分级体系示意图

3. 组织管理——高效温暖

在运营管理方面，"是光"能够在这两年里快速良性发展，得益于科学高效的组织架构和独特而温暖的团队文化。

其一，"是光"具有科学高效的组织架构（见图3-15）。品牌筹款部、项目部、志愿者管理部、研发部、评估部、法务部、发展部、财务部和行政部等九个部门协调配合，九大部门负责人向总干事汇报并负责，总干事向理事会汇报并负责。各部门各司其职，覆盖了机构运营管理的方方面面，比如品牌筹款部负责平台运营、品牌传播和筹款三部分内容，而研发部则负责课程研发和培训研发两部分。每个志愿者都可以发挥自己的强项，在适合自己的部门中发光发热。

其二，"是光"创造了独特而温暖的团队文化。康瑜在采访中提到，"是光"有一种"互助的氛围"，彼此之间都能互相"看到"并给予"肯定"，有利于培养"价值感"。此外，康瑜还指出，"是光"非常注重"及时反馈"，对于志愿者们提出的问题都会充分思考并给出反馈，有利于激发"积极性"。更重要的是，"大家都有一个大目标，就是让'是光'往前走"，这一感性因素使得志愿者能够从中找到"归属感"，感受到"光"的温暖。

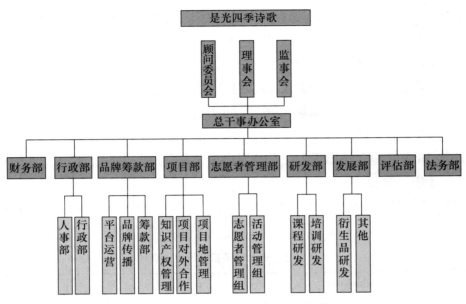

图 3-15 "是光"的基本组织架构

4. 项目运营——专业全面

"是光"已经探索出了一个成熟的产品设计和日常运营的模式（见图 3-16）。上、中、下游全面覆盖四季诗歌课程从课程研发到项目落地再到成果产出的全过程。

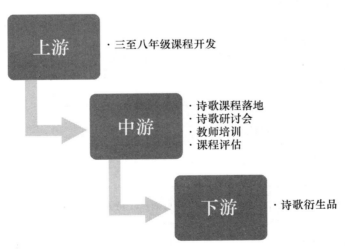

图 3-16 项目运营示意图

（1）上游：诗歌课程研发。

结合语文教育课表、儿童心理学和现代诗歌体系，以四季为轴，为乡村教师提供"看得懂、用得上"的诗歌课程包，三至八年级梯度进行，并研发课程网站和小程序，对诗歌教师进行即时积分激励和长期培训。

（2）中游：项目落地。

开展专业、多样的诗歌落地活动，包含诗歌研讨会、诗歌游学、诗歌音乐会等，推动项目地由点到线和面地深度、稳步拓展。

（3）下游：诗歌产出。

搭建"是光诗歌"诗歌平台，并与国内顶级专业诗歌刊物合作，让更多大山里的孩子的才华"被看到"。

同时，"是光"对全年的项目有清晰的规划，大大提高了项目的执行效率（见表3-1）。

表3-1　分阶段项目执行规划表

项目阶段	项目内容	执行人员	备注
准备阶段	项目宣讲	机构项目人员	
	课程研发与生产	课程研发部门项目人员、志愿者	持续时间为一年的"春光""夏影""秋日""冬阳"课程
	新学期教师申请开放链接、接受课程申请、课程寄送	机构项目人员	学期初开放申请，其余时间不接受申请
执行阶段	线上教师培训"诗人开讲"一月一次，每次一小时；答疑解惑"小杯茶"每周末一次，每次20分钟	诗人顾问团成员、项目人员、优秀项目老师	持续一年
	项目督导走访项目地，了解当地诗歌课程授课情况，为老师答疑解惑，提供线下指导	项目人员	项目集中省份
	优秀诗歌评选及内刊	项目人员、诗人顾问团	季刊，一年发行4期
总结阶段	表彰优秀教师及学生	项目人员	评选星级诗歌教师
	报告项目评估结果	评估人员、项目人员	项目效果评估
	撰写项目结项报告	项目人员	总结成果、经验，并反思

在项目运营的全过程中，"四季诗歌"课程的落实效果是重中之重，而最终的效果取决于志愿者、乡村教师、乡村学生三方的相互作用。可以看出，"是光"在这三组关系上都做出了相应的努力，把握核心思路，对诗歌课程产品进行迭代（见图 3-17）。

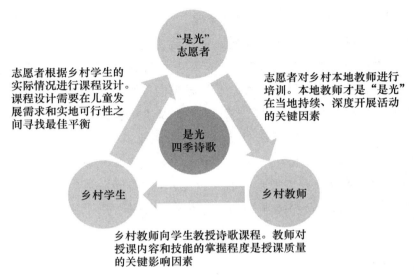

图 3-17　志愿者、乡村教师、乡村学生三方关系示意图

志愿者在根据乡村学生的实际情况进行课程设计时，需要从儿童发展需求和实地可行性之间寻找最佳平衡。诗歌可能本身具有较强的专业性，关于孩子是否能够驾驭的问题，康瑜这样解释道：

> 童心是诗，每一个小孩都是很接近诗意的，尤其是乡村的孩子，他们更淳朴，他们的世界会更纯粹一些，这是天然的东西。诗歌其实是更接近孩子的，或者说孩子更愿意接近诗歌。相比写长作文，诗歌本身降低了尝试的门槛，这其实也是一个天然的优势。另外，很多留守儿童没有表达的机会和工具，诗歌给了他们一个口子，这就不难解释为什么经常能看到孩子在诗歌里面常常会有爆发式的情感输出。

——康瑜，2020-12-18

关于课程设计，一方面，在诗歌课上可以通过与大自然的接触来打开孩子的感官，真听真看真感受；另一方面，以游戏、互动等趣味形式去释放孩子的想象力。

"是光"意识到，志愿者向乡村学生讲授诗歌课的模式难以持续，本地教师才是"是光"在当地持续、深度开展活动的关键因素，这给"是光"提出了一定的挑战。一方面，很多乡村教师（尤其是偏远山区等较为落后的地区）没有足够的专业水平和文学素养，"是光"如何对这部分教师进行有效的培训？另一方面，很多乡村学校教学资源匮乏，乡村教师课程压力较大，导致积极性不足，如何保证他们面向乡村学生授课的质量呢？

"是光"会为老师量身打造培训课程。首先，"是光"每个月会给老师做两次培训，还会帮助解决老师们在实践中遇到的问题。比如，有老师问，遇到孩子想象力打不开的情况怎么办？"是光"会专门针对这样的情况进行设计。为了提高老师们教学的积极性，"是光"会为老师们制作教案和可修改的PPT，从而降低老师教学的门槛。"是光"还建立起了一套选修和必修相结合的课程体系，可根据孩子们的喜好进行选择。考虑到老师平时的教学压力，"是光"的课程设计为一季三节课，一学期六节课，并且与语文课标相结合，老师备课15～20分钟就可以上，方便老师教学。此外，"是光"还实行了积分制，在日常教学活动中的很多环节老师们都可以获得积分并可用于兑换各种奖励。

——康瑜，2020-12-18

5. 筹款途径——灵活多元

"是光"建立起了一个多元化的筹款体系（见图3-18），拓宽了筹款渠道，通过基金会、众筹、高净值人群、采购类项目、企业合作等五种方式，持续获得资金以及其他资源。

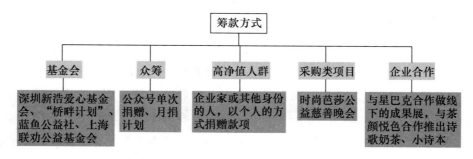

图3-18 多元化的筹款体系

在基金会方面，深圳新浩爱心基金会、"桥畔计划"、蓝鱼公益社等组织都是"是光"的伙伴，"是光"还与中国志愿服务基金会等合作开展公募，支持"是光"的正常运营。

在众筹方面，"是光"在公众号里设置了单次捐赠和月捐选项。单次捐赠即一次捐助一定数额的资金，2020年已经筹得近60万元。月捐即月捐计划，每个月固定捐款。"是光"公布的款项变动数据（见图3-19）显示，2020年6月至10月，每月的月捐收入呈递增趋势，另外，每月都有新的月捐人加入月捐行列，为孩子们的诗意梦想提供资金支持。2020年10月，单月捐款超过54 000元，新增月捐人116位。

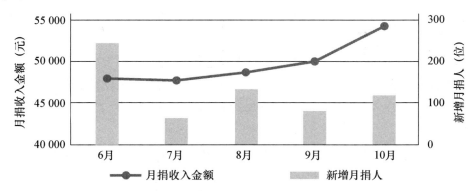

图3-19　2020年6月至10月月捐收入与新增月捐人数据

在企业合作方面，"是光"与星巴克、小米、滴滴、茶颜悦色等企业合作，以一种价值置换的方式推动项目的可持续发展。这些企业更为看重的可能是"是光"的公益品牌，它们通常以向"是光"捐款的方式提供支持。

除此之外，"是光"还有自己的微店，"以买代捐"也是"是光"给自己回血的一种途径。

（三）爱火不熄，诗光不灭——"是光"的未来

1. 充满希望的"是光"

"是光"从创立之初到2020年7月，已经覆盖了24个省份823所学校，为975名乡村教师带去了四季诗歌课程，目前已建成8所诗歌校园、1座诗歌小镇，让6.8万余名乡村学生受到了诗意的熏陶（见图3-20）。

图3-20　"是光"的发展情况

"是光"在乡村教育领域做出的贡献也得到了社会的认可。"是光"在2019年6

月的"社创之星"大赛中获得了全国总冠军，在2018年9月的中国公益慈善项目大赛和2018年8月的明日益才海派青年社会创新大赛中均摘得金奖。"是光"和创始人康瑜得到了《人民日报》、*China Daily*、《南方周末》、《羊城晚报》、《北京青年报》、央视网、东方卫视、北京卫视、凤凰网等媒体的报道。康瑜在北京卫视的"我是演说家"节目中晋级决赛并获得季军，让全国观众听到了大山里的故事，为"是光"带来了巨大的社会曝光度。

"是光"同样注重对四季诗歌课程的成效进行评估。2020年7月15日，"是光"项目部向2019—2020年诗歌教师发放了《教师授课情况实名反馈》《教师意见匿名反馈》《学生后测》三份问卷，用以收集教师和学生们对诗歌课程的评价和进行项目跟踪评估。

大部分教师认为在"是光"的影响下，学生的状态和师生关系有明显改善，教师职业满足感大大提高，学生与家人的关系也变得更加融洽。

从教师的反馈中可以看出，大部分教师认为学生们很喜欢诗歌，"是光"让低、中、高年级的学生在想象力、表达力、感知力等方面有了不同程度的提升。

2. "是光"的未来——变与不变

康瑜还告诉我们，"是光"未来依旧会遵循"协同带动"和"稳步推进"的发展战略。

> 基于这两个发展战略，"是光"不太会快速大规模地扩张，但是每走的一步都是希望可以踏踏实实落在实地上的。
>
> ——康瑜，2020-12-18

在被问及"是光"在未来发展的过程中是否会开发其他不同于诗歌课程的项目时，康瑜说：

> 未来"是光"仍然会专注于做诗歌课程这个项目，我们其实做得比较窄，或者好听一点，做得比较专，"是光"就是专门做乡村诗歌的。
>
> ——康瑜，2020-12-18

"是光"虽然目前还没有拓宽业务领域的想法，但却一直努力地推动着诗歌项目往更广、更深的方向发展。

"是光"在未来发展的路上，会按照"点—线—面"的路子来走，就是从"诗歌教室"到"诗歌校园"，然后再到"诗歌小镇"（见图3-21）。诗歌校园指的是一个学校已经持续在上"是光"的诗歌课程，不会因为教师的变动而变动。诗歌小镇就是镇子上所有的小学、中学都有上诗歌课，"是光"目前也正在试点。康瑜向我们透露，诗歌小镇目前的试点效果还不错，是未来可以期待的一个方向。

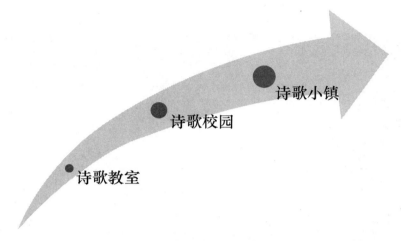

图 3-21 "是光"诗歌的发展道路

下面是一段访谈实录，从中我们可以看到康瑜对公益、对人生的些许思考。

[**采访者**] 您会一直把"是光"做下去吗？

[**康瑜**] 对于我自己来说，我说会做下去，是因为我选择做这件事情，包括去支教，其实我已经想清楚我未来的路了，我知道价值排序里面什么对我是最重要的。幸福感对我来说不是拥有很多钱或者很大的权力，而是求仁得仁，你想要什么，那么得到什么就是幸福的，而我现在做的，正是我想要的。公益这件事，一定得有人做，也一定得有人坚持下去。

[**采访者**] 在"是光"的公众号上，有人评价您在创业过程中一直很好地运用了"第一性原理"，请问在做公益的过程中，您心中坚守的"一"是什么？

[**康瑜**] 我想想，我可能都描述不出来，但是你一下子问我，我觉得是"使命"吧。我先讲个故事。我小的时候，其实我的奶奶会看着我比较多，然后她带着我，我那时大概能听懂大人在讲什么了，她会和我一起探讨人的"使命"是什么。当然，她当时可能说的不是"使命"这个词。她说："你看那些地上的蚂蚁，还有猪马牛羊，它们很难主宰自己的命运，但是人可以。人有很强的创造力，有很大的潜力，所以你有那么大的力气，你要去努力的时候，你不只是要让自己过得好，你也让别人过得好。"……比如说去支教那两年，开始我不确定这个是不是我的使命，因为使命还有一个很重要的条件是你想要去做并且也适合你去做。假设当时支教的时候我其实教不好，然后学生不喜欢我，我发现不能发挥我的最大潜力，它可能就不是我的使命，我得继续去寻找。非常幸运，原来它是。

[**采访者**] 在您看到的那么多小诗人的诗里，哪首诗让您感到尤为触动？

[**康瑜**] 小玲花的一首诗："我信奉黑夜/因为它能覆盖一切/就像是爱。"（见图 3-22）

图 3-22　画作《黑夜》

[**采访者**] 这首诗中让您感到触动的点有哪些呢？

[**康瑜**] 首先是诗歌本身，我觉得一个山里的小朋友能写出这么恢弘、有大爱的诗是非常了不起的。我们当时还征募很多人去翻译，大家发现把它拿英文翻出来也是一件特别难的事情。其次，这个小孩其实是孤儿，在我知道她是孤儿时，她反倒还安慰我说："老师，我不觉得我跟别人有什么不同。"她说她的养父母也很爱她，所以她写出了这样饱含着爱且有力量的诗。另外，这个小孩也一步步因为诗歌改变了她的命运。一开始，她在班上因为长得特别瘦、特别小，所以总被欺负，后来学会了写诗，参加了我们的诗歌大赛，她就慢慢有了自我。再后来我们有一年一度的诗歌音乐会，带着她去南京，有很多厉害的老师给她上课，那个时候她感触非常大，因为这是她第一次走出大山。因为"是光"对接了一些不错的平台，比如说"我是演说家"，她也能够很自信地在台上分享她的故事跟诗歌。她当时也写了特别多的诗，她的妈妈本来打算在她读完初中之后，就安排她打工然后嫁人，但是因为写了诗，她的家里人反倒觉得这是一件很荣耀的事情，因此下定决心供她读书。所以她现在考到了县城最好的高中，已经读到了高二。"是光"起初教孩子们写诗，只是希望他们能够表达，然后获得关注，但是总有一些意外惊喜，就是发现这些孩子的人生轨迹发生了改变。

小玲花的这首诗，被展示在纽约广场的大屏上（见图 3-23）："我信奉黑夜/因为它能覆盖一切/就像是爱"。对于大山里的孩子来说，他们常常就像处在黑夜之中，而爱就像是暗夜里的光点，照亮了一切。

图 3 - 23 纽约时代广场前的广告

谁也不知道"是光"的未来究竟会怎样，但是唯一不变的是：无论身处何方，有爱就是光。

采写：

胡姚一　2019 级统计学院

李乐易　2019 级统计学院

任峻成　2019 级统计学院

五、乡村笔记：走在连接城乡、消除不平等的路上

创业项目简介：

上海乡村笔记教育科技有限公司由汪星宇创立于 2017 年 9 月，是一家致力于用教育连接城乡的社会企业，主要通过乡土研学、城市职旅与乡村咨询三大板块业务，促进城乡平等交流，为城市孩子拓展乡村视野，为乡村孩子拓展职业可能，并为乡村发展带去当代青年的关注与支持。三年来，该企业已为 3 000 余名青少年带去独特的城乡交流学习体验，并聚集了 2 000 多位爱心人士，一同将生涯与实践课程带给了 20 000 余名来自全国各地的中学生，曾荣获"创青春"全国青年创新创业大赛银奖、农业农村部乡村振兴创新创业大赛银奖以及社会企业最高奖——2020 向光奖。

（一）缘起

保送复旦大学国际政治专业，在芬兰赫尔辛基大学交换学习一年后，前往美国纽约大学攻读硕士；上过《中国青年》杂志封面，拿过《一站到底》世界名校争霸赛冠军，2018 年入选福布斯中国 30 岁以下精英榜……1992 年出生的汪星宇，已然经历了不同于常人的精彩人生。而现在，他的身份是上海乡村笔记教育科技有限公司的联合创始人和法定代表人。

"已识乾坤大，犹怜草木青。"这是激励汪星宇不断前进的人生箴言——人活一世，若是眼界始终局限于一隅，则未免太过狭隘也太过遗憾。所以从高中开始，他便竭力伸出求知的触角，不断地学习，用知识充实自己。而在走过纽约巴黎、曼谷平壤，拥有越来越开阔的视野后，他却深深地感到自己对中国并不具备完整的了解——当被外国朋友问及 "What is China like" 时，他脑海里能想到的只有北上广深，而除此之外的中国更广阔的土地是怎样的，中国乡村是怎样的，他并不清楚。

> 人们常常说要拓宽视野，可我们常常忘记了视野是双向的，不仅仅有向上看的高楼大厦、纽约巴黎，还应该有向下看的乡土、村里村外。
>
> ——汪星宇

自此，乡土的种子便在汪星宇心中逐渐萌芽。研究生毕业之际，汪星宇前往波士顿参加哈佛论坛，在那里邂逅了黑土麦田的联合创始人秦玥飞。"耶鲁村官"的经历非常打动他，也终于让他下定决心扎根农村。但在湘西参与扶贫工作的过程中，他却发现当地采用的扶贫模式单一且不可持续——通过电商、私人渠道等途径帮老乡卖农副产品无法从根本上解决问题。

> 卖情怀不是最重要的，应该让农村更多地被看到、被关注。
>
> ——汪星宇

汪星宇认为，对农村来说，青年人关注的目光是最重要的。在认识到这一点后，他毅然放弃了起薪 25 万元的工作，邀请自己的两位好友一起创办了乡村笔记，致力于用教育连接城乡，为城市孩子拓展乡村视野，为乡村孩子拓展职业可能，并为乡村发展带去青年人的关注与支持。

> 默默无闻的乡村只有先被人看到，才会迎来更多改变，进而推动乡村城镇化的进程。
>
> ——汪星宇

（二）初创

作为一个轻资产项目，乡村笔记在启动资金上并没有遇到较大的困难。同时，由于恰好赶上了国家重视"乡村振兴""研学旅行"的风口，乡村笔记项目幸运地被团中央关注到，在宣传推广上也没有遇到太大的难题。

但是，在客户挖掘方面，他们遇到了巨大的阻力。乡村笔记最初开展的"乡土研学"项目旨在让城市的孩子以同理心认识乡土中国——将城市的孩子带往湘西、川西、云南、山东等地，走到充满人文气息的古镇采风问俗，深入大山环绕的山村调研访谈，参与学科讨论与关于乡村品格的课程，帮助孩子拓展素质。遗憾的是，城市孩子的家长们普遍对乡村存在误解与偏见，不明白印象中"脏、乱、差"的乡村有什么地方值得孩子们学习；即使部分家长在市场调研中曾表示愿意让孩子去农村锻炼，但事实上到了假期，愿意放弃上补习班、愿意放弃出国旅行而报名去乡村的人其实非常少。

> 我不知道这件事究竟能不能做成，我们没有经验可以借鉴，也不知道自己会走向何处，在好多个熬夜筹备的夜晚，在失眠的时候，我也有过彷徨。
>
> ——汪星宇

这是当时汪星宇内心的真实写照。创业的过程中除了激情和活力，亦有挣扎与迷茫，但好在没有什么能阻挡得了精心筹划下的一腔热血。2017年1月26日到2月11日，汪星宇和他的乡村笔记团队顺利地带领两期共27名学生前往湘西的村子里，打糍粑、做版画、跳鼓舞，重走沈从文老先生《湘行散记》中的路线，感受最真实的湘西民俗文化。

2018年8月，乡村笔记进一步发起"城市职旅"项目，旨在让乡村的孩子以好奇心思考职业规划——将乡村的孩子们带到城市，既去往繁华的金融中心，也走向朴实的棚户区，体验城市的360行，参加职业发展与生涯规划课程，助力孩子们培养兴趣与设定目标。而面对这种带孩子前往城市的免费项目，乡村孩子的家长们常常会问："这对你们有什么好处？你们会不会是人口贩子？"对此，他知道简单的话语无法消除乡亲们的顾虑，于是他和团队成员们就经常和老乡们聊天，以真心换真心，用真诚的行动赢得了他们的信任。截至目前，乡村笔记已通过公益捐助成功帮助三百余位乡村孩子前往城市，改变人生的轨迹。

走过创业初期最困难的阶段后，乡村笔记逐渐发展壮大。

我们的项目需要很高的信任成本，我要带你去深山老林里待 8 天，或者我把你从香港带出来待 8 天，这本身就是一件需要时间去积淀的事情。我现在回过头看觉得我们能够熬过第一个冬天，其实已经很幸运了。

——汪星宇

（三）发展

目前，乡村笔记的商业模式已经初见雏形。

"乡土研学"项目主要面向 12～18 岁的初高中生开展，主要内容是前往各地的乡村开展研学活动。一条研学路线的开发一般需要 2～3 个月的时间，乡村笔记团队会先前往目的地调研，并结合当地资源和特色 IP 开发系列课程，经历两到三遍试运行后，正式投入使用。

"城市职旅"项目是纯公益性质的项目，面向农村孩子开展，带领他们前往城市进行职业发展与生涯规划的相关学习。资金来源主要分为基金会、政府的教育扶贫项目、公众募资三大块。

在团队成员招募方面，由于工作的特殊性，乡村笔记团队成员的招募方式与市场上普遍采用的招募方式不同，他们更多地选择参加论坛、展会或者比赛，让别人看到乡村笔记、了解乡村笔记。因为深入乡村，工作艰辛，所以招募的标准也有所不同。乡村笔记团队需要的是能想清楚人生规划并且能熬得住的人，只有这样的人才能与企业共同成长、扎根乡村。清晰的招募标准也为企业进一步的发展打下了良好的人力基础。此前有不少人在休闲农业或农业文旅方面有过尝试，但几乎没有人成功，汪星宇认为原因在于此前的创业者本身不是城乡的连接者。而乡村笔记团队的优势在于成员们大多出生于乡村、毕业于名校，有共同的理想和情怀，对乡村和城市都有同理心，并且有实际的操作与执行经验支撑自己的所思所想。

创业不是看谁聪明，而是看谁熬得住，信任会随着时间有一个指数级的增长。

——汪星宇

同时，汪星宇十分看重团队的成长性，坚持通过不断学习、积累知识来推动企业进步。为此，乡村笔记团队建立了不同的学习小组，每天举行日会，每周进行考核，以此推动个人与团队发展，让每个人都拥有独当一面的能力，让整个团队的实力越来越强。

同时，成员理念的高度一致使得乡村笔记团队基本上不会遇到存在意见分歧的情况。此外，项目经理制也使得团队成员都拥有自己发挥的空间，能够在细节上贯彻自己的价值观。

在创新方面，乡村笔记团队也从未停下探索的脚步。随着对项目的深入挖掘，乡村咨询逐渐成为团队工作的第三大板块，通过打造乡土研学基地、提供乡间策展支持和田野传播等方式，为乡村振兴注入当代青年的关注与支持。

(四) 未来

在未来规划方面，乡村笔记会在做好目前已有产品的基础上，想办法解决更多乡建文旅方面的社会痛点问题，同时积极寻找方法，对已有产品进行改进。

> 我们的核心还是做人群交流的工作，除此之外，我们也会回应市场的需求，去测试别的模式是否合适。
>
> ——汪星宇

除此之外，汪星宇心中还有许多顾虑。一方面，新冠肺炎疫情几乎给各行各业带来了冲击；另一方面，团队中的多位成员都到了结婚生子进入人生下一篇章的年纪，经济和生活的压力随之增大，从创业者的角度出发，他希望团队成员在为公益做贡献的同时，也能够因为这份工作获得良好的物质保障。这种人与人感情上的连接，让他有压力，也有动力。

> 这条路没有人验证过，你不知道到底能不能走下去。我们现在就处于"先锋"和"先烈"之间。但没事，我们心态很好。
>
> ——汪星宇

连接城乡是时代的命题，汪星宇用行动给了我们答案。人人都希望被平等对待，我们要做的不仅是关心乡村的人均收入、产业发展，更要关心他们的生活冷暖、瓜果蔬菜。城乡之间没有孰优孰劣，平等心应该被重新拾起，放入所有在城乡之间的商业模式和公益项目之中。

> 中国很大，灯火璀璨、高楼大厦的繁华是中国，空谷幽兰、田园牧歌的宁静是中国，山遥路远、竹篱茅舍的艰苦也是中国。就像乡村笔记的英文翻译选择的是"beyond the city"一样，我们希望让这一代青年看到城市之外的风景，

拥有超越城市的视野。

——汪星宇

采访：

李鑫磊　统计学院 2019 级本科一班

撰写：

李鑫磊

许静婷　2019 级公共管理本科 5 班

李诗雨　经济学院 2019 级本科经济学 2 班

修订：

李鑫磊

第四章　大学生创业支持政策

一、引言

　　随着大学生创业实践的不断推进与深化，我国各级政府也在坚持完善和落实大学生创业相关支持政策，主要表现为政策力度持续加大、覆盖范围更为广泛、扶持方式更加丰富、政策细节更受重视。在国家总体层面，大学生创业政策从早期采取资金支持、减免税收、提供空间等直接支持方式逐渐转变为强调发展创业金融、优化创业环境、完善创业服务、引进海外人才等内容。在各省、自治区和直辖市层面，地方政府也持续发力，围绕各自辖区的经济发展重点和独特资源优势，逐渐形成了清晰的政策着力点，各具特色，也各有侧重。此外，不少高校也通过充分调动和利用自身资源，制定并贯彻执行多样的大学生创业支持政策，着力开展创业教育与培训，培养大学生的创业创新能力，为大学生群体提供更多的创业实践机会。特别是 2020 年年初新冠肺炎疫情暴发后，各部委和各级政府陆续出台了一系列创业相关政策，及时做出了相关的重要决策部署，不断加大创业支持力度，持续优化大学生创业环境，为经济下行形势下的大学生创业实践提供了有力的政策保障。但不可否认的是，我国现行的大学生创业支持政策仍存在落实不到位、细节未覆盖、步调不一致等痛点，各级政府仍需共同发力，通过资源共享、经验借鉴、积极改革等方式，进一步完善大学生创业政策制度，构建有实效的大学生创业政策体系，为大学生创业营造良好的发展环境，也为经济社会的高质量发展提供坚实的支撑。

二、国务院及各部委政策沿革及最新变迁

（一）国务院

2019 年 12 月，国务院印发了《关于进一步做好稳就业工作的意见》（以下简称《意见》）①。《意见》明确指出："当前我国就业形式保持总体平稳，但国内外风险挑战增多，稳就业压力加大。"要"健全有利于更充分更高质量就业的促进机制，坚持创造更多就业岗位和稳定现有就业岗位并重"，"全力防范化解规模性失业风险，全力确保就业形势总体稳定"。《意见》明确指出要促进劳动者多渠道就业创业，扶持创业带动就业，并提出了以下措施建议：

（1）持续推进简政放权、放管结合、优化服务改革，进一步优化营商环境，鼓励和支持更多劳动者创业创新。

（2）加大创业担保贷款政策实施力度，建立信用乡村、信用园区、创业孵化示范载体推荐免担保机制。

（3）实施"双创"支撑平台项目，引导"双创"示范基地、专业化众创空间等优质孵化载体承担相关公共服务事务。

（4）鼓励支持返乡创业，年度新增建设用地计划指标优先保障县以下返乡创业用地，支持建设一批农民工返乡创业园、农村创新创业和返乡创业孵化实训基地，建设一批县级农村电商服务中心、物流配送中心和乡镇运输服务站。

（5）实施返乡创业能力提升行动，加强返乡创业重点人群、贫困村创业致富带头人、农村电商人才等培训培育。对返乡农民工首次创业且正常经营 1 年以上的，有条件的地区可给予一次性创业补贴。

2020 年 3 月，为统筹推进新冠肺炎疫情防控和经济社会发展工作，加快恢复并稳定国内就业形势，国务院办公厅印发了《关于应对新冠肺炎疫情影响强化稳就业举措的实施意见》②，明确提出要优化自主创业环境，具体包括：（1）深化"证照分离"改革，推进"照后减证"和简化审批，简化住所（经营场所）登记手续，申请人提交场所合法使用证明即可登记。（2）充分发挥创业投资促进"双创"和增加就业的独特作用，对带动就业能力强的创业投资企业予以引导基金扶持、政府项目对

---

① 国务院关于进一步做好稳就业工作的意见（国办发〔2019〕28 号）[EB/OL].（2019-12-24）[2019-12-27]. http://www.gov.cn/zhengce/content/2019-12/24/content_5463595.htm.

② 国务院办公厅关于应对新冠肺炎疫情影响强化稳就业举措的实施意见（国办发〔2020〕6 号）[EB/OL].（2020-03-20）[2020-04-05]. http://www.gov.cn/zhengce/content/2020-03/20/content_5493574.htm.

接等政策支持。（3）加大创业担保贷款支持力度，扩大政策覆盖范围，优先支持受疫情影响的重点群体，对优质创业项目免除反担保要求。（4）政府投资开发的孵化基地等创业载体应安排一定比例场地，免费向高校毕业生、农民工等重点群体提供。（5）各类城市创优评先项目应将带动就业能力强的"小店经济"、步行街发展状况作为重要条件。

同年 7 月 30 日，国务院办公厅印发了《关于提升大众创业万众创新示范基地带动作用进一步促改革稳就业强动能的实施意见》（以下简称《实施意见》）①。《实施意见》肯定了大众创业万众创新示范基地自启动以来取得的成绩，并为了进一步提升"双创"示范基地对促改革、稳就业、强动能的带动作用，促进"双创"更加蓬勃发展，更大程度地激发市场活力和社会创造力，提出了以下意见：

在总体要求上，《实施意见》指出要以习近平新时代中国特色社会主义思想为指导，全面贯彻党的十九大和十九届二中、三中、四中全会精神，认真落实党中央、国务院关于统筹推进新冠肺炎疫情防控和经济社会发展工作的决策部署，深入实施创新驱动发展战略，聚焦系统集成协同高效的改革创新，聚焦更充分更高质量就业，聚焦持续增强经济发展新动能，强化政策协同，增强发展后劲。还要以新动能支撑保就业、保市场主体，尤其是支持高校毕业生、返乡农民工等重点群体创业就业，努力把"双创"示范基地打造成为创业就业的重要载体、融通创新的引领标杆、精益创业的集聚平台、全球化创业的重要节点、全面创新改革的示范样本，推动我国创新创业高质量发展。

具体来说，各有关部门要积极应对疫情影响，巩固壮大创新创业内生活力；要发挥多元主体带动作用，打造创业就业重要载体；要提升协同联动发展水平，树立融通创新引领标杆；要加强创新创业金融支持，着力破解融资难题；要深化对外开放合作，构筑全球化创业重要节点；要推进全面创新改革试点，激发创新创业创造动力。

最后，《实施意见》再次强调各地区、各部门要认真贯彻落实党中央、国务院决策部署，抓好以上意见的贯彻落实。其中，特别强调国家发展和改革委员会要会同有关部门加强协调指导，完善"双创"示范基地运行监测和第三方评估，健全长效管理运行机制，遴选一批体制改革有突破、持续创业氛围浓、融通创新带动强的区域、企业、高校和科研院所，新建一批示范基地。对示范成效明显、带动能力强的"双创"示范基地要给予适当表彰激励，对示范成效差的要及时调整退出。

---

① 国务院办公厅关于提升大众创业万众创新示范基地带动作用进一步促改革稳就业强动能的实施意见（国办发〔2020〕26 号）[EB/OL].（2020-07-30）[2020-08-13]. http://www.gov.cn/zhengce/content/2020-07/30/content_5531274.htm.

翌日，国务院办公厅印发了《关于支持多渠道灵活就业的意见》①，强调"优化自主创业环境"是实现多渠道灵活就业的重要方面，具体如下：

（1）由国家市场监管总局和地方各级人民政府按职责分工负责加强审批管理服务。开通行业准入办理绿色通道，对需要办理相关行业准入许可的，实行多部门联合办公、一站式审批。在政府指定的场所和时间内销售农副产品、日常生活用品，或者个人利用自己的技能从事依法无须取得许可的便民劳务活动，无须办理营业执照。加大"放管服"改革力度，引导劳动者规范有序经营。

（2）由财政部、住房和城乡建设部、国家市场监管总局、地方各级人民政府按职责分工负责取消部分收费。取消涉及灵活就业的行政事业性收费，对经批准占道经营的免征城市道路占用费。建立公开投诉举报渠道，依法查处违规收费行为。

（3）由国家发展和改革委员会、民政部、住房和城乡建设部、地方各级人民政府按职责分工负责提供低成本场地支持。落实阶段性减免国有房产租金政策，鼓励各类业主减免或缓收房租，帮助个体经营者等灵活就业人员减轻房租负担。有条件的地方可将社区综合服务设施闲置空间、非必要办公空间改造为免费经营场地，优先向下岗失业人员、高校毕业生、农民工、就业困难人员提供。

表 4-1 为对 2011 年以来国务院及国务院办公厅发布的文件中大学生创业支持政策的相关要点的总结。

表 4-1 国务院关于大学生创业相关政策

年份	政策	要点
2011 年	国发〔2011〕16号《国务院关于进一步做好普通高等学校毕业生就业工作的通知》	落实和完善创业扶持政策。持《就业失业登记证》（注明"自主创业税收政策"或附着《高校毕业生自主创业证》）的高校毕业生在毕业年度内（指毕业所在自然年，即 1 月 1 日至 12 月 31 日）从事个体经营的，3 年内按每户每年 8 000 元为限额依次扣减其当年实际应缴纳的营业税、城市维护建设税、教育费附加和个人所得税。2011 年 1 月 1 日至 2011 年 12 月 31 日，对高校毕业生创办的年应纳税所得额低于 3 万元（含 3 万元）的小型微利企业，其所得减按 50% 计入应纳税所得额，按 20% 的税率缴纳企业所得税。对符合条件的高校毕业生自主创业的，可在创业地按规定申请小额担保贷款；从事微利项目的，可享受不超过 10 万元贷款额度的财政贴息扶持。进一步改进和完善"小额担保贷款＋信用社区建设＋创业培训"联动工作机制。有条件的地区要加大财政投入，并积极引入风险投资资金，探索财政资金、风险投资等与大学生创业赛事的对接模式，规范发展民间融资，多渠道加大创业资金投入。要进一步完

---

① 国务院办公厅关于支持多渠道灵活就业的意见（国办发〔2020〕27 号）［EB/OL］.（2020-07-31）［2020-08-05］. http://www.gov.cn/zhengce/content/2020-07/31/content_5531613.htm.

续表

年份	政策	要点
2011 年	国发〔2011〕16号《国务院关于进一步做好普通高等学校毕业生就业工作的通知》	善和落实行政事业性收费减免等优惠政策，按照法律法规的规定，适当放宽市场准入条件，鼓励高校毕业生创业。 加强创业教育、创业培训和创业服务。各高校要广泛开展创业教育，积极开发创新创业类课程，完善创业教育课程体系，将创业教育课程纳入学分管理。积极推广成熟的创业培训模式，鼓励高校毕业生参加创业培训和实训，提高创业能力。对高校毕业生在毕业年度内参加创业培训的，根据其获得创业培训合格证书或就业、创业情况，按规定给予培训补贴。要根据高校毕业生特点和需求，组织开展政策咨询、信息服务、项目开发、风险评估、开业指导、融资服务、跟踪扶持等"一条龙"创业服务。在充分发挥各类创业孵化基地作用的基础上，因地制宜建设一批大学生创业孵化基地，并给予相关政策扶持。对基地内大学生创业企业要提供培训和指导服务，落实扶持政策，努力提高创业成功率，延长企业存活期。
2012 年	国发〔2012〕6号《国务院关于批转促进就业规划（2011—2015年）的通知》	促进以创业带动就业。完善并落实鼓励劳动者创业的税收优惠、小额担保贷款、财政贴息、资金补贴、场地安排等扶持政策，简化审批手续，严格规范收费行为，改善创业环境。健全创业培训体系，鼓励高等学校和中等职业学校开设创业培训课程。健全创业服务体系，为创业者提供项目信息、政策咨询、开业指导、融资服务、人力资源服务、跟踪扶持，鼓励有条件的地方建设一批示范性的创业孵化基地。推进创业型城市建设。加强宣传和舆论引导，弘扬创业精神，树立一批创业典型，营造崇尚创业、褒奖成功、宽容失败的良好创业氛围。 创业引领计划。加强对高校毕业生的创业教育和培训，强化创业服务，完善创业扶持政策，促进帮扶高校毕业生自主创业。
2014 年	国办发〔2014〕22号《国务院办公厅关于做好2014年全国普通高等学校毕业生就业创业工作的通知》	2014 年至 2017 年，在全国范围内实施大学生创业引领计划。通过提供创业服务，落实创业扶持政策，提升创业能力，帮助和扶持更多高校毕业生自主创业，逐步提高高校毕业生创业比例。各地要采取措施，确保符合条件的高校毕业生都能得到创业指导、创业培训、工商登记、融资服务、税收优惠、场地扶持等各项服务和政策优惠。各高校要广泛开展创新创业教育，将创业教育课程纳入学分管理，有关部门要研发适合高校毕业生特点的创业培训课程，根据需求开展创业培训，提升高校毕业生创业意识和创业能力。各地公共就业人才服务机构要为自主创业的高校毕业生做好人事代理、档案保管、社会保险办理和接续、职称评定、权益保障等服务。 各地区、各有关部门要进一步落实和完善工商登记、场地支持、税费减免等各项创业扶持政策。拓宽高校毕业生创办企业出资方式，简化工商注册登记手续。鼓励各地充分利用现有资源建设大学生创业园、创业孵化基地和小企业创业基地，为高校毕业生提供创业经营场所支持。对高校毕业生创办的小型微型企业，按规定落实好减半征收企业所得税、月销售额不超过 2 万元的暂免征收增值税和营业税等税收优惠政策。对从事个体经营的高校毕业生和毕业年度内的高校毕业生，按规定享受相关税收优惠政策。留学回国的高校毕业生自主创业，符合条件的，可享受现行高校毕业生创业扶持政策。 各银行业金融机构要积极探索和创新符合高校毕业生创业实际需求特点的金融产品和服务方式，本着风险可控和方便高校毕业生享受政策的原则，降低贷款门槛，优化贷款审批流程，提升贷款审批效

续表

年份	政策	要点
2014 年	国办发〔2014〕22 号《国务院办公厅关于做好 2014 年全国普通高等学校毕业生就业创业工作的通知》	率。要通过进一步完善抵押、质押、联保、保证和信用贷款等多种方式，多途径为高校毕业生解决反担保难问题，切实落实银行贷款和财政贴息。在电子商务网络平台开办"网店"的高校毕业生，可享受小额担保贷款和贴息政策。充分发挥中小企业发展专项资金的积极作用，推动改善创业环境。鼓励企业、行业协会、群团组织、天使投资人等以多种方式向自主创业大学生提供资金支持，设立重点面向扶持高校毕业生创业的天使投资和创业投资基金。对支持创业早期企业的投资，符合条件的，可享受创业投资企业相关企业所得税优惠政策。 加大高校毕业生创业政策措施、先进事迹和经验的宣传力度。加强对高校毕业生创业工作的组织领导，确保各项促进高校毕业生就业创业政策落到实处。
2015 年	国办发〔2015〕9 号《国务院办公厅关于发展众创空间推进大众创新创业的指导意见》	推进实施大学生创业引领计划，鼓励高校开发开设创新创业教育课程，建立健全大学生创业指导服务专门机构，加强大学生创业培训，整合发展国家和省级高校毕业生就业创业基金，为大学生创业提供场所、公共服务和资金支持，以创业带动就业。
	国发〔2015〕23 号《国务院关于进一步做好新形势下就业创业工作的意见》	高校毕业生创办个体工商户、个人独资企业的，可依法享受税收减免政策。 将求职补贴调整为求职创业补贴，对象范围扩展到已获得国家助学贷款的毕业年度高校毕业生。深入实施大学生创业引领计划、离校未就业高校毕业生就业促进计划，整合发展高校毕业生就业创业基金，完善管理体制和市场化运行机制，实现基金滚动使用，为高校毕业生就业创业提供支持。
	国办发〔2015〕36 号《国务院办公厅关于深化高等学校创新创业教育改革的实施意见》	制定深化高等学校创新创业教育改革总体目标，到 2020 年建立健全课堂教学、自主学习、结合实践、指导帮扶、文化引领融为一体的高校创新创业教育体系，人才培养质量显著提升，学生的创新精神、创业意识和创新创业能力明显增强，投身创业实践的学生显著增加。 主要任务和措施：完善人才培养措施质量标准；创新人才培养机制；健全创新创业教育课程体系；改革教学方法和考核方式；强化创新创业实践；改革教学和学籍管理制度；加强教师创新创业教育教学能力建设；改进学生创业指导服务；完善创新创业资金支持和政策保障体系。
	国发〔2015〕32 号《国务院关于大力推进大众创业万众创新若干政策措施的意见》	深入实施大学生创业引领计划，整合发展高校毕业生就业创业基金。引导和鼓励高校统筹资源，抓紧落实大学生创业指导服务机构、人员、场地、经费等。引导和鼓励成功创业者、知名企业家、天使和创业投资人、专家学者等担任兼职创业导师，提供包括创业方案、创业渠道等在内的创业辅导。建立健全弹性学制管理办法，支持大学生保留学籍休学创业。

续表

年份	政策	要点
2016 年	国办发〔2016〕35 号《国务院办公厅关于建设大众创业万众创新示范基地的实施意见》	高校和科研院所"双创"示范基地的建设重点之一是构建大学生创业支持体系。实施大学生创业引领计划，落实大学生创业指导服务机构、人员、场地、经费等。建立健全弹性学制管理办法，允许学生保留学籍休学创业。构建创业创新教育和实训体系。加强创业导师队伍建设，完善兼职创业导师制度。 选定清华大学、上海交通大学、南京大学和四川大学四所高校为高校和科研院所首批"双创"示范基地。
2017 年	国发〔2017〕37 号《国务院关于强化实施创新驱动发展战略进一步推进大众创业万众创新深入发展的意见》	深入实施"互联网＋"、"中国制造 2025"、军民融合发展、新一代人工智能等重大举措，着力加强创新创业平台建设，培育新兴业态，发展分享经济，以新技术、新业态、新模式改造传统产业，增强核心竞争力，实现新兴产业与传统产业协同发展。 允许外国留学生凭高校毕业证书、创业计划申请加注"创业"的私人事务类居留许可。实施留学人员回国创新创业启动支持计划，吸引更多高素质留学人才回国创新创业。继续推进两岸青年创新创业基地建设，推动内地与港澳地区开展创新创业交流合作。 实施社团创新创业融合行动，搭建创新创业资源对接平台，推介一批创新创业典型人物和案例，推动创新精神、企业家精神和工匠精神融合，进一步引导和推动各类科技人员投身创新创业大潮。 适时适当放宽教育等行业互联网准入条件，降低创新创业门槛，加强新兴业态领域事中事后监管。 积极有序推进试点示范，加快建设全国"双创"示范基地，推进小微企业创业创新基地城市示范，整合创建一批农村创新创业示范基地。推广全面创新改革试验经验。研究新设一批国家自主创新示范区、高新区，深化国家自主创新示范区政策试点。
	国办发〔2017〕54 号《国务院办公厅关于建设第二批大众创业万众创新示范基地的实施意见》	对首次创办小微企业或从事个体经营并正常经营 1 年以上的高校毕业生、就业困难人员，鼓励"双创"示范基地开展一次性创业补贴试点工作。 支持建设"双创"支撑平台。采取政府资金与社会资本相结合的方式支持"双创"示范基地建设，引导各类社会资源向创新创业支撑平台集聚，加快建设进度，提高服务水平。支持示范区域内的龙头骨干企业、高校和科研院所建设专业化、平台型众创空间。对条件成熟的专业化众创空间进行备案，给予精准扶持。 依托科技园区、高等学校、科研院所等，加快发展"互联网＋"创业网络体系，建设一批低成本、便利化、全要素、开放式的众创空间，降低创业门槛。试点推动老旧商业设施、仓储设施、闲置楼宇、过剩商业地产转为创业孵化基地。"双创"示范基地可根据创业孵化基地入驻实体数量和孵化效果，给予一定奖补。 支持海外人才回国（来华）创业。探索建立华侨华人回国（来华）创业综合服务体系，逐步推广已在部分地区试行的海外人才优惠便利政策。促进留学回国人员就业创业，鼓励留学人员以知识产权等无形资产入股方式创办企业。简化留学人员学历认证等手续，降低服务门槛，依法为全国重点引才计划引进人才及由政府主管部门认定的海外高层次留学人才申请永久居留提供便利。实施有效的人才引进和扶持政策，吸引更多人才回流，投身创新创业。

续表

年份	政策	要点
2017 年	国办发〔2017〕54 号《国务院办公厅关于建设第二批大众创业万众创新示范基地的实施意见》	支持"双创"示范基地之间建立协同机制，开展合作交流，共同完善政策环境，共享创新创业资源，共建创新创业支撑平台。支持"双创"示范基地"走出去"，与相关国家、地区开展合作交流。 营造创新创业浓厚氛围。办好全国"双创"活动周，展现各行业、各区域开展创新创业活动的丰硕成果。办好"创响中国"系列活动，开展"双创"示范基地政策行、导师行、科技行、投资行、宣传行等活动。实施社团创新创业融合行动，推介一批创新创业典型人物和案例，进一步引导和推动各类科技人员投身创新创业大潮。继续举办各类创新创业大赛，推动创新创业理念更加深入人心。 第二批"双创"示范基地增补北京大学、浙江大学、复旦大学等26个高校和科研院所示范基地。
	国办发〔2017〕80 号《国务院办公厅关于推广支持创新相关改革举措的通知》	鼓励引导优秀外国留学生在华就业创业，符合条件的外国留学生可直接申请工作许可和居留许可。 外国留学生凭国内高校毕业证书、创业计划书，可申请加注"创业"的私人事务类居留许可；注册企业的，凭国内高校毕业证书和企业注册证明等材料，可申请工作许可和工作类居留许可。 获得硕士及以上学位的外国留学生，符合一定条件的，可直接申请外国人来华工作许可和工作类居留许可。 构建物理载体和信息载体，通过政府引导、民间参与、市场化运作，搭建债权融资服务、股权融资服务、增值服务三大信息服务体系，加强科技与金融融合，为中小企业提供全方位、一站式投融资信息服务。 金融机构、地方政府等依法按市场化方式自主选择建立"贷款＋保险保障＋财政风险补偿"的专利权质押融资新模式，为中小企业专利贷款提供保证保险服务。 国税、地税合作共建办税服务厅，统筹整合双方办税资源，实现"进一家门、办两家事"的目标。
2018 年	国发〔2018〕32 号《国务院关于推动创新创业高质量发展打造"双创"升级版的意见》	强化大学生创新创业教育培训。在全国高校推广创业导师制，把创新创业教育和实践课程纳入高校必修课体系，允许大学生用创业成果申请学位论文答辩。支持高校、职业院校（含技工院校）深化产教融合，引入企业开展生产性实习实训。 深入实施留学人员回国创新创业启动支持计划，遴选资助一批高层次人才回国创新创业项目。健全留学回国人才和外籍高层次人才服务机制，在签证、出入境、社会保险、知识产权保护、落户、永久居留、子女入学等方面进一步加大支持力度。 推动高校、科研院所与企业共同建立概念验证、孵化育成等面向基础研究成果转化的服务平台。 继续扎实开展各类创新创业赛事活动，办好全国大众创业万众创新活动周，拓展"创响中国"系列活动范围，充分发挥"互联网＋"大学生创新创业大赛、中国创新创业大赛、"创客中国"创新创业大赛、"中国创翼"创业创新大赛、全国农村创业创新项目创意大赛、中央企业熠星创新创意大赛、"创青春"中国青年创新创业大赛、中国妇女创新创业大赛等品牌赛事活动作用。对各类赛事活动中涌现的优秀创新创业项目加强后续跟踪支持。 建立定期发布创新创业政策信息的制度，做好政策宣讲和落实工作。支持各地积极举办经验交流会和现场观摩会等，加强先进经验和典型做法的推广应用。加强创新创业政策和经验宣传，营造良好舆论氛围。

续表

年份	政策	要点
2020 年	国办发〔2020〕26 号《国务院办公厅关于提升大众创业万众创新示范基地带动作用进一步促改革稳就业强动能的实施意见》	加大对创业创新主体的支持力度。中央预算内投资安排专项资金支持"双创"示范基地建设。盘活闲置厂房、低效利用土地等，加强对"双创"重点项目的支持。政府投资的孵化基地等要将一定比例场地，免费向高校毕业生、农民工等提供。 支持有条件的区域示范基地建设产教融合实训基地、人力资源服务产业园，加快发展面向重点群体的专业化创业服务载体。 发挥互联网平台企业的带动作用，引导社会资本和大学生创客、返乡能人等入乡开展"互联网＋乡村旅游"、农村电商等创业项目。对首次创业并正常经营 1 年以上的返乡入乡创业人员，可给予一次性创业补贴。对符合条件的返乡入乡创业人员按规定给予创业担保贷款贴息和培训补贴。对返乡创业失败后就业和生活遇到困难的人员，及时提供就业服务、就业援助和社会救助。 提升高校学生创新创业能力。支持高校示范基地打造并在线开放一批创新创业教育优质课程，加强创业实践和动手能力培养，依托高校示范基地开展"双创"园建设，促进科技成果转化与创新创业实践紧密结合。推动高校示范基地和企业示范基地深度合作，建立创业导师共享机制。支持区域示范基地与高校、企业共建面向特色产业的实训场景，加快培养满足社会需求的实用型技能人才。促进大学生加强数理化和生物等基础理论研究，夯实国家创新能力基础。实施"双创"示范基地"校企行"专项行动，充分释放岗位需求，支持将具备持续创新能力和发展潜力的高校毕业生创业团队纳入企业示范基地人才储备和合作计划，通过职业微展示、创业合伙人招募等新方式，拓宽创业带动就业的渠道。 加强"双创"示范基地"校＋园＋企"创新创业合作，建设专业化的科技成果转化服务平台，增强中试服务和产业孵化能力。鼓励企业示范基地牵头构建以市场为导向、产学研深度融合的创新联合体。不断优化科技企业孵化器、大学科技园和众创空间及其在孵企业的认定或备案条件，加大对具备条件的创业服务机构的支持力度。支持有条件的"双创"示范基地建设学科交叉和协同创新科研基地。优先在"双创"示范基地建设企业技术中心等创新平台。 支持金融机构在依法合规、风险可控的前提下，与科研院所示范基地和区域示范基地按照市场化原则合作建立创业投资基金、产业投资基金，支持成立公益性天使投资人联盟等平台组织，加大对细分领域初创期、种子期项目的投入。 鼓励有条件的"双创"示范基地建设国际创业孵化器，与知名高校、跨国公司、中介机构等联合打造离岸创新创业基地，提升海外创业项目的转化效率。支持设立海外创业投资基金，为优质创新创业项目提供资金支持。 优先将"双创"示范基地纳入多双边创新创业合作机制，支持承办大型国际创新创业大赛和论坛活动。 创新促进科技成果转化机制。支持高校和科研院所示范基地在建设现代科研院所、推动高校创新创业与科技成果转化相结合、优化科技成果转化决策流程、完善产学研深度融合的新机制、建立专业化技术转移机构等方面开展试点，为加快科技成果转移转化提供制度保障。

（二）教育部

教育部作为与大学生的成长与发展密切相关的部门，在政策上给予了大学生创业强有力的鼓励与支持。在每年的毕业生就业季来临之前，教育部都会发布"关于做好全国普通高等学校毕业生就业创业工作的通知"，对高校创业政策提供总括性的指导意见。2020年教育部针对新冠肺炎疫情在全球范围内暴发这一重大突发公共卫生事件更是发出了《关于应对新冠肺炎疫情做好2020届全国普通高等学校毕业生就业创业工作的通知》，强调要加强毕业生的思想教育和就业心理辅导，并强化湖北等重点地区和重点群体的就业创业帮扶，并给出了适当延长毕业生择业时间等意见以有效应对新冠疫情暴发对大学生就业创业的冲击。此外，教育部不断推进创业支持活动的常态化开展，包括积极面向大学生组织创新创业大赛、创新创业训练计划、创新创业年会等活动，继续落实创业补贴、创业培训等形式的创业支持措施，坚持开展深化创新创业教育改革示范高校阶段性总结工作。

特别地，教育部为了切实帮扶湖北高校毕业生顺利就业创业，于2020年4月8日印发通知，宣布启动实施全国高校与湖北高校毕业生就业创业工作"一帮一"行动[①]。"一帮一"行动充分考虑了学校办学类型、就业工作特点和受援高校需要。首批确定48对高校开展帮扶行动，活动对象覆盖了中央部委直属高校、省属普通高校、高职院校三种类型的高校。帮扶行动时间定为2020年4月至9月，并根据疫情防控安排适时调整。通过充分的协商，支援高校与受援高校明确了帮扶工作目标和具体措施，并建立起"六共"帮扶机制，即共享就业岗位信息、共同开拓就业渠道、共同加强就业指导、共用优质教学资源、共同开展创业实践活动、共同提高就业管理水平。通知一经发出，就迅速得到了全国各高校的响应，截至4月15日，48对高校已全部完成对接工作，并进入共商制订帮扶协议环节。随后，教育部也迅速启动了对湖北省其他高校的对口帮扶工作，并定期对帮扶行动实施效果进行有效的督导检查，及时总结帮扶行动的好做法好经验，积极推广富有成效的对口帮扶模式和做法。

表4-2为对2010年以来教育部发布的文件中大学生创业支持政策的相关要点的总结。

---

① 教育部启动实施全国高校与湖北高校毕业生就业创业工作"一帮一"行动［EB/OL］．（2020-04-15）［2020-05-07］．http://www.moe.gov.cn/jyb_xwfb/gzdt_gzdt/s5987/202004/t20200415_443553.html.

表4-2　教育部关于大学生创业相关政策

年份	要点
2010 年	加大创业政策扶持力度。各省级教育行政部门要与有关部门共同贯彻落实好财政部、国家税务总局《关于支持和促进就业有关税收政策的通知》（财税〔2010〕84 号），认真做好《高校毕业生自主创业证》的审核、发放工作，把好事办好，让毕业生切实享受到自主创业税收减免政策。要积极协调并配合有关部门出台支持政策，通过政府投入和民间募集等方式，设立大学生创业资金，加大资金投入；落实毕业生自主创业在工商注册、行政审批、小额担保贷款等方面的政策。各高校要深入挖潜，积极出台本校促进学生自主创业的措施办法。 全面开展创新创业教育和创业实践活动。教育部将积极推进创新创业教育教学改革项目；各地要积极推动高校建设创业教育基地，设立创业教育资金，开展示范校评选，编写教学基本要求和教材，推广创业教育优秀成果。高校创新创业教育要面向全体学生，结合专业教学，融入人才培养全过程；广泛开展创业讲座、创业大赛等实践活动，提高学生的创业素质和创业能力。 加快建成一大批高校学生创业实践和孵化基地。教育部将推动建设一批高校学生科技创业实习基地，继续开展"国家大学生创业示范基地"评选活动；各地要充分利用大学科技园、经济技术开发区、高新技术开发区、工业园区等资源，创建一批省级和地市级大学生创业实践和孵化基地，制定配套优惠措施；各高校也要积极整合资源，通过企业参与等方式建立创业基地，并进一步加快高校科技成果产业化进程，提升高校服务社会的能力。 加强对毕业生自主创业的指导服务。教育部开通"大学生创业服务网"；各地和高校要依托创业网，广泛挖掘创业项目和创业信息，开展创业培训、政策咨询、创业实训，提供项目开发、开业指导等服务，鼓励和帮助创业的学生带动更多学生实现创业、就业。有条件的高校要成立就业创业指导教研室，鼓励专职教师到用人单位挂职，加强对校级领导、专职教师、院系辅导员的培训。 对高校毕业生就业困难群体实施积极有效的帮扶，加强就业创业指导。 进一步加强就业教育和思想政治教育，举办"自主创业先进事迹报告团"等活动，引导毕业生转变观念，走自主创业的成才之路。进一步加强与媒体的沟通协作，全面、准确地宣传国家和地方促进毕业生就业创业的方针、政策、工作成效以及先进典型，努力营造有利于促进毕业生就业工作的良好舆论氛围。
2011 年	全面加强创新创业教育和创业基地建设。各省级教育行政部门、各高校要把创新创业教育作为培养创新型人才的重要途径，普遍建立地方和高校创新创业教育指导中心等机构，积极开发创新创业类课程，并纳入学分管理。要探索建立聘用企业家和创业成功人士担任创业导师、学校专职教师到用人单位挂职锻炼双向交流的有效机制。广泛开展创业大赛、创业模拟等实践活动，着力提升学生的创新精神、创业意识和创业能力。要大力建设创新创业教育实践、实习和项目孵化基地等创新创业平台，积极推进"大学生创业示范基地""大学生创业教育示范校"建设。 进一步加强创业政策扶持和创业服务。各省级主管部门、各高校要在资金、项目、技术、培训等方面对大学生创业给予更多扶持。要设立创新创业教育专项资金和扶持大学生创业的资金，继续做好《高校毕业生自主创业证》审核、发放工作，配合落实好减税、贴息贷款、培训补贴、落户等政策。要组织开展政策咨询、项目开发、风险评估、开业指导、融资服务、跟踪扶持等"一条龙"服务，完善教育部"全国大学生创业服务网"，鼓励更多高校毕业生自主创业。 有条件的高校要建立就业创业指导课程体系。 大力宣传毕业生就业创业的先进典型，努力营造良好舆论氛围。

续表

年份	要点
2012 年	普遍开展创新创业教育和实践活动。各地各高校要成立创新创业教育和自主创业工作领导协调机构，明确职责和任务，完善工作体制和运行机制，指导和推进创新创业工作。要把创新创业教育融入专业教学和人才培养的全过程，加快建立和完善创新创业教育课程体系；注重创新创业教育的实践性特点，认真实施"本科教学工程"国家级大学生创新创业训练计划，积极组织学生参加各类创新创业竞赛、模拟创业等实践活动，培养学生的创业意识、创新精神，提高创业能力。鼓励各地和高校开辟专门场地或依托大学科技园、高新技术产业开发区、工业园区等，开展大学生创新创业教育实践、实习和项目孵化，大力推动"大学生创业示范基地""大学生创业教育示范校"建设。 协调配合落实创业扶持政策和创业服务。各省级工作部门和高校要主动配合有关部门落实好《高校毕业生自主创业证》《就业失业登记证》发放以及自主创业税费减免、小额担保贷款、创业地落户等优惠政策。要充分整合政府、学校、社会等多方资源，在资金、场地、项目、技术、培训等方面加大扶持力度。鼓励高校设立校级大学生自主创业资金。鼓励有条件的地方设立高校毕业生自主创业"一站式"服务平台和"绿色通道"，进一步完善"全国大学生创业服务网"功能，为高校学生提供创业资讯、创业指导、项目展示、项目对接等服务。
2013 年	简化创业手续、降低创业门槛，加快构建"一站式"服务平台和"绿色通道"，使毕业生能够高效、便捷申领证照。 进一步落实好自主创业税费减免、小额担保贷款、创业地落户、毕业学年享受创业培训补贴等优惠政策。 积极推动设立国家和省级高校毕业生就业创业基金，进一步扩大资金规模，简化申领手续，扩展资金受益面。高校要设立校级大学生创业资金，开辟专门场地用于大学生创业实践和孵化。 邀请创业成功人士、企业家担任创业导师，提高创业指导的有效性和实用性。为创业学生提供政策咨询、项目开发、风险评估、开业指导、跟踪扶持等服务，提高创业成功率。
2014 年	将创新创业教育贯穿人才培养全过程，面向全体大学生开发开设创新创业教育专门课程，纳入学分管理，改进教学方法，增强实际效果。 组织学生参加各类创新创业竞赛、创业模拟等实践活动，着力培养学生创新精神、创业意识和创新创业能力。 高校要建立弹性学制，允许在校学生休学创业。 高校要聘请创业成功者、企业家、投资人、专家学者等担任兼职导师，对创新创业学生进行一对一指导。 要加大对大学生自主创业的资金支持力度，多渠道筹集资金，广泛吸引金融机构、社会组织、行业协会和企事业单位为大学生自主创业提供资金支持。 建设一批大学生创业示范基地，继续推动大学科技园、创业园、创业孵化基地和实习实践基地建设，高校应开辟专门场地用于学生创新创业实践活动，教育部工程研究中心、各类实验室、教学仪器设备等原则上都要向学生开放。 鼓励扶持开设网店等多种创业形态。

续表

年份	要点
2015 年	从 2016 年起所有高校都要设置创新创业教育课程，对全体学生开发开设创新创业教育必修课和选修课，纳入学分管理。对有创业意愿的学生，开设创业指导及实训类课程。对已经开展创业实践的学生，开展企业经营管理类培训。 要广泛举办各类创新创业大赛，支持高校学生成立创新创业协会、创业俱乐部等社团，举办创新创业讲座论坛。 高校要设立创新创业奖学金，并在现有相关评优评先项目中拿出一定比例用于表彰在创新创业方面表现突出的学生。 重点支持高校学生到新兴产业领域创业。推动相关部门加快制定有利于互联网创业的扶持政策。 要按照《普通高等学校学生管理规定》的要求，制定本地本校创新创业学分转换、实施弹性学制、保留学籍休学创新创业等具体措施，支持参与创业的学生转入相关专业学习，为创新创业学生清障搭台。 高校要通过合作、转让、许可等方式，向高校毕业生创设的小微企业优先转移科技成果。 各地各高校要配齐配强创新创业教育专职教师，聘请各行各业优秀人才担任兼职教师，建立全国万名优秀创新创业导师人才库。 要创新服务内容和方式，为准备创业的学生提供开业指导、创业培训等服务，为正在创业的学生提供孵化基地、资金支持等服务。高校要建立校园创新创业导师微信群、QQ 群等，发布创业项目指南，实现高校学生创业时时有指导、处处有服务。
2016 年	抓紧制定鼓励学生创新创业的学分转换、弹性学制、保留学籍休学创业等具体政策措施。 要在明晰科研成果产权的前提下，支持在校学生带着科研成果创业，并提供实验室、实验设备等各类资源。 要积极引导鼓励学生返乡创业，并积极协调有关部门为返乡创业的学生提供土地、资金、技术指导等方面的支持。 要组织举办好第二届中国"互联网＋"大学生创新创业大赛和 2016 年全国职业院校技能大赛，通过各类大赛激发学生创新创业的热情。 要做好全国高校创新创业总结宣传工作，提供各类学校可借鉴的典型经验。
2017 年	推进高校创新创业教育改革。着力强化创新创业实践，搭建实习实训平台，实施大学生创新创业训练计划，办好各级各类创新创业竞赛，不断增强学生的创新精神、创业意识和创新创业能力。 落实创新创业政策。各地教育部门要配合有关部门进一步完善落实工商登记、税费减免、创业贷款等优惠政策，为大学生创业开辟"绿色通道"。各高校要改革教学和学籍管理制度，完善细化创新创业学分积累与转换、弹性学制管理和保留学籍休学创业等政策，支持创业学生复学后转入相关专业学习。 加大创新创业场地建设和资金投入。各地各高校要充分利用大学科技园、大学生创业园、创业孵化基地等创新创业平台，为大学生创业提供场地支持，孵化一批创新创业项目。高校科研设施、仪器设备等资源原则上要面向全体学生开放，优先向大学生创办的小微企业转移高校的科技成果。通过政府支持、学校自设、校外合作、风险投资等多渠道筹措资金，扶持大学生自主创业。 提升创新创业服务水平。建立健全国家、省级、高校大学生创业服务网络平台，为大学生提供政策解读、项目对接和培训实训等指导服务。各地各高校要加强创新创业教师队伍建设，聘请行业专家、创业校友等担任创新创业导师。开展全国高校创新创业总结宣传工作，以点带面，引领和推动高校提升创新创业工作质量。

续表

年份	要点
2018 年	深化高校创新创业教育改革。各地各高校要把创新创业教育改革作为高等教育综合改革的重要突破口，在培养方案、课程体系、教学方法和管理制度等方面将改革持续向纵深推进，促进专业教育与创新创业教育有机融合，将创新创业教育贯穿人才培养全过程。强化创新创业实践，办好各级各类创新创业竞赛，着力培养学生的创新精神和创造能力。 落实创新创业优惠政策。省级教育部门要配合有关部门进一步完善落实工商登记、税费减免、创业贷款等优惠政策，为毕业生创新创业开辟"绿色通道"。高校要细化完善教学和学籍管理制度，进一步落实创新创业学分积累与转换、弹性学制管理、保留学籍休学创业、支持创新创业学生复学后转入相关专业学习等政策。 提升创新创业服务保障能力。各地各高校要加快发展众创空间，依托创业园、创业孵化基地等为毕业生创新创业提供场地支持。多渠道筹措资金，综合运用政府支持、学校自筹以及信贷、创投、社会公益、无偿许可专利等方式扶持大学生自主创业。建立健全国家、省级、高校大学生创业服务平台，聘请行业专家、创业校友等担任导师，通过举办讲座、论坛、沙龙等活动，为大学生创业提供信息咨询、管理运营、项目对接、知识产权保护等方面的指导服务。
2019 年	为贯彻落实全国教育大会和新时代全国高等学校本科教育工作会议精神，根据《国务院办公厅关于深化高等学校创新创业教育改革的实施意见》（国办发〔2015〕36 号）等有关文件精神，结合国家大学生创新创业训练计划实施情况，教育部制定了《国家级大学生创新创业训练计划管理办法》，指引各地各高校秉承"兴趣驱动、自主实践、重在过程"的原则，深化高校创新创业教育教学改革，加强大学生创新创业能力培养，全面提高人才培养质量。
2020 年	实施创业带动就业示范行动，推动企业、"双创"示范基地、互联网平台联合开展托育、养老、家政、旅游、电商等创业培训，引导择业观念，拓展就业空间。要促进和加强数理化和生物等基础理论研究，鼓励青少年学习和探索基础理论，为提升国家创新能力夯实基础。 强化线上就业创业指导。充分利用国家、省级和高校各类教育资源，开发、共享一批线上就业创业精品课程和就业创业讲座视频，方便毕业生点播观看。汇总发布各地各高校毕业生就业创业政策汇编及就业创业网站等信息，方便毕业生查阅使用。 会同有关部门落实大学生创业优惠政策，加强创业平台建设，举办中国"互联网＋"大学生创新创业大赛，鼓励和支持更多毕业生自主创业。 鼓励采用市场化社会化办法，给予更多政策支持，引导毕业生围绕城乡基层社区各类服务需求就业创业。

（三）人力资源和社会保障部

大学生创业问题与民生改善和高质量发展的状况密切相关，人力资源和社会保障部作为重点关注这一问题的部门，于 2010 年 5 月发布《关于实施大学生创业引领计划的通知》（人社部发〔2010〕31 号），制定了 2010—2012 年大学生创业引领计划要点。2014 年 5 月，人力资源和社会保障部、国家发展和改革委员会、教育部、科技部、工业和信息化部、财政部、中国人民银行、国家工商行政管理总局、共青团中央决定，于2014—2017年实施新一轮"大学生创业引领计划"，并发布了《人力资源社会保障部等九部门关于实施大学生创业引领计划的通知》（人社部发〔2014〕38号），目标是力争实现2014—2017年引领80万大学生创业。

在人力资源和社会保障部历年的"关于做好全国高校毕业生就业创业工作的通知"中，也对高校毕业生创业工作进行了全方位的部署与安排。表4-3为对2012年以来人力资源和社会保障部发布的文件中大学生创业支持政策的相关要点的总结。

表4-3　人力资源和社会保障部关于大学生创业相关政策

年份	政策要点
2012年	要积极支持和鼓励高校开展创新创业教育，根据高校的需求，组织创业政策制定专家、创业指导专家、成功创业人士，特别是大学生创业典型进校园，开展创业宣讲活动，广泛宣传国家和本地扶持高校毕业生创业的政策措施，帮助高校毕业生了解创业环境，掌握创业政策，点燃创业激情，坚定创业信心。要积极推荐适合高校毕业生创业的项目，组织开展创业大赛等活动，引导更多高校毕业生走上创业道路。 扎实推进创业服务。要深入推动实施"大学生创业引领计划"，为有创业意愿的高校毕业生提供创业培训和创业实训，会同有关部门进一步简化创业手续，落实好小额担保贷款、税费减免和落户等创业扶持政策。各地在推进创业孵化基地建设过程中，要将大学生作为重点群体给予支持，提供政策咨询、信息服务、项目开发、风险评估、开业指导、融资服务、跟踪扶持等"一条龙"创业服务。有条件的地方可设立高校毕业生创业资金，扶持高校毕业生创业。
2013年	对有创业意愿的高校毕业生，要组织其参加创业培训和创业实训，提高创业能力。会同有关部门切实落实好小额担保贷款及贴息、税费减免、落户等创业扶持政策。完善创业指导服务措施，为高校毕业生提供政策咨询、项目开发、创业培训、融资服务、开业指导、跟踪扶持等"一条龙"创业服务。推动大学生创业园建设，为高校毕业生提供创业孵化服务，提高创业成功率。结合各地实际，组织开展大学生创业竞赛、创业导师校园行、创业大学生校园宣讲等活动，营造鼓励创业的良好氛围。
2014年	启动实施新一轮大学生创业引领计划。各地要创新工作思路，完善政策措施，扶持更多高校毕业生自主创业，逐步提高大学生创业比例。对有创业意愿的大学生提供创业培训，按规定给予培训补贴，切实提升创业能力。进一步落实创业扶持政策，对符合条件的及时提供小额担保贷款及贴息、税收减免等政策扶持。加强创业指导和服务，为创业大学生提供政策咨询、信息服务、项目开发、风险评估、开业指导、融资服务、跟踪扶持等"一条龙"创业服务。积极推进创业孵化基地建设，为创业大学生提供场地支持和孵化服务。 宣传方面，重点宣传各地促进就业创业的政策措施，提高政策知晓度；重点宣传高校毕业生到基层、中小企业就业创业的先进典型，引导高校毕业生转变就业观念。

续表

年份	政策要点
2015 年	切实抓好高校毕业生就业创业政策落实。结合实际细化完善政策措施，加大督促检查力度，确保政策落实"最后一公里"畅通，让符合条件的高校毕业生和用人单位都能享受到政策扶持。会同有关部门全面落实和完善鼓励小微企业吸纳高校毕业生就业社保补贴、培训补贴等政策，落实好高校毕业生创业税收优惠、小额担保贷款、离校未就业高校毕业生灵活就业社保补贴等政策，促进毕业生多渠道就业和创业。 深入实施大学生创业引领计划。帮助扶持有志创业的高校毕业生成功创业，以创业兴业带动就业。切实加强创业培训工作，以有创业愿望的大学生为重点，编制专项培训计划，优先安排培训资源，使每一个有创业愿望和培训需求的大学生都有机会获得创业培训。积极协调有关部门落实鼓励大学生创业的各项政策和便利化措施，减轻创业大学生负担，为创业大学生提供多渠道资金支持，对在电子商务网络平台开办"网店"的高校毕业生，落实好小额担保贷款和贴息政策。进一步加强创业服务工作，加快建设青年创业导师团队，建立健全青年创业辅导制度，组织开展形式多样的创业交流活动，帮助创业大学生积累经验、获得支持。加强创业孵化基地功能建设和制度建设，积极探索建立公共服务机构与市场主体合作机制，用好用活市场资源，提高创业孵化成功率。 创新高校毕业生就业宣传工作。宣传各地促进毕业生就业创业的政策措施及其新进展新成效新经验，宣传毕业生自主创业的生动实践，宣传获取就业创业政策和岗位信息的各种渠道。
2016 年	调动各方力量，把大学生创业引领计划实施纳入本地区"双创"工作总体安排。贯彻落实深化高等学校创新创业教育改革措施，健全创新创业教育课程体系，强化创新创业实践，加快推进创新创业教育的普及。会同有关部门以有创业愿望的大学生为重点，编制实施专项培训计划，进一步丰富适合大学生的创业培训项目，充实创业培训师资，加强培训质量监督，提高培训针对性有效性。协调有关方面细化落实工商登记、税费减免、创业担保贷款及贴息、场地支持等创业扶持政策，并为创业大学生提供财政资金、金融资金、社会公益资金和市场创投资金等多渠道资金支持。进一步加强创业服务工作，运用政府购买服务机制，统筹发挥公共就业人才服务机构和创业服务市场主体作用，办好用好各类创业服务载体，对创业大学生实施精准帮扶。切实抓好创业大学生的统计、绩效评价和计划执行考核，确保完成年度计划目标任务。
2017 年	落实完善学费补偿、高定工资档次、税收优惠、社保补贴、创业担保贷款等政策，结合政府购买基层公共管理和社会服务开发就业岗位，统筹实施"三支一扶"计划等基层服务项目，鼓励毕业生到城乡基层、中西部地区、艰苦边远地区、中小微企业就业和创业。 要综合运用税收优惠、创业担保贷款、就业创业服务补贴、经营场所租金补贴等创业扶持政策和鼓励企业招用高校毕业生的就业扶持政策，重点支持高校毕业生创业企业吸纳应届毕业生，发挥创业带动就业作用。 推进公共就业人才服务机构实体大厅服务向网络服务延伸，运用微信、微博、手机APP等平台，多渠道、点对点发布和推送就业信息，精准促进人岗匹配，打造便捷高效的"互联网＋就业服务"模式。 要着力夯实服务基础，健全离校未就业高校毕业生实名信息数据库，规范信息采集、更新、报送等工作流程，动态更新就业进展情况，实现信息共享和业务协同，提升就业管理服务信息化水平。

续表

年份	政策要点
2018 年	加强统筹实施，将高校毕业生就业创业政策与经济政策、引才引智政策有机结合，在推动产业转型升级、区域协调发展、实施乡村振兴战略、支持小微企业创新发展中，多渠道开发适合毕业生的就业岗位。巩固基层就业主阵地，深入实施高校毕业生基层成长计划，统筹推进"三支一扶"计划等服务项目，加强政策引导和服务保障，鼓励毕业生到城乡基层、中西部地区、艰苦边远地区就业创业。 各地要抓住打造"双创"升级版的有利契机，集中优质资源支持高校毕业生创业创新。强化能力素质培养，将创业培训向校园延伸，依托各类培训机构、企业培训中心等平台，创新开发一批质量高、特色鲜明、针对性强的培训实训课程，更好地满足毕业生创业不同阶段、不同领域、不同业态的需求。加大政策资金支持力度，落实好创业担保贷款、一次性创业补贴、场租补贴等扶持政策，支持有条件的地方设立高校毕业生就业创业基金，积极引入各类社会资本，多渠道助力毕业生创业创新。优化创业指导服务，推动公共就业创业服务机构、创业孵化基地向毕业生开放，充实完善涵盖不同行业领域、资源经验丰富的专家指导团队，为毕业生创业提供咨询辅导、项目孵化、场地支持、成果转化等全要素服务，帮助解决工商税务登记、知识产权、财务管理等实际问题。搭建交流对接平台，组织"中国创翼"创业创新大赛、创业项目展示推介、选树创业典型等活动，结合实际打造更多富有地方特色的创业品牌活动，为创业毕业生提供项目与资金、技术、市场对接渠道。
2019 年	加强创新创业教育，在符合学位论文规范要求的前提下，允许本科生用创业成果申请学位论文答辩。将创业培训向校园延伸，提升大学生创新创业能力。放宽创业担保贷款申请条件，对获得市级以上荣誉称号以及经金融机构评估认定信用良好的大学生创业者，原则上取消反担保。支持高校毕业生返乡入乡创业创新，对到贫困村创业符合条件的，优先提供贷款贴息、场地安排、资金补贴。支持建设大学生创业孵化基地，对入驻实体数量多、带动就业成效明显的，给予一定奖补。 抓好政策落实。加强就业创业政策宣传解读，运用年轻人喜闻乐见的方式，帮助高校毕业生知晓政策、用好政策。全面精简政策凭证，凡可联网查询或承诺保证事项，一律不再要求申请人出具证明。加快政策申请、审核、发放全程信息化，确保政策及时兑现。综合运用人力资源市场供求监测、大数据分析等手段，密切跟踪经济运行变化对高校毕业生就业的影响，及时采取有针对性的政策措施。 将求职创业补贴对象范围扩大到中等职业学校（含技工院校）符合条件的困难毕业生，补贴时限从目前的毕业年度调整为毕业学年，补贴发放工作在毕业学年 10 月底前完成。对民办高校毕业生符合条件的，要确保同等享受政策。人力资源社会保障、教育和财政部门要做好政策申办、凭证简化、资金安排等工作，确保补贴按时发放到位。
2020 年	结合本地区产业特色和资源禀赋优势，对有创业意愿的重点群体提供创业培训、开业指导、融资服务等"一条龙"创业服务，精准推介创业项目。实施创业扶持政策代办帮办，主动为符合条件的高校毕业生、返乡入乡创业农民工等重点群体落实创业担保贷款、一次性创业补贴等政策。 推进创业培训广覆盖，对创业毕业生普遍提供创办企业、经营管理等培训，增设信息技术、现代农业等领域课程，提升培训的针对性。倾斜创业服务资源，推荐适合发挥毕业生专长的创业项目，提供咨询辅导、跟踪扶持、成果转化等"一条龙"服务。优先安排经营场所，政府投资开发的各类创业载体安排一定比例场地，免费向毕业生提供，充分利用闲置资源提供低成本场地支持。加强创业资金保障，落实创业担保贷款、创业补贴等政策，缓解融资压力。 针对贫困家庭毕业生，对有创业意愿的全面纳入创业培训，指定创业导师全程跟踪指导，落实创业担保贷款、免费场地等支持政策，提升创业能力和创业成功率。

（四）财政部

资金问题始终是大学生创业过程中不得不面临和解决的重要问题，为此，财政部坚持实施积极的创业政策，以创业创新带动就业，助力大众创业、万众创新，尽可能通过政策支持减轻大学生创业的资金负担。特别地，财政部针对毕业年度内高校毕业生（高校毕业生是指实施高等学历教育的普通高等学校、成人高等学校毕业的学生；毕业年度是指毕业所在自然年，即1月1日至12月31日）推出了一系列政策支持，推动解决特殊困难群体的结构性就业矛盾。

表4-4为对2010年以来财政部发布的文件中大学生创业支持政策的相关要点的总结。

表4-4　财政部关于大学生创业相关政策

年份	政策名称	政策要点
2010年	《关于支持和促进就业有关税收政策的通知》（财税〔2010〕84号）	对高校毕业生自主创业者，在3年内按每户每年8 000元为限额依次扣减其当年实际应缴纳的营业税、城市维护建设税、教育费附加和个人所得税。
2014年	《关于继续实施支持和促进重点群体创业就业有关税收政策的通知》（财税〔2014〕39号）	对持《就业失业登记证》（注明"自主创业税收政策"或附着《高校毕业生自主创业证》）人员从事个体经营的，在抵扣税费限额8 000元上限不变的基础上，增加限额标准最高上浮20%的规定，并规定各省、自治区、直辖市人民政府可根据本地区实际情况在此幅度内确定具体限额标准，并报财政部和国家税务总局备案。
2015年	《关于支持和促进重点群体创业就业税收政策有关问题的补充通知》（财税〔2015〕18号）	取消《高校毕业生自主创业证》，毕业年度内高校毕业生从事个体经营的，持《就业创业证》（注明"毕业年度内自主创业税收政策"）享受税收优惠政策。
2016年	《关于印发〈普惠金融发展专项资金管理办法〉的通知》（财金〔2016〕85号）	对按照《国务院关于进一步做好新形势下就业创业工作的意见》（国发〔2015〕23号）、《中国人民银行财政部人力资源社会保障部关于实施创业担保贷款支持创业就业工作的通知》（银发〔2016〕202号）等文件规定发放的个人和小微企业创业担保贷款，财政部门可按照国家规定的贴息标准予以贴息。 享受财政贴息支持的创业担保贷款，作为借款人的个人和小微企业应通过人力资源社会保障部门的借款主体资格审核，持有相关身份证明文件，且经担保基金运营管理机构和经办银行审核后，具备相关创业能力，符合相关担保和贷款条件。

续表

年份	政策名称	政策要点
2016年	《关于印发〈普惠金融发展专项资金管理办法〉的通知》（财金〔2016〕85号）	专项资金贴息的个人创业担保贷款，最高贷款额度为10万元，贷款期限最长不超过3年，贷款利率可在贷款合同签订日贷款基础利率的基础上上浮一定幅度，具体标准为贫困地区（含国家扶贫开发工作重点县、全国14个集中连片特殊困难地区，下同）上浮不超过3个百分点，中、西部地区上浮不超过2个百分点，东部地区上浮不超过1个百分点，实际贷款利率由经办银行在上述利率浮动上限内与创业担保贷款担保基金运营管理机构协商确定。除助学贷款、扶贫贷款、首套住房贷款、购车贷款以外，个人创业担保贷款申请人及其家庭成员（以户为单位）自提交创业担保贷款申请之日起向前追溯5年内，应没有商业银行其他贷款记录。 专项资金贴息的小微企业创业担保贷款，贷款额度由经办银行根据小微企业实际招用符合条件的人数合理确定，最高不超过200万元，贷款期限最长不超过2年，贷款利率由经办银行根据借款人的经营状况、信用情况等与借款人协商确定。对已享受财政部门贴息支持的小微企业创业担保贷款，政府不再通过创业担保贷款担保基金提供担保形式的支持。 创业担保贷款财政贴息，在国家规定的贷款额度、利率和贴息期限内，按照实际的贷款额度、利率和计息期限计算。其中，对贫困地区符合条件的个人创业担保贷款，财政部门给予全额贴息；对其他地区符合条件的个人创业担保贷款，财政部门第1年给予全额贴息，第2年贴息2/3，第3年贴息1/3。对符合条件的小微企业创业担保贷款，财政部门按照贷款合同签订日贷款基础利率的50%给予贴息。对展期、逾期的创业担保贷款，财政部门不予贴息。 经省级或计划单列市人民政府同意，各地可适当放宽创业担保贷款借款人条件、提高贷款利率上限，相关创业担保贷款由地方财政部门自行决定贴息，具体贴息标准和条件由各省（区、市）结合实际予以确定，因此而产生的贴息资金支出由地方财政部门全额承担。对地方财政部门自行安排贴息的创业担保贷款，要与中央财政贴息支持的创业担保贷款分离管理，分账核算，并纳入创业担保贷款财政贴息资金管理信息系统统一管理。 经办银行按照国家财务会计制度和创业担保贷款政策有关规定，计算创业担保贷款应贴息金额，按季度向地市级财政部门申请贴息资金。地市级财政部门审核通过后，在1个月内向经办银行拨付。对省直管县，经省级财政部门同意，可由县级财政部门负责相关贴息资金审核拨付工作。 建立创业担保贷款奖励机制。按各地当年新发放创业担保贷款总额的1%，奖励创业担保贷款工作成效突出的经办银行、创业担保贷款担保基金运营管理机构等单位，用于其工作经费补助。 创业担保贷款奖励性补助资金的奖励基数，包括经省级人民政府同意、由地方财政部门自行决定贴息的创业担保贷款。对主要以基础利率或低于基础利率发放贷款的经办银行，各地财政部门可在奖励资金分配上给予适度倾斜。

续表

年份	政策名称	政策要点
2017 年	《关于继续实施支持和促进重点群体创业就业有关税收政策的通知》（财税〔2017〕49 号）	对持《就业创业证》（注明"自主创业税收政策"或"毕业年度内自主创业税收政策"）或《就业失业登记证》（注明"自主创业税收政策"或附着《高校毕业生自主创业证》）的人员从事个体经营的，在 3 年内按每户每年 8 000 元为限额依次扣减其当年实际应缴纳的增值税、城市维护建设税、教育费附加、地方教育附加和个人所得税。限额标准最高可上浮 20%，各省、自治区、直辖市人民政府可根据本地区实际情况在此幅度内确定具体限额标准，并报财政部和税务总局备案。 纳税人年度应缴纳税款小于上述扣减限额的，以其实际缴纳的税款为限；大于上述扣减限额的，以上述扣减限额为限。 毕业年度内高校毕业生在校期间凭学生证向公共就业服务机构按规定申领《就业创业证》，或委托所在高校就业指导中心向公共就业服务机构按规定代为申领《就业创业证》；毕业年度内高校毕业生离校后直接向公共就业服务机构按规定申领《就业创业证》。
2018 年	《关于进一步做好创业担保贷款财政贴息工作的通知》（财金〔2018〕22 号）	将小微企业贷款对象范围调整为：当年新招用符合创业担保贷款申请条件的人员数量达到企业现有在职职工人数 25%（超过 100 人的企业达到 15%）、并与其签订 1 年以上劳动合同的小微企业。 降低贷款申请条件。个人创业担保贷款申请人贷款记录的要求调整为：除助学贷款、扶贫贷款、住房贷款、购车贷款、5 万元以下小额消费贷款（含信用卡消费）以外，申请人提交创业担保贷款申请时，本人及其配偶应没有其他贷款。 放宽担保和贴息要求。对已享受财政部门贴息支持的小微企业创业担保贷款，可通过创业担保贷款担保基金提供担保形式支持。对还款积极、带动就业能力强、创业项目好的借款个人和小微企业，可继续提供创业担保贷款贴息，但累计次数不得超过 3 次。 完善担保机制。鼓励各地聚焦第一还款来源，探索通过信用方式发放创业贷款，在不断提高风险评估能力的基础上，逐步取消反担保。对获得市（设区的市）级以上荣誉称号的创业人员、创业项目、创业企业，经金融机构评估认定的信用小微企业、商户、农户，经营稳定守信的二次创业者等特定群体原则上取消反担保。
2019 年	《关于进一步支持和促进重点群体创业就业有关税收政策的通知》（财税〔2019〕22 号）	持《就业创业证》（注明"自主创业税收政策"或"毕业年度内自主创业税收政策"）或《就业失业登记证》（注明"自主创业税收政策"）的人员，从事个体经营的，自办理个体工商户登记当月起，在 3 年（36 个月，下同）内按每户每年 12 000 元为限额依次扣减其当年实际应缴纳的增值税、城市维护建设税、教育费附加、地方教育附加和个人所得税。限额标准最高可上浮 20%，各省、自治区、直辖市人民政府可根据本地区实际情况在此幅度内确定具体限额标准。 纳税人年度应缴纳税款小于上述扣减限额的，减免税额以其实际缴纳的税款为限；大于上述扣减限额的，以上述扣减限额为限。

三、各省份政策重点及最新变迁

(一) 代表省份的政策重点内容对比

为响应国家关于大学生创业的有关政策，各省（区、市）也分别制定了相应的政策以充分鼓励和支持大学生创业。其中，创业教育开展、创业培训推行、工商登记和开户便利、财政资金支持、公共创业服务体系构建、创业孵化基地建设六大方面作为大学生创业政策中备受关注的重点内容，其对应的具体措施直接影响着大学生创业的积极性，也与创业过程有着密不可分的关系。我们选取东部、东北、东南、西南、西北区域的代表性省份（即广东、辽宁、宁夏、山东、上海、四川、云南、浙江），对其出台的创业政策进行了详细对比（见表 4-5）。

(二) 不同省份的特色支持政策

1. 湖北省：鼓励大学生返乡创业，强化乡村振兴人才支撑

2017 年 9 月 17 日，湖北省人民政府办公厅印发《省人民政府办公厅关于大力支持返乡下乡人员创业创新促进农村一二三产业融合发展的实施意见》①，明确提出各级各类强农惠农富农以及涉农财政支农项目和产业基金，都要尽可能将符合条件的返乡下乡人员纳入扶持范围，采取以奖代补、先建后补、贷款贴息、政府购买服务等方式予以积极支持。

该文件规定："对符合条件的返乡下乡人员以及处于创业初期的创业者参加创业培训，按政策给予一次性创业培训补贴。对返乡下乡大学生自主创业，符合'高校毕业生（含非本地户籍）自毕业学年起 3 年内在我省初次创办小型微型企业或从事个体经营，领取工商营业执照正常经营 6 个月以上、带动就业 3 人以上'条件的，可给予 5 000 元的一次性创业补贴；自主创业并注册登记的在校大学生和毕业 3 年以内高校毕业生，按规定给予 2 万至 20 万元的资金扶持，所需资金从就业资金列支。对留学回国和外省籍返乡下乡大学生在我省自主创业，按规定享受现行大学生创业扶持政策。发展合作社、家庭农（林）场依法办理工商登记注册的，可按规定享受小微企业扶持政策，对评定为省级以上合作社示范社、示范家庭农（林）场

---

① 省人民政府办公厅关于大力支持返乡下乡人员创业创新促进农村一二三产业融合发展的实施意见（鄂政办发〔2017〕73 号）[EB/OL].（2017-10-09）[2018-03-09]. http://www.hubei.gov.cn/zfwj/ezbf/201710/t20171009_1713481.shtml.

表4-5　代表性省份大学生创业相关政策对比

省份	覆盖人数	创业教育开展	创业培训推行	工商登记和开户便利	财政资金支持	公共创业服务体系构建	创业孵化基地建设
广东	5万人	把创新创业教育融入人才培养全过程，贯穿推进创新创业教育示范校建设；推进创新创业教育示范校建设。鼓励有条件的高校设立创业学院的培育一批具有市场活力的"双创"支撑平台。加快推进粤港澳大湾区（广东）创新创业孵化基地建设。整合建立一批主要面向到乡村创业人员的创业孵化基地，各地级以上市按每个基地10万元标准由就业补助资金给予一次性补助。	鼓励有创业愿望、有培训需求的学生参加创业培训（实训），支持有条件的高校开发适合大学生的创业培训（实训）项目，并给予补贴。加强创业培训师资队伍建设，指导创业培训机构创新培训方式、积极推行创业模拟实训和创业案例教学。力争2014—2017年全省平均每年组织大学生参加创业培训（实训）2万人以上。	放宽工商登记条件，实行先照后证，注册资本认缴改为年制。将企业年检制度改为年报公示报告制度。为大学生办理工商登记开辟绿色通道、拓展电子营业执照应用，推行商事登记银政直通车服务。	在广东省参加培训并取得合格证书的大学生，给予最高每人1000元补贴；对成功创业的大学生给予5000元一次性创业资助，不超过3年的租金补贴。人选省级优秀创业项目的，每个给予5万～20万元资助。	加强创业服务信息化建设，统一发布相关优惠政策和业务指南。鼓励有条件的高校建立留学人员回国创业指导站。对开展针对性服务，帮助他们了解国内信息、熟悉创业环境，交流创业经验、获得政策支持。	鼓励和支持高校新建或利用现有场地资源改造建设创业孵化基地。力争到2017年，有条件的高校都建立一个以上创业孵化基地。鼓励各地在高校集中或产业聚集性地区建设综合性创业孵化基地。在全省扶持重点建设10个创业孵化基地。

续表

省份	覆盖人数	创业教育开展	创业培训推行	工商登记和开户便利	财政资金支持	公共创业服务体系构建	创业孵化基地建设
辽宁	2.6 万人	各高校要设置专门机构负责创业教育的教学组织与管理，积极开发创业类课程，建立和完善创业教育课程体系；重视创业实践活动；加强创业教师及创业导师专职教师的培养；深化"大学生就业创业报告季"活动。	以有创业意愿的大学生为重点，编制专项培训计划；集适合大学生的创业培训项目，可纳入本地区创业培训计划，对按要求开展培训的，给予创业培训补贴。在全省范围内以省就业培训网为依托搭建创业培训网上模拟实训平台，进一步强化案例教学和创业实务训练，对符合条件的大学生实施免费培训。加快推行企业新型学徒制、初高中毕业生劳动预备制、企业技师培训等补贴项目。	为大学生创业办理注册登记开辟"绿色通道"，提供"一条龙"便利。放宽创业经营场所要求，改进金融服务，为大学生办理企业开户手续提供便利。	对符合条件纳入YBC辽宁青年创业项目的初次创业大学毕业生，根据实际情况提供3万～5万元的无息无抵押创业资金，3年内分期偿还。对设有孵化基地或创业园内的大学生，给予不超过2年的3 000～6 000 元的租金补贴。	加强创业政策的宣传解读并提供咨询服务；建立健全青年创业辅导制度，开设大学生创业网，鼓励创业园创业论坛，鼓励大学生与创业指导专家进行实时交流；建立创业大学生俱乐部，创业成果交流平台，联谊会等校毕业生的创业大讲堂，广泛开展针对高校毕业生的创业大赛、创业沙龙等活动。对设展活动进一步完善青年创业项目库，定期开展创业项目对接服务。将在电子商务网络平台注册网店的大学生纳入创业扶持范畴。	全省每年至少为1 000 名大学生创业项目提供孵化服务，对达到省规定目吸纳大学生驻企业创业数达到40%以上的创业孵化基地，省财政在原有基础运营费用补助基础上给予增加。

续表

省份	覆盖人数	创业教育开展	创业培训推行	工商登记和开户便利	财政资金支持	公共创业服务体系构建	创业孵化基地建设
宁夏	3 210人	在普通本科院校推行"创业基础"课程，并纳入高校人才培养计划；不断丰富创业教育形式，开展灵活多样的创业实践活动，切实加强师资队伍建设。	各级公共就业服务机构要组织有创业愿望的大学生免费参加创业培训；组织开展形式多样的大学生创业竞赛活动，积极开展在校大学生创业培训服务。每年全区组织2 000名左右大学生开展以"创办你的企业（SYB）+创业实训"为主要内容的创业培训。	放宽注册资本登记条件，放宽经营场所限制，金融机构要为创业大学生办理单位银行结算账户、转账、贷款等业务提供便利。	创业大学生可办理不超过10万元的小额担保贴息贷款，到期可展期2年；符合条件的小微企业可申请最高不超过200万元的小额担保贷款，并享受财政贴息。应届高校毕业生从事创业项目，正常经营1年以上的，可给予6 000元创业补贴。大学生创办的大学生创业企业每新招用1名高校新毕业生，签订1年以上劳动合同并缴纳社保，给予一次性补贴5 000元。	建立健全创业公共服务政府采购机制并加强绩效管理。建立健全大学生创业辅导制度。采取多种方式搭建大学生创业者交流平台。积极引导大学生参加创业竞赛活动。有条件的地区可定期举办创业大赛。为创业大学生提供人事和劳动保障事务代理服务。为在电子商务网络平台注册网店的大学生提供政策支持和服务。对留学回国人员开展针对性服务。	对每年在孵大学生创业实体不少于25户，提供就业岗位不少于180个，孵化成功率不少于60%的孵化园，给予50万元补助。大学生创业园每3年认定一次。

续表

省份	覆盖人数	创业教育开展	创业培训推行	工商登记和开户便利	财政资金支持	公共创业服务体系构建	创业孵化基地建设
山东	不少于6万人	高校要积极建立创业学院；严格落实创业教育课程不低于32学时和2个学分规定；鼓励大学生积极参与各类创业创新大赛，开展省级创业示范认定评选工作。	优化整合创业培训资源，积极实施创业培训，系统化实施大学生创业实训、实训计划、沙盘模拟、创业团队协作等实训项目。对有创业意愿的大学生实行创业项目、创业规划、创业技巧和创业信心等"一对一"指导。	落实注册资本认缴登记制，推行电子营业执照和全程电子化登记管理；完善工商登记"绿色通道"；落实减免行政事业性收费政策；银行业金融机构为创业大学生办理企业开户手续提供便利和优惠。	为自主创业大学生提供最高额度为10万元的小额贷款，为创办符合条件的小微企业提供最高额度为300万元的小额贷款。对还款及时、无不良信贷记录的，允许再申请一次不超过2年的小额担保贷款。2013年10月1日以后登记注册并正常经营1年以上的小微企业，给予不低于1万元的一次性创业岗位补贴，每创造1个就业岗位给予2000元的岗位开发补贴。	依托各级、各类大学生创业基地（园区）设立大学生创业服务中心，提供一站式服务。积极开发创业项目资源库，择优为有创业意愿的大学生推荐项目。	每年开展评估省级大学生创业孵化示范基地和大学生创业示范园工作，对已通过评估评价、动态管理，对促进创业、带动就业的，给予资金奖补，每年评估认定20处省级创业孵化示范基地、创业示范园区。根据吸纳就业人个数和吸纳就业人数，给予每处不超过500万元的一次性奖金；对不合格的单位取消示范资格。

续表

省份	覆盖人数	创业教育开展	创业培训推行	工商登记和开户便利	财政资金支持	公共创业服务体系构建	创业孵化基地建设
上海	不少于2万人	各高校将创新创业教育纳入人才培养方案，促进专业教育与创新创业教育有机融合。加强创业教育，制定实施平台建设、意向创业大学生创业实践参与率不低于95%。同时，设置合理的创新创业学分，建立创新创业学分积累和转换制度；推行弹性学制，放宽学生最长修业年限，允许学生保留学籍休学创业。调整学业进程、保留学籍等方式，积极引导有创业意愿的大学生创业；面合条件的高校建立创业教育教研机构，积极探索开发适合本校特点的创业教育课程体系，支持学生开展研究性实验、创业计划、创业模拟活动，丰富创业教育形式。	丰富创业培训的内容和模式，探索将上海市高校开发的、适合大学生创业特点的创业培训课程，纳入创业培训体系；已接受创业理论教育直接的大学生，可直接参加创业模拟实训内容的培训。鼓励高校、社会组织机构开发适合青年大学生的创业培训项目。将创业培训补贴对象范围扩大到上海市高校在校学生。	深化商事制度改革，降低创业注册门槛。落实注册资本认缴登记制，放宽住所资本方式，积极推进"先照后证"工作，减少工商登记前置审批。探索推进"三证合一"、"一照一码"，实施统一的社会信用代码。优化登记方式，继续推行"一址多照等经营集中登记、场地登记制度。研究推广自贸试验区企业"单一窗口"登记制度、完善网上登记流程，加快推进工商注册登记全程电子化。	发挥上海市大学生科技创业基金会的政策效应，将基金扶持的对象范围扩大到毕业5年以内在沪创业的高校毕业生。研究制定港澳台大学生在沪创业资助办法。将小额担保贷款调整为创业担保贷款，将其对象范围在校及毕业市高校学生且在沪实现创业的青年大学生。符合条件的创业对象，按规定个人最高50万元，法人最高200万元的创业担保贷款，其中20万元以下的创业贷款免予个人担保。贷款期间稳定就业岗位的，还可根据吸纳本市就业情况，给予一定额度的利息补贴。	各级公共创业服务机构不断完善政策咨询、创业指导、办事受理等公共创业服务，将创业服务延伸到高校，与高校合作建立创业指导站，并给予一定的经费支持。不断优化充实创业的指导导师团队，支持具有创业经验和社会责任感的企业家、投资人为创业者提供创业辅导和创业咨询。适时表彰一批优秀的创业指导专家和创业导师。	充分发挥创业孵化示范基地的示范引领作用。不断完善上海市各类创业的场化基地、园区的创业孵地支持、投融资对接等创业辅导，全方位多层次的创业孵化服务功能。组织开展市级创业孵化示范基地的认定工作，并委托社会中介机构对创业孵化成效进行分级评估，并根据评估结果，给予适当的经费补贴、所需资金专项资金从市就业专项资金中列支。

续表

省份	覆盖人数	创业教育开展	创业培训推行	工商登记和开户便利	财政资金支持	公共创业服务体系构建	创业孵化基地建设
四川	3.5万人	各高校要积极开展创业教育，科学安排创业指导课程，进一步拓宽创新创业教育的覆盖面，丰富普及创业课方式，全面普及创新创业知识，并纳入学分管理，使所有大学生都能接受创新创业教育，培养创新创业意识。各地要积极组织开展"青春创业大讲堂""创业指导进校园"等活动，充分激发大学生创业热情。	各地人社部门要加强与教育部门和高校的衔接，以创业愿望强、有一定的创业潜力和培训需求的大学生为重点，编制专项培训计划，组织有资质的培训机构开展校内外培训，积极整合实施"逐梦计划""等推动实施创新创业实践培训项目。对成功创业的大学生，组织参加"我帮飞"创业培训。四川省参加大学生创业者提升培训，增强创业者经营管理能力，提高创业者的存活率。对参加创业培训的大学生，按规定给予创业培训补贴。	落实注册资本认缴登记制，拓宽企业出资方式，放宽住所（经营场所）登记条件，推行电子营业执照和全程电子化登记管理。完善工商登记"绿色通道"，为创业大学生办理工商登记提供便利。对符合条件的大学生小额经营者，实行社区备案，免予工商登记。对符合条件的创业大学生，按规定减免登记类、证照类、管理类等有关行政事业性收费。	认真落实小额担保贷款政策，简化反担保手续、重点支持吸纳大学生较多的初创企业。设立大学生创业投资基金，对大学生投资早期项目的投资，符合规定条件的给予所得税优惠或其他政策鼓励。落实大学生创业就业补贴和创业奖励政策，充分发挥中小企业发展专项资金的作用。充分发挥四川省科技创新苗子工程专项资金对大学生创新创业的支持作用。	在公共就业服务场所、政务服务中心设立大学生创业服务窗口。组建创业指导专家队伍，建立创业项目库，提供一条龙创业服务。各高校要充分发挥大学生创新创业俱乐部等交流平台的作用。定期举办和"挑战杯"系列竞赛并引导大学生创业大赛并参加。为创业大学生提供人事和劳动保障事务代理服务。要充分发挥工作体系的作用，对留学人员回国创业工作体系的作用，对留学回国创业人员开展针对性服务。	充分利用现有资源，建设大学生创新创业园区（孵化基地）。各高校要积极建立大学生创新创业俱乐部，提供专门场地并纳入部门综合预算中统筹安排经费以保障。对建立大学生创新创业园区（孵化基地）和高校的地方和高校，有关部门要积极给予对口支持和业务指导。各地要鼓励支持大学生创业企业入驻大学生创业创业基地。对入驻企业生产厂房租赁给予补贴。

续表

省份	覆盖人数	创业教育开展	创业培训推行	工商登记和开户便利	财政资金支持	公共创业服务体系构建	创业孵化基地建设
云南	2.5万人	将创业教育融入人才培养体系;积极开发并开设创新创业类课程,开展灵活多样的创业实践活动;切实加强创业师资队伍建设。2017年前,所有高校全部系统开展创业教育。	将普通高等院校毕业前2年的学生纳入培训对象范围,2014—2017年,每年组织1万名以上大学生进行创业培训;要积极开发适合大学生的创业培训项目;切实加强创业培训师资队伍建设;积极推行创业模块培训、创业案例教学和创业实务训练;进一步完善和落实创业培训补贴政策。	高校毕业生注册登记个体户、合伙企业、独资企业,资企业注册资本、出资数额不受限制;非货币财产可作为企业注册资本。减免登记类和行政事业性证照类等有关行政事业性收费。	每年评选100个自主创业经营项目,给予每个项目3万～5万元无偿资助。对经"贷免扶补",或政策扶持稳定经营2年以上、带动就业5人以上、按期还贷款、依法纳税的,再给予2年期贷款贴息。协调金融机构按次给予50万元以内的贷款扶持。按照中国人民银行基准利率的60%给予贴息。对自主创业的高校毕业生、创业实体经营同期的高校毕业生1年自主创业,给予5000元的一次性创业补贴。在校大学生毕业后到创业孵化园区的,给予创业场区高校毕业生当月最低工资标准以上、持续经营半年以上,对在电子商务网络平台开办网店的高校毕业生,可按照规定享受小额担保贷款和贴息政策。	选拔一批青年创业导师,建立和完善创业导师库,在网络创业服务平台"大学生创业网"上实现就业创业成果展示、创业导师资源共享。建设以大学生为重点的青年创业示范园,小额担保贷款对自主创业大学生创业的扶持力度。完善"1+3"跟踪服务机制,开展创业进校园活动。公共创业服务和创业培训进校大学生提供人事和劳动保障事务代理服务。	设立云南省大学生创业扶持资金,鼓励各地建设以大学生为重点的创业园区。每年评审10个省级青年创业示范区,各补助100万元。鼓励各类开发区、产业园区、组织通过目校等组建、联建以大学生为重点的青年创业园,建设以大学生创业示范园,为创业提供生产经营场所,阶梯式降低成本,为大学生提供全方位的创业孵化形园的服务。

续表

省份	覆盖人数	创业教育开展	创业培训推行	工商登记和开户便利	财政资金支持	公共创业服务体系构建	创业孵化基地建设
浙江	3万人	改革教学方法、评价方式和教学管理制度，实施大学生创新创业训练计划，加强创新创业实践平台建设，提高教师创新创业教育的教学能力。加快发展现代职业教育，实施提升职业院校学生创新创业能力工程。建立健全创新创业学分积累与转换制度，将学生开展创新创业活动、发表论文、获得专利和自主创业等情况折算为课堂学分，将学生参与课题研究、项目实验等活动认定为课堂学习，支持参与创新创业的学生转入相关专业学习。加强创业辅导，深入实施农村青年创业致富"领头雁"培养计划。	加强创业教育培训和创业指导师资队伍建设，不断提升师资整体素质和服务水平。强化创业培训，鼓励有条件的高校等开发适合大学生的创业愿望和培训需求的创业培训项目。在校大学生和高校毕业生在定点培训机构参加创业培训的，要按规定落实创业培训补贴。	各级工商部门要加强对大学生创业情况的统计、落实认缴登记制，放宽注册资本登记条件，推行电子化登记和全程电子化管理。对符合条件的大学生，按规定减免登记类等有关行政事业性收费，简化登记程序。	将符合条件的大学生创业实体纳入中小企业发展专项资金和人才发展专项资金的扶持范围。鼓励企业、行业协会、群团组织等设立大学生创业投资基金。健全省级创业担保贷款代偿机制，对大学生从事个体经营的，可以免除反担保手续；对小额担保贷款达到90%以上的信用社区（村），可给予适当奖励。金融机构对高新技术、绿色环保等行业创业者提供担保贷款的，其担保费率可按规定申请补贴。其中，从事高校毕业生自主创业项目的，可按规定申请小额担保贷款，给予100%贴息，其他困难家庭高校毕业生给予100%贴息，其他人员给予50%贴息。	鼓励创业服务机构为高校毕业生创业开展"一条龙"服务。加快建设、发布优秀大学生创业项目库，建立健全创业导师队伍，推行创业导师制，通过信息平台汇总到浙江省创业项目库和创业网，实现全省共享。开展创业"1+4"行动，即帮助每一个有创业意愿的大学生提供一名创业导师、推荐一处经营场地、协助落实一笔小额担保贷款，帮助创业者成功创业。	依托大学科技园、小企业创业基地、科技企业孵化器等现有资源，建设大学生创业园、留学人员创业园及各类创业孵化基地。2014—2017年，全省建设和认定省级大学生创业园（创业基地）30家、市级大学生创业园及创业基地（创业基地）100家。在浙江省服务大学生创业网络中开设大学生创业专栏，发挥企业公共服务平台"浙江省创业大赛""浙江省大学生创业大赛""浙江省大学生挑战杯"等特色创业大赛作用，选拔、展示、推广优秀创业项目。

的，给予相应的政策扶持。把返乡下乡人员开展农业适度规模经营所需贷款纳入农业信贷担保体系范围予以支持。"

2. 浙江省：支持农村电子商务创业，积极发展新创业业态

2015 年 7 月 27 日，浙江省人民政府印发《浙江省人民政府关于支持大众创业促进就业的意见》①，指出重点人群从事农村电子商务创业的，一次性创业社保补贴和带动就业补贴标准可上浮 20％。对从事农产品网络销售、农民网络消费服务的电子商务企业招用毕业年度（毕业当年 1 月 1 日至 12 月 31 日）离校未就业高校毕业生，与其签订 1 年以上劳动合同并依法缴纳社会保险费的，按企业为其实际缴纳部分给予社保补贴（包括基本养老保险、基本医疗保险、失业保险），期限不超过3 年。

3. 陕西省：深入推进高校供给侧结构性改革，优化创业人才来源

在 2017 年 10 月 17 日发布的《陕西省人民政府关于进一步加强就业创业工作的实施意见》② 中，陕西提出要健全专业预警和动态调整机制，改进专业设置审核管理办法，开展新设专业评估检查和专业普查，调整优化高校专业设置。分类建设创新创业教育改革示范项目，设置高校创新创业教育课程。推动高校建设创业园区，并与县（区）创业园区有效对接，打造校县共建的创新创业基地，鼓励引导大学生参加创业实践活动，将创新创业教育融入人才培养全过程。

4. 安徽省：打造创业重点展示品牌，充分调动大学生创业积极性

2018 年 12 月 23 日，安徽省人民政府办公厅印发《安徽省人民政府关于推动创新创业高质量发展打造"双创"升级版的实施意见》③，指出要办好全国大众创业万众创新活动周分会场活动，充分发挥"创响中国"安徽省创新创业大赛、"创客中国"安徽省创新创业大赛、"赢在江淮"安徽省创业大赛、"创青春"安徽青年创新创业大赛、"互联网＋"大学生创新创业大赛、安徽省农村创业创新项目创意大赛、中国创新创业大赛安徽赛区比赛等赛事活动作用，加强对赛事活动中优秀创新创业项目的跟踪支持。积极打造"徽姑娘""皖嫂"创新创业品牌，不断提升品牌影响

① 浙江省人民政府关于支持大众创业促进就业的意见（浙政发〔2015〕21 号）[EB/OL].（2015-07-27）[2020-09-05]. http://www.zj.gov.cn/art/2015/7/27/art_1229017138_64083.html.
② 陕西省人民政府关于进一步加强就业创业工作的实施意见（陕政发〔2017〕49 号）[EB/OL].（2017-10-17）[2019-12-08]. http://www.shaanxi.gov.cn/zfxxgk/fdzdgknr/zcwj/szfwj/szf/201710/t20171017_1668365.html.
③ 安徽省人民政府关于推动创新创业高质量发展打造"双创"升级版的实施意见（皖政〔2018〕105 号）[EB/OL].（2018-12-23）[2019-09-10]. http://www.ah.gov.cn/public/1681/7926021.html.

力和社会信誉度。

5. 广西壮族自治区：推进创业项目国际合作，积极利用多种资源

2019 年 5 月 28 日，广西壮族自治区结合该区实际，发布了《广西壮族自治区人民政府关于推动创新创业高质量发展打造"双创"升级版的实施意见》[①]，提出要充分发挥中国—东盟博览会、中国—东盟信息港等重要国际合作平台作用，深入推进与东盟及"一带一路"沿线国家和地区的创新创业合作交流，建设中国（广西）—东盟区域发展协同创新中心、中国—东盟智慧城市协同创新中心，研究设立中国—东盟国际创新合作基金，推动广西创新创业区域合作提质升级。

6. 辽宁省：加强创业投资领域信用建设，优化大学生创业金融环境

2018 年 4 月 10 日，辽宁省人民政府印发《辽宁省强化实施创新驱动发展战略进一步推进大众创业万众创新深入发展的政策措施》[②]，要求推进全省创业投资企业备案记录与信用信息数据交换平台数据开放共享，实现创业投资企业、创业投资管理企业及从业人员信用记录全覆盖。强化政府出资产业投资基金信用信息建设，将基金出资人及管理人员不良行为纳入失信记录数据库，并向社会公布。在创业投资重点领域实行信用评级，提高准入门槛。建立政府性引导基金信用报告制度，全面掌握基金发起人、管理机构和核心管理人员的社会信用记录。充分发挥协会等社会组织作用，推动行业自律。

7. 天津市：支持举办多层次创业大赛，创新大学生创业形式

2020 年 5 月 3 日，天津市人民政府办公厅印发《天津市人民政府办公厅关于进一步做好稳就业工作的实施意见》[③]，明确指出举办海河英才创新创业大赛，对获奖选手和项目，给予最高 30 万元奖励。支持各区各行业系统举办创业大赛，给予最高 50 万元补贴。对获奖选手和项目，优先给予创业担保贷款、房租补贴、孵化补贴等支持。

---

① 广西壮族自治区人民政府关于推动创新创业高质量发展打造"双创"升级版的实施意见（桂政发〔2019〕25 号）［EB/OL］.（2019−05−28）［2020−03−25］. http://www.gxzf.gov.cn/zfwj/zzqrmzfwj_34845/t1509626.shtml.

② 辽宁省人民政府关于印发辽宁省强化实施创新驱动发展战略进一步推进大众创业万众创新深入发展的政策措施的通知（辽政发〔2018〕9 号）［EB/OL］.（2018−04−10）［2019−06−18］. http://www.ln.gov.cn/zfxx/zfwj/szfwj/zfwj2011_125195/201804/t20180410_3223933.html.

③ 天津市人民政府办公厅关于进一步做好稳就业工作的实施意见（津政办规〔2020〕7 号）［EB/OL］.（2020−05−19）［2020−06−08］. http://www.tj.gov.cn/zwgk/szfwj/tjsrmzfbgt/202005/t20200519_2370675.html.

（三）2017 年以来各省（区、市）政策的主要变化

2017 年国务院文件《关于强化实施创新驱动发展战略进一步推进大众创业万众创新深入发展的意见》明确指出要进一步系统性优化创新创业生态环境，强化政策供给，突破发展瓶颈，充分释放全社会创新创业潜能，在更大范围、更高层次、更深程度上推进大众创业、万众创新。2017 年以来，各省、自治区、直辖市政府对"双创"的扶持力度持续加大，分别陆续发布了《关于做好当前和今后一段时期就业创业工作的实施意见》、《关于强化实施创新驱动发展战略进一步推进大众创业万众创新深入开展的实施意见》、《关于提升大众创业万众创新示范基地带动作用进一步促改革稳就业强动能若干措施的通知》、《关于支持大众创业促进就业的意见》和《关于推动创新创业高质量发展打造"双创"升级版的实施意见》等相关政策支持文件，面向大学生的创业扶持方式不断创新，国内大学生群体的创业环境得到持续改善。其中，优化创业环境、完善创业金融服务、促进创业载体建设、引进"海归"人才成为各地促进创新创业发展的主要着力点。

1. 优化创业环境，提升大学生创业积极性

各省、自治区、直辖市政府自 2017 年以来持续推进市场主体准入制度改革，简化相关审批程序，充分落实创业扶持政策，并通过充分利用互联网等信息技术，逐步形成和完善"互联网＋行政审批"模式，致力于为大学生群体营造良好的创业环境。表 4－6 对各省、自治区、直辖市的相关政策内容做了详细说明。

表 4－6　2017 年以来各省、自治区、直辖市创业环境相关政策内容列表

地区	政策内容
北京市	持续推进"双创"，全面落实创业扶持政策，深入推进简政放权、放管结合、优化服务改革。深化商事制度改革，全面实施企业"五证合一、一照一码"、个体工商户"两证整合"，部署推动"多证合一"。进一步减少审批事项，规范改进审批行为。指导地方结合实际整合市场监管职能和执法力量，推进市场监管领域综合行政执法改革，着力解决重复检查、多头执法等问题。
天津市	加快推进天津"政务一网通"一体化政务服务平台建设。在各有农业的区建立农村创新创业数据统计及信息服务平台。推动建设全市集中统一、业务经办互联互通、社会保障卡应用广泛的信息系统，实现同人同城同库、线上线下场内场外服务一体化。完善新增建设用地考核奖惩机制。
河北省	落实简政放权、放管结合、优化服务一系列措施，深化行政审批制度改革和商事制度改革，提高便利化水平。落实注册资本认缴登记和"先照后证"改革，在"五证合一"登记制度改革的基础上，深入推进"多证合一、一照一码"登记制度改革。进一步放宽住所（经营场所）登记条件，实行住所申报登记制。进一步优化办税服务，规范和优化减免流程。

续表

地区	政策内容
内蒙古自治区	深入推进简政放权、放管结合、优化服务改革。深化商事制度改革，全面实施"多证合一"。进一步规范行政审批行为，按照国家部署，继续取消、调整和下放行政审批事项，采取"互联网＋行政审批"、"一个窗口办理"和"一站式"审批等模式，提高审批效率。推进市场监管领域综合行政执法改革，切实解决重复检查、多头执法等问题。
辽宁省	围绕促进经济增长与扩大就业联动、结构优化与就业转型协同，综合考虑对就业岗位、失业风险等的影响，加快资源型城市转型发展，以发展持续替代产品产业为重点，结合产业结构优化先导区、新型工业化先导示范区建设，精准制定财税、金融、产业、贸易、投资等重大政策。补齐基础设施短板，加大对商贸物流、交通物流、信息网络等建设和改造项目的倾斜力度。简化工商登记手续，全面实施"五证合一""一照一码"登记制度改革和个体工商户"两证整合"，逐步实施"多证合一"，提供企业开户便利，按规定给予税费减免优惠。
吉林省	发挥政府采购政策功能，落实支持创新和促进中小企业发展等政府采购政策。支持各类专业社会服务组织和中介机构面向科研创新团队、中小微创业创新企业，提供代理记账、知识产权登记评估等社会化服务，支持承接政府提供的法律、税收等专业培训工作。加强对采购单位的政策指导和监督检查。
黑龙江省	持续推进"双创"活动，全面落实创业扶持政策，营造良好创业环境。加快推进商事制度改革，全面实施企业（包括个体工商户、农民专业合作社）"多证合一、一照一码"。推进企业（包括个体工商户、农民专业合作社）登记全程电子化，发放电子营业执照。深入推进"放管服"改革，坚持"多取消，审一次，真备案"，动态调整权力清单、责任清单、中介服务清单，推进集中审批、并联审批和"互联网＋"政务服务。整合市场监管职能和执法力量，推进市场监管领域综合执法改革，推动"双随机，一公开"监管方式全覆盖，着力解决重复检查、多头执法等问题。
上海市	持续推进"双创"，全面落实创业扶持政策，推进国家双创示范基地建设，持续营造良好的创新创业环境。深入推进简政放权、放管结合、优化服务改革，进一步转变政府职能，破除制约企业和群众办事创业的体制机制障碍，降低就业创业门槛，减轻各类市场主体负担，营造稳定公平透明的营商环境。深化商事制度改革，在全面实施企业"五证合一、一照一码"、个体工商户"两证整合"的基础上，进一步梳理涉企证照事项，部署推动"多证合一"，降低创业的制度性成本。深入推进行政审批制度改革，进一步取消和调整行政审批，清理行业准入证件。巩固和强化行政审批标准化建设，完善服务举措，优化审批流程，减少办理环节，缩短办理时限，规范审批行为，提高服务质量。统一监管要求和标准，科学设计监管内容和方式，创新市场监管机制，加快信息追溯平台和信用体系建设。加强执法配套保障，提升执法监督效能，促进市场监管领域综合执法改革从机构整合到效能融合。

续表

地区	政策内容
江苏省	实施全民创业行动计划，持续推进"双创"，全面落实创业扶持政策。深化"放管服"改革，全面推行"不见面审批（服务）"，确保开办企业 3 个工作日以内、不动产登记 5 个工作日以内、工业建设项目施工许可 50 个工作日以内完成。推进市场监管领域综合行政执法改革，全面实行"双随机一公开"。完善知识产权维权援助工作体系，打击各类知识产权违法违规行为，依法保护知识产权。推进创业型城市创建向街道（乡镇）、社区（村）、园区延伸，建设众创社区，打造农村电子商务示范镇、示范村，营造良好的创新创业生态。鼓励各地开展形式多样的创业大赛、创业论坛等活动，吸引和支持优秀创业项目和团队落地发展。
浙江省	深化"放管服"改革，推行市场主体准入事项"最多跑一次"改革，进一步降低创业者制度性交易成本。全面实行企业和农民专业合作社"多证合一、一照一码"及个体工商户"两证合一"，推广"一套材料、一表登记、一窗受理、集成服务"模式。推进登记全程电子化和电子营业执照应用，开展"证照分离"改革试点。
安徽省	贯彻创新驱动发展战略，围绕创新型省份建设，加快推进"三重一创"，聚力打造创新创业创造新高地。深化"放管服"改革，推进"互联网＋政务"，加大行政审批事项清理力度，优化审批流程，提高办事效率。深化商事制度改革，全面实施企业（包括个体工商户、农民专业合作社）"多证合一、一照一码"，推进企业全程电子化登记。继续实施支持和促进重点群体创业就业的税收政策。建立健全鼓励创业和宽容失败的保障机制，加强对创业者再创业的指导和服务。
福建省	持续推进"双创"，全面落实创业扶持政策，深入推进简政放权、放管结合、优化服务改革。深化商事制度改革，全面实施企业"五证合一、一照一码"、个体工商户"两证整合"，部署推动"多证合一"。进一步减少审批事项，规范改进审批行为，放宽社会民生领域市场准入，吸引更多社会资本投资社会服务行业。继续清理精简证照年检和证明办理事项，推进"减证便民"，最大限度为企业减负松绑。结合我省实际整合市场监管职能和执法力量，推进市场监管领域综合行政执法改革，着力解决重复检查、多头执法等问题。
河南省	完善政府支持促进创业的政务环境，深化商事制度改革，促进简政放权、放管结合、优化服务，全面实施企业"三十五证合一"，推动"多证合一"改革。进一步减少审批事项，规范改进审批行为，大力推行并联审批，加快实体政务大厅向网上办事服务大厅延伸，开展电子营业执照和全程电子化登记，实施简易注销登记程序。对初创企业按规定免收登记类、证照类和管理类行政事业性收费。整合市场监管职能和执法力量，推进市场监管领域综合行政执法改革，解决重复检查、多头执法等问题。
湖北省	持续推进"放管服"改革，更好地释放市场活力。继续深化商事制度改革，全面实施企业"多证合一、一照一码"、个体工商户"两证整合"。各地要结合实际整合市场监管职能和执法力量，推进市场监管领域综合行政执法改革。完善相关部门对创业企业在初创期、加速期、成长期等阶段的接续扶持和服务机制，帮助企业提档升级。对毕业学年起 5 年内高校毕业生（含非本地户籍）、就业困难人员创办小微企业或从事个体经营，领取营业执照经营 1 年以上的，可按规定分别给予 5 000 元和 2 000 元的创业补贴。将农民工返乡创业纳入创业补贴范围，具体办法由各地结合实际制定。

续表

地区	政策内容
广东省	深入推进简政放权、放管结合、优化服务改革，激发创业创新活力。探索创业培训与技能培训、创业培训与区域产业相结合的培训模式。 深化"中国青创板"建设，加强对创业大赛获奖项目的托管、融资、交易等服务支持。加强跨部门、跨地区协同监管，建立以信用为核心的新型市场监管模式，健全守信激励和失信联合惩戒机制。
广西壮族自治区	加快建设广西数字政务一体化平台，实现与国家政务服务平台互联互通。完善适应新就业形态的用工和社会保险制度，加快建设"网上社保"。落实支持创新创业的产业用地政策，推行面向创新创业企业的用地弹性供应方式，优化用地结构，有效满足创新创业用地需求。
海南省	全面落实创业扶持政策，进一步清理精简行政审批事项，积极推进综合审批体制机制改革。推广政务"极简审批"试点经验，推行全流程互联网"不见面"审批，全面实施"一号申请、一窗受理、一网审批"等制度。推进"多证合一"，取消更多涉企证照。全面推进企业简易注销登记改革，做好个体工商户简易注销试点工作，实现市场主体退出便利化。进一步构建"互联网＋"环境下政府新型管理方式，全面推行企业全程电子化登记。继续完善小微企业名录库建设。厘清综合行政执法机构和政府职能部门职责边界，着力解决重复检查、多头执法等问题。减少执法成本，减轻市场主体负担，形成集约高效、运作协调、规范有序的综合监管格局。
重庆市	持续推进"双创"，全面落实创业扶持政策，深入推进简政放权、放管结合、优化服务改革。深化商事制度改革，全面实施企业"五证合一、一照一码"、个体工商户"两证整合"，部署推动"多证合一"。进一步减少审批事项，规范改进审批行为。实施注册资本认缴登记制和"先照后证"制度。整合市场监管职能和执法力量，推进市场监管领域综合行政执法改革，着力解决重复检查、多头执法等问题。除法律、法规、规章明确规定的涉及人身健康、公共安全、生产安全、财产安全和环境安全的事项可进行随机检查以外，不得随意开展行政执法检查。实施柔性执法，采取建议、辅导、提示、告诫、示范、公示以及其他非强制性行政管理方式实施行政指导，规范创业者经营行为。深入推进创业型城市创建工作，切实发挥国家级、市级创业型城市的引领示范作用，支持国家级返乡创业试点区县和返乡创业示范园区、示范街镇建设。实施"渝创渝新"创业促进行动计划，加大创业文化培育力度，创作一批具有较大影响力的创业文化艺术作品，在各类媒体开设创业创新类栏目，举办各类创业活动，营造有利于创业带动就业工作的良好氛围。
四川省	深入实施创新驱动发展战略，全面落实创业扶持政策，进一步推进大众创业万众创新。深化"放管服"改革，进一步减少审批事项，规范改进审批行为，鼓励各地推行行政许可相对集中，优化审批服务。继续深化商事制度改革，在全面实施企业"五证合一、一照一码"，个体工商户"三证整合"登记的基础上，推动"多证合一"改革，开展电子营业执照和全程电子化登记，实施简易注销登记，不断简化办事程序，优化创业环境。积极推进市场监管领域综合行政执法改革，进一步减少执法层级，推进执法重心下移，着力解决重复检查、多头执法等问题。深入实施"创业四川七大行动"，打造"天府杯"等四川创业大赛品牌，加快科技成果转化，提升创新创业服务能力，充分激发科技人员、高层次人才、青年大学生和返乡农民工等各类草根能人创新创业活力。

续表

地区	政策内容
贵州省	支持各类专业社会服务组织和中介机构面向科研创新团队、中小微创新创业企业，提供代理记账、知识产权登记评估、产权登记等社会化服务。完善适应新就业形态的用工和社会保险制度，加快建设"网上社保"。鼓励在县（市、区、特区）一级建立农村创新创业信息服务窗口。
云南省	持续推进"双创"，全面落实创业扶持政策，深入推进简政放权、放管结合、优化服务改革，深化商事制度改革，为促进就业创业降门槛。全面实施"多证合一"，进一步取消和下放对创新创业形成制度障碍的审批事项，规范审批行为。
陕西省	进一步减少前置审批事项，探索登记注册全程电子化，精简群众办事创业的各类证明和盖章环节。试行企业"多证合一、多项联办"，实施个体工商户"两证整合"，推行企业备案类投资项目承诺制试点。组建创业导师团队，组织拥有丰富经验和创业资源的企业家、天使投资人和专家学者担任创业导师，对创业者开展指导和服务。
青海省	持续推进"双创"，全面落实创业扶持政策，深入推进简政放权、放管结合、优化服务改革。深化商事制度改革，全面实施企业"五证合一、一照一码"、个体工商户"两证整合"，部署推动"多证合一"。进一步规范行政审批事项，继续取消调整和下放一批省级行政审批事项，提高简政放权的含金量。加强对权责清单的动态调整和管理，实现政府权力再"瘦身"。大力推进并联审批，推广"互联网＋行政审批"、"一个窗口办理"和"一站式"审批等模式，提高审批效率。加快青海政务服务网建设，创新服务方式，推动更多部门将实体政务大厅向网上办事大厅延伸。加快整合市场监管职能和执法力量，推进市场监管领域综合行政执法工作，着力解决重复检查、多头执法等问题。

资料来源：本表中所列的政策内容主要摘录自各省、自治区、直辖市发布的《关于强化实施创新驱动发展战略进一步推进大众创业万众创新深入发展的意见》《关于支持大众创业促进就业的意见》《关于推动创新创业高质量发展打造"双创"升级版的实施意见》《关于做好当前和今后一段时期就业创业工作的实施意见》。

2. 完善升级创业金融服务，充分发挥金融服务支持创业作用

各省、自治区、直辖市政府自 2017 年以来持续引导社会资本支持创业投资，引导投资基金支持创业发展，引导金融机构更好地服务于大学生创业的融资需求，支持创业担保等直接融资渠道的发展，不断拓宽创业投资、融资渠道，致力于为创业提供差异化金融服务，助力形成市场化、多元化的大学生群体创业资金来源，推动创业金融服务完善和升级，提升大学生群体创业的融资能力，充分发挥创业投资对大学生群体创业的支持作用。表 4-7 对各省、自治区、直辖市的相关政策内容做出了详细说明。

表 4－7　2017 年以来各省、自治区、直辖市创业金融服务相关政策内容列表

地区	政策内容
北京市	落实好创业担保贷款政策，鼓励金融机构和担保机构依托信用信息，科学评估创业者还款能力，改进风险防控，降低反担保要求，健全代偿机制，推行信贷尽职免责制度。促进天使投资、创业投资、互联网金融等规范发展，灵活高效地满足创业融资需求。有条件的地区可通过财政出资引导社会资本投入，设立高校毕业生就业创业基金，为高校毕业生创业提供股权投资、融资担保等服务。
天津市	在津创业各类人员可申请最高 30 万元创业担保贷款，重点创业人群最高 50 万元，贷款期限最长 3 年，在规定贷款额度、利率和贴息期限内全额贴息。小微企业符合国家规定条件的，可申请最高 300 万元贷款，贷款期限最长 2 年，按规定利率的 50％贴息。完善市、区创业担保基金调剂机制。允许采用财产抵押、质押、保证及信用等方式申请贷款。建立信用乡村、信用园区、创业孵化示范载体推荐免担保机制。开展市级创业担保贷款经办业务，为重点创业人群、小微企业提供贷款。鼓励经办银行通过免担保或其他担保方式直接办理贷款。
河北省	设立中小企业投融资服务中心，搭建中小企业投融资服务平台，设立一站式的投融资服务大厅，启动中小企业融资项目征集系统，举办融资服务推介会，开通服务热线，按照政府主导、市场化运作的原则，面向广大中小型企业，提供政策咨询服务、融资服务、财务顾问服务、资信评估服务、创新金融服务等全方位、多层次、多样化的一站式服务。 由保险机构、担保机构和银行三方按一定比例共同承担融资风险，形成以贷款风险分摊机制为核心的专利权质押保险贷款新模式，大幅降低商业银行的放贷风险，提高银行以专利为质押向企业提供贷款的积极性。
山西省	加快金融创新。引导辖区银行业金融机构积极创新小微金融产品和服务，积极开展知识产权质押、应收账款质押、动产质押、股权质押、仓单质押、保单质押等抵质押贷款业务。研发适合小微企业发展的中长期固定资产贷款产品。加强与"互联网＋"融合，有效利用大数据，充分运用手机银行、网上银行等渠道为小微企业提供综合性金融服务，提高服务便利度。 积极支持我省中小企业对接"双创债"试点。认真贯彻落实证监会《关于开展创新创业公司债券试点的指导意见》（证监会公告〔2017〕10 号）中，对创新创业企业、创业投资公司发行公司债券实施专项审核、支持设置转股条款、鼓励业务创新等政策措施。
内蒙古自治区	加大创业担保贷款工作力度，创新创业担保贷款担保模式，在政策允许和风险可控的前提下，降低反担保要求，健全代偿机制，推行信贷尽责免责制度，推动金融机构及时为符合条件的创业者发放创业担保贷款。 支持地方法人银行在符合条件的情况下在旗县（市、区）等基层区域增设小微支行、社区支行，支持商业银行改造小微企业信贷流程和信用评价模型，合理设置小微企业授信审批权限。
辽宁省	构建物理载体和信息载体，通过政府引导、民间参与、市场化运作，搭建债权融资服务、股权融资服务、增值服务三大信息服务体系，加强科技与金融融合，为中小企业提供全方位、一站式投融资信息服务。 加大创业担保贷款贴息力度，对高校毕业生自主创业的项目实行全额贴息，贴息期限不超过 3 年。对高校毕业生创办中小企业实体生产的节能环保、自主创新产品，按政府采购扶持政策予以优先采购。

续表

地区	政策内容
吉林省	加快推进城市商业银行转型回归到服务小微企业等实体的本源,引导金融机构提高风险识别和定价能力,开展产业链金融、并购贷款及知识产权质押融资、股权质押融资、科技保险等金融服务模式和产品创新,加大对创新创业企业的金融支持力度。引导银行创新金融产品,支持返乡农民工、农村青年、农村低收入人群等创业就业,重点服务发展农村电子商务等新业态新模式。支持有条件的银行设立科技信贷专营事业部,提高服务创新创业企业的专业化水平。深入抓好小微企业应收账款融资专项行动。支持银行业金融机构积极稳妥开展并购贷款业务,提高对创业企业兼并重组的金融服务水平。 充分发挥创业投资作用。加大对创业投资行业的监督指导力度,积极参考主体信用状况,通过提供差异化金融服务将联合奖惩落实到位。发挥税收职能作用,做好与国家即将出台的税收优惠政策对接工作。设立专业化管理的创业投资基金。支持创建"双创"基金池。积极对接并争取国家新兴产业创业投资引导基金、国家中小企业发展基金、国家科技成果转化引导基金、国家战略性新兴产业发展基金等已设立基金支持。加快长春东北亚区域性金融服务中心建设,推动金融小镇、金融街区等集聚主体加速发展,带动金融机构、金融人才、金融资金等要素的全面功能集聚。完善政府出资产业投资基金信用信息登记,开展政府出资产业投资基金绩效评价和公共信用综合评价。 推进资本市场融资服务,支持发展潜力好但尚未盈利的创新型企业上市或在新三板、区域性股权市场挂牌。建立企业发债综合协调机制,支持符合条件的企业发行"双创"专项债务融资工具,帮助企业降低融资成本。常态化开展吉林省科技企业投融资路演活动,促进优秀科技型中小企业与全国范围内的创投机构、上市公司等投资机构对接。规范发展互联网股权融资,为各类个人直接投资创业企业提供信息和技术服务。贯彻落实《公司法》等法律、法规和资本市场相关规则,允许科技企业实行"同股不同权"治理结构。 推动"银政企保"合作,重点为民营企业和中小企业贷款融资提供担保。推广专利权质押融资,鼓励保险公司为科技型中小企业提供专利融资保证保险服务。用好定向降准、信贷政策支持再贷款等结构性货币政策工具,引导资金更多投向创新型企业和小微企业。引导社会资本合作共建我省的科技企业债权融资资金池和科技成果转化项目股权投资专项资金池,探索建立以风险补偿为核心的风险分担机制。实施战略性新兴产业重点项目信息合作机制,为战略性新兴产业提供更具针对性和适应性的金融产品和服务。
黑龙江省	放大财政贴息担保贷款对创业的扶持作用。凡有创业要求并符合一定条件的就业重点群体和困难人员,可在创业地申请2年期最高额度为10万元财政贴息的创业(小额)担保贷款;对合伙经营和组织起来创业的,按人均10万元、实际贷款人数和额度分别给予2年期的担保贷款。对个人发放的创业担保贷款,在贷款基础利率基础上上浮3个百分点以内的,由财政给予贴息。对小微企业当年新招用各类就业困难人员达到企业员工的30%(超过100人的达到15%)以上并与其签订1年以上劳动合同的,给予为期2年、最高不超过200万元的担保贷款,财政部门按贷款基准利率的50%给予贴息。完善担保基金呆坏账核销办法,细化核销标准,提高代偿效率。简化担保贷款申请手续,开展网上申请和办理服务。
上海市	完善创业担保贷款政策,强化创业担保资金管理,健全担保资金持续补充机制和代位清偿资金核销机制。进一步扩大个人创业担保贷款政策范围,提高个人免担保额度,优化利息补贴办法。推进应收账款融资试点、投贷联动业务试点,有效满足创业融资需求。进一步发挥上海市大学生科技创业基金作用,通过降低资助门槛、提高资助标准等方式,加大对大学生创业的支持力度。加强征信知识教育引导,扩大高校毕业生融资渠道,完善融资服务政策体系。

续表

地区	政策内容
江苏省	落实好创业担保贷款政策，鼓励各地将个人贷款最高额度从 10 万元调整为不低于 30 万元，将支持范围从创办个体工商户、企业扩大到农民专业合作社、民办非企业单位和网络创业，合伙经营或创办企业的，可适当提高贷款额度。 健全代偿机制，对贷款额度在 10 万元以下（含 10 万元）的，由担保基金与经办银行按协议约定比例分担，最高全额代偿；贷款额度超过 10 万元的，由担保基金代偿不超过 80%。
浙江省	调整小额担保贷款为创业担保贷款。有创业要求、具备一定创业条件但缺乏创业资金的在校大学生创办个体工商户（含经认定的网络创业，下同）的，可申请不超过 30 万元的贷款；合伙经营或创办企业的，可适当提高贷款额度。加大贷款贴息力度，对在校大学生和毕业 5 年以内高校毕业生等重点人群实行全额贴息，其他人员实行 50% 贴息，予以贴息的利率可在基础利率的基础上上浮 3 个百分点，贴息期限不超过 3 年。简化贷款发放手续，健全呆坏账核销办法。贷款 10 万元以下、由创业担保基金提供担保的，免除个人担保。由创业担保基金提供担保的贷款被认定为不良的，贷款 10 万元以下的，由创业担保基金全额代偿；贷款超过 10 万元的，由创业担保基金代偿 80%。探索创新贷款发放机制，金融机构通过互联网方式发放创业担保贷款，经人民银行、财政和人力社保部门认定，可同等享受相关政策。 运用财税政策，支持风险投资、创业投资、天使投资等发展。充分发挥省级政府产业基金杠杆作用，推动市县加快建立政府产业基金。鼓励各地设立创业投资引导基金，实行专业运营、滚动发展，主要用于扶持初创期、中早期、成长性较好的创业项目，重点支持高校毕业生创业。有条件的地方可采取创业投资引导基金入股的方式，与社会资本、金融资本共同建立众创投资基金或众创公益基金。
安徽省	打造创业担保贷款升级版，充分利用劳动者或小微企业信用信息，科学评估创业者还款能力，降低或免除反担保要求，稳妥开展"社保贷"试点。在初始创业者或小微企业自主提供反担保、自愿承担贷款利息的前提下，鼓励各地由创业贷款担保基金提供担保，个人贷款额度可提高至 50 万元，小微企业贷款额度可提高至 400 万元。改进风险防控，推行信贷尽职免责制度。引导金融机构开展应收账款、动产、供应链融资等创新业务，提供科技融资担保、知识产权质押、股权质押等方式的金融服务，拓宽创业投融资渠道。拓展省股权托管交易中心市场功能，为创业企业提供展示、股权转让、融资对接等综合金融服务。优化整合现有资源，研究设立高校毕业生创业基金，为高校毕业生创业提供股权投资等融资服务。鼓励高校设立创业扶持资金，为大学生创业提供支持。规范互联网金融发展，加强风险防范，灵活高效满足创业融资需求。
福建省	落实好创业担保贷款政策，引导银行业金融机构进一步优化创业担保贷款审批流程。按照国家有关部署，改进风险防控，健全代偿机制，推行信贷尽职免责制度。各地创业担保基金管理机构要本着服务实体经济、支持创新创业，适当降低贷款人的反担保门槛。鼓励银行业机构根据创业型小微企业融资需求和经营特征，合理设置贷款期限，创新贷款还款方式，持续改进小微企业信贷风险管理技术和体系，完善落实小微企业授信尽职免责制度，加大创业型小微企业信贷投放力度。鼓励金融机构按照商业化可持续发展原则，综合运用支农再贷款、扶贫再贷款、支小再贷款等一系列货币政策工具，优先支持带动建档立卡贫困户就业发展的企业及家庭农场、专业大户、农民合作社等经济主体。继续加大无还本续贷业务推广力度，拓宽业务覆盖面，提高无还本续贷占比，降低创业型小微企业融资成本。鼓励符合条件的私募基金管理人开展天使投资和创业投资，满足创业早期小微企业的融资需求，促进其规范发展。

续表

地区	政策内容
江西省	落实创业担保贷款政策，降低反担保门槛，对创业项目前景好但自筹资金不足且不能提供反担保的，允许对符合条件的采取信用担保或互联互保方式进行反担保。对采取信用担保的，还应对企业主户籍、房产、授信银行家数以及企业的环保达标状况、按时纳税情况等进行综合评估；对采取互联互保方式进行反担保的，反担保机构原则上以政府背景类担保机构为主。
山东省	大力发展创业担保贷款，符合条件的创业人员，可申请最高不超过10万元的创业担保贷款，期限最长不超过3年；符合条件的小微企业，可申请最高不超过300万元的创业担保贷款，期限最长不超过2年，按照规定给予贴息。在网络平台实名注册、稳定经营且信誉良好的网络创业人员，可按规定享受创业担保贷款及贴息政策。有条件的市可适当放宽创业担保贷款借款人条件，提高贷款利率上限。
河南省	落实创业担保贷款政策，鼓励金融机构和担保机构依托信用信息，科学评估创业者还款能力，改进风险防控，降低反担保要求，健全代偿机制，推行信贷尽职免责制度。按照各地当年新发放创业担保贷款总额的1%按规定给予创业担保贷款奖励性补助，用于创业担保贷款工作成效突出的经办银行、创业贷款担保基金运营管理机构等单位的工作经费补助。促进风险投资、创业投资、天使投资、互联网金融等规范发展，运用市场机制，引导社会资金支持创业活动。支持财政出资引导社会资本投入，鼓励有条件的地方设立高校毕业生就业创业基金，为高校毕业生提供股权投资、融资担保等服务。
湖北省	落实好创业担保贷款政策，鼓励金融机构和担保机构依托信用信息，科学评估创业者还款能力，优化和规范贷款审批流程，放宽反担保条件，降低反担保要求或取消反担保，健全代偿机制，推行信贷尽职免责制度。有条件的地方可通过财政出资引导社会资本投入，设立就业创业基金，支持高校毕业生、返乡农民工创业就业，提供股权投资、融资担保等服务。
湖南省	个人创业担保贷款最高额度调整为10万元；对符合条件的借款人合伙创业或组织起来共同创业的，按合伙创业或组织起来共同创业人数，每人贷款最高额度10万元，最高贷款额度50万元；个人创业担保贷款最长期限从2年调整为3年。为鼓励金融机构放贷，贷款利率可在人民银行公布的贷款基准利率的基础上适当上浮。
广东省	积极争取我省成为国家第二批投贷联动试点地区。支持银行机构探索投贷联动业务，加强与创业投资、股权投资机构的合作，强化信息和资源共享，推动科技创新企业的发展。支持银行机构参与设立各类产业投资基金，对基金所投企业提供贷款融资。深入开展科技信贷风险补偿工作，建立融资担保风险分担和补偿机制。深入推进专利保险试点，推广"政府＋保险机构＋服务机构"联动模式。引导和支持金融机构按市场化方式建立"贷款＋保险＋财政风险补偿"的专利权质押融资模式。
广西壮族自治区	落实我区深化小微企业金融服务有关政策措施，推动我区城市商业银行转型，更好地服务全区小微企业发展。推进全区政府性融资担保体系建设，进一步完善政银担、政银保、政银企等服务模式，为创新创业企业提供差异化融资担保。支持金融机构为我区战略性新兴产业发展提供有针对性的金融产品和服务。 引导投资基金支持创新创业发展。设立广西融资担保基金，有序开展融资担保业务。引导天使投资支持我区创新创业项目，加快出台促进广西天使投资发展的相关政策措施，培育和壮大天使投资人群体。完善政府出资产业投资基金信用信息登记制度，开展政府出资产业投资基金绩效评价和公共信用综合评价。 落实自治区关于撬动资本市场资源服务实体经济发展的相关政策，降低企业上市（挂牌）成本，支持发展潜力好但尚未盈利的创新型企业上市或在新三板、区域性股权市场挂牌。支持科技型中小企业和创业投资企业发债融资，规范发展互联网股权融资，推动创新券、创业券跨区域互通互认，拓宽小微企业和创新创业者融资渠道。

续表

地区	政策内容
海南省	完善创业服务体系，落实各项创业优惠政策。重点群体按规定享受创业税收扣减政策，2019 年 12 月 31 日前未享受满 3 年的，可继续享受至 3 年期满为止。对凡不符合查账征收条件的个体工商户，应税收入不高于 30 000 元/月的，免征个人所得税。对持有《就业失业登记证》或《就业创业证》毕业 2 年内的高校毕业生，首次创办小微企业或从事个体经营且正常经营 1 年以上的，试行给予适当的创业补贴，从就业补助资金中列支。符合条件的创业人员首次创业 3 年内，带动 3 至 5 人就业，与其签订 1 年以上劳动合同并缴纳 1 年以上社会保险，履行合同满 1 年后，给予一次性奖励补贴 3 000 元；带动 6 人以上（含 6 人）就业，与其签订 1 年以上劳动合同并缴纳 1 年以上社会保险，履行合同满 1 年后，给予一次性奖励补贴 5 000 元，奖励补贴从就业补助资金中列支。对在高附加值产业创业的劳动者，创业扶持政策要给予倾斜。 鼓励金融机构和担保机构利用信用信息共享平台，科学评估创业贷款风险，适当降低反担保要求，落实好担保贷款代偿补贴政策，推行信贷尽职免责制度。促进天使投资、创业投资、互联网金融等规范发展。继续实施好创业担保贷款贴息奖补政策，支持有条件的市县设立政策性融资担保机构，创造良好的融资环境。专项资金贴息的个人创业担保贷款，最高贷款额度为 10 万元，贷款期限最长可达 3 年。专项资金贴息的小微企业创业担保贷款，贷款额度由经办银行根据小微企业实际招用符合条件的人数合理确定，最高可达 200 万元，贷款期限最长可达 2 年。有条件的市县可设立高校毕业生就业创业基金，提供股权投资等服务。依照有关财税扶持政策，鼓励金融机构提供相关私募基金产品、资产管理计划等，为符合条件的就业创业人员提供融资服务支持。鼓励民间资本参与旅游创业，建立旅游创业基金，引入众筹等多种模式探索旅游创业融资新途径。
重庆市	大力推进创业促进行动。加大创业担保贷款发放力度，符合创业担保贷款申请条件的人员自主创业的，可申请最高不超过 15 万元的创业担保贷款。小微企业当年新招用符合创业担保贷款申请条件的人员数量达到企业现有在职职工人数 25%（超过 100 人的企业达到 15%）并与其签订 1 年以上劳动合同的，可申请最高不超过 300 万元的创业担保贷款。鼓励各区县因地制宜适当放宽创业担保贷款申请条件，按规定合理提高贷款额度上限或贴息比例，提高部分的贴息资金由区县财政承担。推动奖补政策落到实处，按当年新发放创业担保贷款总额的一定比例，奖励创业担保贷款基金运营管理机构等单位，引导其进一步提高服务创业就业的积极性。
四川省	有条件的地区可通过财政出资引导社会资本投入，设立高校毕业生就业创业基金，为高校毕业生创业提供股权投资、融资担保等服务。充分发挥四川省创新创业投资引导基金作用，加强对科技型中小微企业的支持和培育。加大对各类创业主体的信贷支持，开展金融产品和服务模式创新。落实创业担保贷款政策，鼓励金融机构和担保机构依托信用信息，科学评估创业者还款能力，改进风险防控，降低反担保要求，健全代偿机制，推行信贷尽职免责制度。鼓励银行业金融机构在现有法律框架下，积极探索开展外部投贷联动业务，提升对科技创新企业的金融服务能力。支持企业改制上市、挂牌，利用主板、创业板、新三板、天府（四川）联合股权交易中心及国外资本市场实现融资。促进天使投资、创业投资、互联网金融等规范发展，灵活高效满足创业融资需求。
贵州省	创业担保贷款政策优先用于支持我省大扶贫、大数据、大生态战略行动和农村"三变"改革的创业项目，以及具有扶贫带动效应的产业项目。鼓励金融机构和担保机构利用个人和小微企业信用信息，科学评估创业者还款能力，改进风险防控，探索建立土地承包经营权、林权、农村居民房屋产权"三权抵押"制度，通过互相担保信用社区等形式降低反担保门槛，健全代偿机制，推行信贷尽职免责制度。

续表

地区	政策内容
云南省	落实企业重大装备首台（套）、新材料首批次应用保险支持政策。探索"贷款＋保险保障＋财政风险补偿"的专利权质押融资模式，总结推广"科创贷＋风险资金池"经验，完善中小微企业贷款风险补偿金政策。鼓励各州、市人民政府通过设立风险资金池等形式，支持创新创业者获取融资。做细做实创业担保贷款，创业担保贷款偿还后，对还款积极、带动能力强、创业项目好的借款个人和小微企业，可继续提供创业担保贷款贴息，但累计不超过3次。深入推进金融、税务、市场监管、社会保障、海关、司法等部门数据共享，鼓励金融机构对守信企业信贷投放。落实对民营企业差别化信贷政策，完善"一部手机云企贷"金融服务平台。 鼓励创新创业企业发行公司债、创新创业债券等。推动我省有关法规规章制度修订工作，进一步提高我省企业上市制度保障水平。建立完善科技型中小企业和创业投资企业上市挂牌重点培育储备清单制度。稳步推进云南省区域性股权市场建设，探索在区域性股权市场建立科技创新专板，为中小企业拓宽融资渠道提供服务。 用好国家支持创业投资基金政策，落实政府出资产业投资基金有关管理要求。政府股权基金可投向种子期、初创期科技企业，创业创新团队可约定按照投资本金和同期商业贷款利息，回购政府投资基金所持股权。鼓励高校、科研院所联合国有平台公司或社会资本组建市场化方式运作的创投基金和科技转化基金。鼓励有条件的州、市出台促进天使投资发展的政策措施，培育和壮大天使投资人群体。
西藏自治区	创新金融产品，扩大信贷支持，鼓励在藏银行业金融机构转变服务方式，增强服务功能，针对不同行业、不同类型、不同发展阶段的小微企业，不断开发特色产品，提供"量身定做"的金融产品和服务，通过联保贷款、动产质押、应收账款质押等方式帮助企业获得更多信贷资金支持。支持在藏金融机构在符合条件的情况下延伸金融服务区域，在有条件的县（区）、乡（镇）增设营业网点，拓展金融服务的广度和深度。加快推进担保体系建设，鼓励有条件的地（市）壮大现有担保机构，引进区外有实力的信用担保公司，并协调完善相关配套政策。
陕西省	完善落实创业担保贷款政策，扩大金融机构合作范围，探索建立合作机构考核管理办法，健全代偿机制，推行信贷尽职免责制度。加快创业担保贷款信用乡村建设，免除孵化对象反担保手续或降低反担保要求。促进天使投资、创业投资、互联网金融等规范发展。整合资源，探索设立陕西省就业创业基金，为创业扶持对象提供股权投资、融资担保等服务。
甘肃省	研究制定甘肃省创业担保贷款实施办法，进一步创新创业担保贷款模式，在政策允许和风险可控的前提下，降低反担保要求，推动金融机构对符合条件的个人发放创业担保贷款，最高额度为10万元。对符合条件的借款人合伙创业或组织起来共同创业的，贷款额度可适当提高。根据小微企业实际招用人数合理确定创业担保贷款额度，最高不超过200万元。

续表

地区	政策内容
青海省	支持金融机构按照"双创"企业生命周期,积极开发金融服务产品,合理设置"双创"企业流动资金贷款期限。推广"银税互动"融资模式,深化银税合作领域,拓展小额信用贷款受惠面。大力发展普惠金融,鼓励地方法人金融机构设立社区支行、小微支行、科技支行等,提高"双创"领域金融服务可得性。引导大型国有商业银行合理扩大基层支行信贷审批权限,在风险可控前提下,简化审批流程,降低准入门槛。支持商业银行优化小微企业信贷流程和信用评价模型,提高审批效率。 完善基金服务体系和基础服务设施建设,发挥创业投资、私募股权投资、产业投资基金作用,吸引各类股权投资基金落户青海,充分利用我省现有创业投资子基金,支持科技成果转化。落实创业投资企业和天使投资个人投向种子期、初创期科技型企业所得税试点优惠政策。 建立创新券、创业券管理制度和运行机制,在西宁市、海西州等地区和青海高新技术产业开发区等区域发放一定额度的创新券,在"双创"示范基地等区域发放一定额度的创业券,建立完善创新券、创业券跨区域互通互认机制。 加快发展科技保险、首台(套)重大技术装备保险,探索发展专利保险,推进现代科技与现代保险深度融合。加快发展信贷保证保险、履约保证保险、信用保险、借款人意外保险,积极发挥保险增信功能。 支持符合条件的企业在各类资本市场挂牌上市。鼓励支持青海股权交易中心为青年创意企业、初创企业及成长型企业提供符合其特点的融资渠道和发展平台,对挂牌、进行股份制改造并实现融资的中小微企业给予奖励。 推动发展投贷联动、投保联动、投债联动等新模式,鼓励商业银行提高对初创企业的贷款额度,设立政府性融资担保机构,为科技型中小企业融资提供担保。鼓励和引导各类社会资金参与对知识产权转化运用的投入体系。推广专利权质押等知识产权融资模式,探索建立知识产权投融资风险管理以及补偿机制。 鼓励第三方征信机构参与创业投资行业信用建设和管理,建立健全创业投资企业、创业投资管理企业及其从业人员信用记录,实现创业投资领域信用记录全覆盖。推动创业投资领域信用信息纳入全国信用信息共享平台(青海),依法依规在"信用中国(青海)"网站公示,加快建立创业投资领域严重失信黑名单制度。
宁夏回族自治区	对资信良好、贷款金额较少和市场前景评估较好的创业者个人,可降低反担保条件;对高校毕业生、高校及科研院所等事业单位专业技术类离岗创业人员、复转军人等申请个人创业担保贷款的,经担保机构审核评估后,可以探索取消反担保。鼓励金融机构开辟创业担保贷款绿色通道,根据创业担保贷款特点改进风险防控体系,进一步优化贷款流程,缩短贷款审批时间,严格执行创业担保贷款利率,推行信贷尽职免责制度,配合担保机构做好贷后管理工作。鼓励金融机构进一步完善"创业担保贷款+商业贷款"模式,本着利息优惠、操作便利的原则,对创业者进行同步或后续扶持,扩大创业者贷款规模,着力解决创业者资金不足等问题。支持银川市等有条件的地区,依托各类创业项目、创业孵化示范基地(园)和产业园区,通过财政出资引导社会资本投入,设立高校毕业生就业创业基金,为高校毕业生创业提供股权投资、融资担保等服务。
新疆维吾尔自治区	适时推进工商银行在小微企业名录系统开设小微企业金融服务栏目,提供合作的银行业金融机构的小微企业金融信贷信息,推动建立线上申贷系统,提交贷款申请。推动银行业金融机构与当地工商部门、税务部门在符合法律法规规定、自主协商的前提下开展中小企业信贷信息、数据信息共享等合作。

　　资料来源:本表中所列的政策内容主要摘录自各省、自治区、直辖市发布的《关于强化实施创新驱动发展战略进一步推进大众创业万众创新深入发展的意见》《关于支持大众创业促进就业的意见》《关于做好当前和今后一段时期就业创业工作的实施意见》《关于促进创业投资持续健康发展的实施意见》。

3. 深入促进创业载体建设，引导社会资源支持大学生创业

各省、自治区、直辖市政府自 2017 年以来依托高校和科研院所、创新型企业等不同载体，鼓励社会各方面力量和资本投入大学生创业领域，支持多种形式的创业示范基地建设，并通过引导社会各类要素投入，有效集成高校、科研院所、企业和金融、知识产权服务以及社会组织等力量，统筹部署大学生创业载体建设，充分发挥各自的优势和资源，探索形成不同类型的创业载体及其发展模式，统筹各方资源，持续优化针对大学生创业群体的服务并加大政策支持力度。表 4－8 对各省、自治区、直辖市的相关政策内容做出了详细说明。

表 4－8　2017 年以来各省、自治区、直辖市创业载体相关政策内容列表

地区	政策内容
北京市	加快创业孵化基地、众创空间等建设，试点推动老旧商业设施、仓储设施、闲置楼宇、过剩商业地产转为创业孵化基地。整合部门资源，发挥孵化基地资源集聚和辐射引领作用，为创业者提供指导服务和政策扶持，对确有需要的创业企业，可适当延长孵化周期。各地可根据创业孵化基地入驻实体数量和孵化效果，给予一定奖补。
天津市	对注册经营满 1 年、建筑面积 1 500 平方米以上、提供优质孵化服务、在孵初创企业（重点创业人群、退役军人、登记半年以上失业人员、就业困难人员、返乡农民工、残疾人等创办）30 户以上、户均带动就业 3 人以上的创业孵化载体，可认定为天津市创业孵化基地，给予建设费补贴、孵化补贴、带动就业补贴。建设费补贴最高 50 万元，对大学生创办在孵企业占 50% 以上的，补贴上浮 50%；每新增 1 户孵化企业、生产经营满 1 年、带动就业 2 人以上的，给予 1 万元孵化补贴；根据每年在孵企业新增带动就业人数，按每人 3 000 元标准给予带动就业补贴。被评为国家级、市级创业孵化示范基地的，分别给予最高 100 万元和 50 万元奖励。
河北省	加快推动众创空间、创业孵化基地、返乡创业园建设，为高校毕业生、失业人员、农村转移就业劳动力提供低成本、便利化、全要素创业服务，为入驻企业和创业项目提供 3 年的房租物业补贴。
山西省	推进省级创业孵化示范基地、省级创业示范园区建设。对入驻创业实体数量多、孵化效果好的创业孵化基地，在省级奖补的基础上，有条件的市可由市级财政给予一定奖补。
内蒙古自治区	加快众创空间、创业园和创业孵化基地等建设，实施示范性创业园和孵化基地建设项目，到 2020 年，力争打造 100 个以上特色突出、功能完备、承载力强、具有示范和带动效应、与区域优势产业高度契合的创业园和孵化基地。各地可将具备条件的创业园和孵化基地，根据自治区有关规定纳入"以奖代补"项目扶持范围。

续表

地区	政策内容
辽宁省	加快创业孵化基地（园区）、众创空间等建设，发挥政府引导作用，合理规划布局，加快推进社会资本投资，鼓励龙头骨干企业围绕主营业务方向建设创业孵化基地，优化配置技术、装备、资本、市场等创新创业资源。对确有需要的创业企业，可适当再延长不超过 2 年的孵化周期。各地区可根据创业孵化基地入孵实体数量和孵化效果，给予一定奖补。经市人力资源社会保障、财政部门认定并挂牌的市级创业孵化基地，面积达到 1 万平方米以上（含 1 万平方米，下同），入驻孵化对象 60 户以上，带动就业 500 人以上的，每年市政府给予 150 万元的补贴；面积达到 5 000 平方米以上，入驻孵化对象 40 户以上，带动就业 300 人以上的，每年市政府给予 100 万元的补贴；面积达到 3 000 平方米以上，入驻孵化对象 30 户以上，带动就业 200 人以上的，每年市政府给予 70 万元的补贴。按照"谁主管、谁负责"的原则，各县（市）区建成 1 500 平方米以上的县（市）区级创业孵化基地（孵化园），每年由县（市）区政府给予 20 万元的补贴。
吉林省	引导开发区打造大中小企业融通型创新创业特色载体，提高创新创业服务和资源融通的质量和效率，推动建设区域创新创业生态环境。支持长春市创建国家自主创新示范区，支持松原市创建油页岩原位转化先导试验示范区。建立数字产业集中区，强化大型企业、中心城市等载体在"数字吉林"建设中的带动作用，积极打造吉林特色的智能制造产业基地、未来农业智慧园、医药健康数字产业基地等创新创业集聚区，吸引人才、成果、资本等高端要素集聚，促进新技术、新产品、新业态、新模式加速发展。推进建设综合性国家产业创新中心，提升关键核心技术创新能力。依托"长春现代都市圈"，探索打造跨区域协同创新平台。
黑龙江省	推进创业孵化基地、众创空间建设，利用各级政府清理出来的非办公类资产和闲置楼宇资源改扩建、新建一批孵化基地，各级政府可租用存量商品房、厂房等社会资源建立孵化基地，鼓励企业自建、合建孵化基地。有条件的地区，可为科技人员、高校毕业生、农民（农民工）和城镇转移就业职工辟建创新创业专区，或专建孵化基地，依托存量资源整合发展一批农民工返乡创业园。发挥孵化基地资源集聚和辐射引领作用，为创业者提供指导服务和政策扶持，对确有需要的创业企业，可适当延长孵化周期。各地政府可根据创业孵化基地入驻实体数量和孵化效果给予一定奖补。
上海市	鼓励各区、各类产业园区和企业利用已有的商业商务楼宇、工业厂房、仓储用房等存量房产，改建为创业孵化基地和众创空间。鼓励各类孵化基地探索形成各具特色的孵化服务模式，适应市场需求，实现可持续发展。整合部门资源，集聚创新创业要素，发挥孵化基地、众创空间等创业载体的服务功能，为创业者和创业企业提供低成本、便利化、全要素、开放式的综合创业服务。对符合条件的市级创业孵化示范基地、众创空间等创业载体，开展服务评估，落实奖补政策，促进创业服务提质增效。
江苏省	鼓励有条件的地方采取购置、置换、租赁、收回等形式，推动老旧商业设施、仓储设施、闲置楼宇、过剩商业地产转为创业孵化基地。支持乡镇和有条件的村建设农民工返乡创业园，推进高校就业创业指导站全覆盖，促进小型微型企业创业创新基地发展。落实创业孵化补贴政策，鼓励创业载体为创业者提供指导服务和政策扶持，对确有需要的创业企业，可延长孵化周期最长 1 年。建立县级以上创业示范基地评估认定制度，完善省级创业示范基地评估认定和跟踪管理机制。

续表

地区	政策内容
浙江省	鼓励特色小镇、科技企业孵化器、众创空间、小微企业园区、创业孵化基地等平台为创业者提供政策咨询、创业培训、创业指导、融资等服务，创业孵化基地和创业孵化企业提供孵化服务的，可按实际成效给予补贴。各地要推进创业孵化示范基地建设，到2020年，认定100家省级创业孵化示范基地，省财政按孵化数量及成效给予每家省级示范基地最高30万元的一次性奖补。
安徽省	发挥行业领军企业、创业投资机构、社会组织等主力军作用，整合、提升、完善一批公共创业孵化基地，鼓励社会各界整合资源发展各类创业平台。推动老旧商业设施、仓储设施、闲置楼宇、过剩商业地产转为创业孵化基地。实施国家"双创"示范基地三年行动计划，建设一批高水平的创业创新示范基地。推进合肥国家级小微企业创业创新示范基地、皖南皖西乡村旅游创客示范基地建设。整合资源，发挥孵化基地资源集聚和辐射引领作用，细化各类孵化基地补贴、奖补等政策，为创业者提供指导服务和政策扶持。鼓励和引导返乡农民工按照法律法规和政策规定，通过承包、租赁、入股、合作等多种形式，创办领办家庭农场林场、农民合作社、农业企业、农业社会化服务组织等新型农业经营主体。支持引导各地建设一批农民工返乡创业示范园，依托存量资源整合发展一批农民工返乡创业园。支持农民工返乡创业示范县建设。对初始创业者或小微企业，通过创业服务云平台支持其自主选择创业服务。对毕业2年以内的高校毕业生、就业困难人员首次创办小微企业并正常经营6个月以上的，给予不少于5 000元的一次性创业扶持补贴。
福建省	加快国家级"双创"示范基地、省级示范创业创新中心、创业孵化基地、创业大本营、科技企业孵化器、众创空间和大学生创新创业基地等建设，试点推动老旧商业设施、旧工业区、旧厂房、仓储设施、闲置楼宇、过剩商业地产转为创业孵化基地。鼓励个人、单位购置商业办公地产用于创业经营，作为众创空间等创新创业载体。依托国家级和省级高新技术产业开发（园）区及其他各类产业园区，对现有孵化器进行改造，拓展孵化功能，支持培育与上市公司、创投机构相结合的新型孵化器。发挥孵化基地资源集聚和辐射引领作用，为创业者提供指导服务和政策扶持，对确有需要的创业企业，可适当延长孵化周期。各地可根据创业孵化基地入驻实体数量和带动就业效果，从就业补助资金中给予一定奖补。
江西省	加大创业孵化基地建设资金投入力度，对被评为全国创业孵化示范基地的给予一次性补助200万元，被评为省级创业孵化示范基地的给予一次性补助100万元。
山东省	支持各市结合本地实际，打造一批不同主题的特色小镇（街区），向创业者提供免费工位或场所。推广海尔集团、浪潮集团经验做法，鼓励大企业由传统的管控型组织向新型创业平台转型，利用自身资源优势，实施创客化、平台化改造，带动企业内部员工和社会创业者共同创业。

续表

地区	政策内容
河南省	持续推进综合性创业孵化平台建设，鼓励各地在产业集聚区、高新技术产业开发区等原有各类园区，以及利用老旧商业设施、仓储设施、闲置楼宇、过剩商业地产等，建设创业孵化基地、众创空间、科技企业孵化器和大学科技园。鼓励高校及社会机构建设一批大学生创新创业实践示范基地。省、省辖市每年认定一定数量的示范性创业孵化基地和新型孵化平台，对达到市级标准的，由所在省辖市给予一次性奖补；达到国家和省级标准的，由省按规定给予一次性奖补。发挥创业孵化示范基地的资源集聚和辐射引领作用，吸纳更多创业者进入基地享受孵化服务，对确有需要的创业企业，可延长不超过2年的孵化周期。重点建好中国中原大学生创业孵化园，充分利用清华启迪优势，把创业孵化园打造成为省会东部校区"双创"示范平台、产业引进嫁接平台、高端集成化孵化平台、高层次人才招才引智平台，形成"一中心、多基地"的发展模式。继续完善河南省大学生就业创业综合服务基地服务功能，推进省级大学生创新创业服务平台建设。加快发展专业性众创空间，形成线上与线下、孵化与投资相结合的开放式综合服务载体，集中为中小企业和创业者提供低成本、便利化、全要素服务。
湖北省	发挥政府引导作用，鼓励社会力量参与，加快创业孵化基地、众创空间等建设，鼓励房地产企业利用库存房源发展创业等跨界地产，试点推动老旧商业设施、仓储设施、闲置楼宇转为创业孵化基地。推进龙头企业和领军企业围绕产业链建设创业孵化平台。各地可根据创业孵化基地入驻实体数量和孵化效果，给予一定奖补。按规定落实大学生创业孵化示范基地场租、水电费补贴政策。
湖南省	积极争取建设国家级"双创"示范基地，打造一批省级"双创"示范基地。加快发展市场化、专业化、集成化、网络化的众创空间，形成开放共享的科技创新创业服务平台。
广东省	打造科技成果转移转化区域高地，加强粤港澳大湾区科技创新合作及成果转移转化，鼓励与港澳联合共建国家级科技成果孵化基地、青年创新创业基地等成果转化平台。加快建设华南技术转移中心，打造华南地区最具活力和影响力的技术转移与成果转化平台。建立全省统一的科技成果信息公开平台，完善重大科技成果转化数据库，推动技术标准成为科技成果转化的重要表现形式和统计指标。
广西壮族自治区	大力扶持创业孵化基地、众创空间等创业载体建设。对经认定为创业孵化基地的众创空间，给予2年的房租、宽带接入费补助。对认定为自治区级创业孵化示范基地的，给予100万元的奖补。各设区市可结合实际情况评估认定市级创业孵化示范基地，给予不超过50万元的奖补。建立自治区级科技企业孵化器综合评价体系，引导科技企业孵化器不断提升服务能力。支持我区生产制造类企业依托生产项目设立工匠工作室，助力企业技术攻关。加强众创空间质量管理，建立优胜劣汰发展机制，提升众创空间专业化、精细化发展水平。鼓励大企业向中小企业开放创新研发资源。鼓励大中型企业通过参股、投资等方式开展内部创业，推动有条件的企业依法合规发起或参与设立公益性创业基金，支持国有企业探索以子公司等形式设立创新创业平台。
海南省	鼓励六类园区、各类院校和企业开展创业创新公共平台建设，在场所用地、基本设备设施、公共管理服务等方面给予扶持。推动闲置楼宇、过剩商业地产转为创业孵化基地，经所在市县商务、财政等有关部门认定，分别按规定给予相应的业主、孵化期中小创业企业适当的财政补贴和贷款贴息补助。通过"以奖代补"的方式着力打造、扶持一批创业孵化基地和重点示范众创空间。

续表

地区	政策内容
重庆市	加快推进市场化、专业化的创业园区、创业孵化基地、众创空间、微企孵化园、楼宇产业园、小企业创业基地等创业载体建设，2019—2020年每年提供免费青年创业工位5 000个，为创业者提供低成本场地支持、指导服务和政策扶持，根据入驻实体数量、孵化效果和带动就业成效，按规定对创业孵化基地给予绩效奖补。
四川省	统筹推进"双创"示范基地建设，着力构建"校、地、企"创业主体协同推进格局。鼓励各地整合资源，加快建设一批市场化、专业化、集成化、网络化众创空间，打造一批资源集聚能力强、辐射范围广、具有区域特色的创业孵化基地，为创业者提供全方位、高质量的创业指导和服务。各地可根据创业孵化基地入驻实体数量和孵化效果，给予一定奖补。对确有需要的创业企业，可适当延长孵化周期。
贵州省	对促进创业带动就业成效明显的各类创业孵化基地（园区），认定为省级创业孵化示范基地的，从省级就业补助资金中给予一次性补助50万元；认定为省级农民工创业示范园的，从省级就业补助资金中给予一次性补助50万元；认定为省级农民工创业示范点的，从省级就业补助资金中给予一次性补助5万元。
云南省	支持各类园区发挥优势，出台配套优惠政策措施，集合各类资源，盘活闲置土地及房产资源，做好创新创业生产生活配套，构建创新创业生态圈。实施"创意云南"计划，推动形成以滇中为中心，以滇西北和滇东南为两翼的文创时尚产业带。推进昆明市通用航空产业综合示范区建设。扎实推进昆明经济技术开发区、昆明高新技术产业开发区、玉溪国家高新技术产业开发区、昭阳工业园区创新创业特色载体建设。推动滇中城市群探索建立跨区域协同创新平台和机制。 给予我省国家级和省级"双创"示范基地更多自主权，鼓励先行先试，在投资审批、科技成果转化、财政金融、人才培养等方面积极探索。为"双创"示范基地内的项目或企业开通绿色通道，带头落实国家全面创新改革试验的有关举措。
西藏自治区	支持具备条件的高校、职校、经开区、高新区等建设自治区级创业孵化基地、众创空间和创客空间，对经自治区人力资源社会保障、财政、科技、团委等部门统一认定的自治区级创业载体，根据相关规定，给予一次性建设资金和年度运行经费补助。鼓励国有企业特别是在藏央企搭建创新创业孵化平台，支持员工和社会创新创业。
陕西省	支持建设创业孵化基地，突出提供个性化、差异化、精细化创业服务，到2020年全省建设100个左右的省级创业孵化示范基地。根据当期孵化成功创业实体数量和吸纳就业人数，给予创业孵化项目补贴。向被认定为省级、国家级创业孵化示范基地的给予一次性创业孵化奖补资金。支持开发区、工业集中区、高校和各类投资人创办创业创新基地，加快培育创新工场等各类创新孵化器，打造特色创业创新聚集区。参照创业孵化基地向创业创新基地和各类创业园区提供奖补政策。
甘肃省	鼓励龙头骨干企业（单位）围绕主营业务，优化配置资源，建设创业孵化基地，突出提供个性化、差异化、精细化创业服务。根据当期孵化成功创业实体数量和吸纳就业人数，给予创业孵化项目补贴，对被认定为省级、国家级创业孵化示范基地的，再给予一次性创业孵化奖补资金。支持开发区、工业集中区、高校和各类投资人创办创业创新基地，加快培育创客空间、星创天地等各类创新孵化器，打造特色创业创新聚集区。创业创新基地和各类创业园区可参照创业孵化基地享受奖补政策。

续表

地区	政策内容
青海省	充分挖掘社会资源，加快创业孵化基地（园区）、众创空间、科技孵化器等建设，鼓励利用城乡各类园区、闲置场地、厂房、校舍、楼宇等适合聚集创业的场所，通过政府出资、社会力量投资、多元化投资等多种形式，为创业者和小微企业提供生产、经营场地支持，对创业载体的房租、宽带接入费用和公共软件等给予适当财政补贴。也可利用符合条件的现有经济技术开发区、工业园区、高新技术园区、大学科技园区、小微企业孵化园等通过挂牌、共建等方式，认定为创业孵化基地。创业孵化基地一般孵化周期不超过3年，对确有需要的创业企业，可再延长不超过2年的孵化周期。各地可根据创业孵化基地入驻实体数量和孵化效果，给予一定奖补。
宁夏回族自治区	着力推进小微企业创新发展，推动小型微型企业创业创新示范基地建设，搭建中小企业公共服务示范平台。加快科研基础设施、大型科研仪器向小微企业开放力度，积极为小微企业产品研发、试制提供政策支持。积极开展创业孵化示范基地（含大学生、农民工创业孵化示范基地等）创建工作，对达到地级市创业孵化示范基地建设标准的，由所在地级市给予每个园区不低于50万元的一次性奖补；对达到国家和自治区创业孵化示范基地建设标准的，自治区给予每个孵化园区100万元的一次性奖补。
新疆维吾尔自治区	自治区级创业示范基地补助资金1500万元，即按照每个孵化基地300万元的标准拨付补助，保障乌鲁木齐创客云咖等5家自治区级示范基地开展创业项目开发、开业指导、创业网站建设、创业培训师资队伍建设、跟踪服务等创业服务支出和创业孵化基地场地租金减免、水电费减免等创业创新支出。

资料来源：本表中所列的政策内容主要摘录自各省、自治区、直辖市发布的《关于强化实施创新驱动发展战略进一步推进大众创业万众创新深入发展的意见》《关于支持大众创业促进就业的意见》《关于做好当前和今后一段时期就业创业工作的实施意见》。

4. 积极引进"海归"人才，不断积累人才资源优势

各省、自治区、直辖市政府自2017年以来通过发布各类支持政策，积极促进海外留学归来人员本土创业，支持鼓励"海归"人才这一有梦想、有意愿、有能力的群体投身于创业热潮，致力于打造多元主体合力汇聚、活力迸发的良性格局。表4-9对各省、自治区、直辖市的相关政策内容做出了详细说明。

表4-9　2017年以来各省、自治区、直辖市"海归"人才相关政策内容列表

地区	政策内容
北京市	实施留学人员回国创新创业启动支持计划，鼓励留学人员以知识产权等无形资产入股方式创办企业。简化留学人员学历认证等手续，降低服务门槛，依法为全国重点引才计划引进人才及由政府主管部门认定的海外高层次留学人才申请永久居留提供便利。实施有效的人才引进和扶持政策，吸引更多人才回流，投身创业创新。

续表

地区	政策内容
天津市	深入实施"海河英才"行动计划,大力支持海外高端人才和留学回国人才来津创业。持续推进外国人工作许可证、居留许可证、永久居留证"三证联办"服务机制。完善留学回国人才和外籍高层次人才社会保险费相关征收管理政策。促进留学回国人员就业创业,对留学人员来津创办企业的,按规定享受创业培训、创业担保贷款、房租补贴、社保补贴、岗位补贴等大学生创业政策。留学人员以知识产权等无形资产入股方式来津创办企业的,经相关机构评估后,其知识产权等无形资产按评估价值计入公司注册资本实缴额。鼓励简化留学人员学历认证等手续,降低服务门槛,依法为全国重点引才计划引进人才及由政府主管部门认定的海外高层次留学人才申请永久居留提供便利。落实人才聚集战略,健全人才评定标准,优化人才引进政策。
河北省	在国外接受高等教育的留学回国人员,以及在台港澳地区接受高等教育的回内地人员,凭教育部门学历学位认证,可比照国内(内地)高校毕业生享受就业创业优惠政策。
内蒙古自治区	促进留学回国人员就业创业,实施留学人员回国创新创业启动支持计划,鼓励留学人员以知识产权等无形资产入股方式创办企业。实施有效的人才引进和扶持政策,吸引更多人才回流,投身创业创新。
辽宁省	鼓励留学回国人员积极申报赤子计划和留学回国人员创业启动支持计划,吸引更多学有所成的留学回国人员来辽、回辽创新创业,为留学人员和用人单位提供供需对接服务平台。鼓励留学人员以知识产权等无形资产入股方式创办企业。
吉林省	支持"海归"人员开展国际科技交流与合作。重点支持政府间科技合作框架和优秀"海归"人员回国创新创业的国际合作项目。提升针对"海归"创业人才的落户、子女入学、参保等生活服务,最大限度便利在华外籍人才停居留活动。依法简化外国人签证证件申请材料。实行外国人签证证件数字化审批,依法进一步精简外籍人员办理签证和居留许可延期证明材料,对长期在华工作、探亲人员免提交相关证明材料。
黑龙江省	支持留学人员回国创新创业,鼓励留学人员以知识产权等无形资产入股方式创办企业。降低服务门槛,依法为全国重点引才计划引进人才及由政府主管部门认定的海外高层次留学人才申请永久居留提供便利。实施有效的人才引进和扶持政策,吸引更多人才回流,投身创业创新。
上海市	实施更积极、更开放、更有效的海外人才引进政策,不断优化留学人员来沪工作和创业的环境,进一步完善留学人员工作和创业咨询服务机制。设立留学人员创业园区,享受高新技术开发区和经济开发区内孵化机构的同等优惠政策。在国家和本市允许和鼓励投资的行业范围内,留学人员可利用技术专利、科技成果,在本市进行技术转让、技术承包、技术入股,也可自办企业或与本市企业合作、合资,还可以个人或境外注册公司名义来沪投资。完善知识产权融资服务,鼓励留学回国人员创办企业开展知识产权融资。发挥人才专项资金作用,吸引高层次留学人员来沪工作和创业。经政府主管部门认定的高层次留学人员,以随身携带、分离运输、邮递、快递等方式进出境科研、教学和自用物品,海关按照规定给予通关便利或办理减免税手续。简化学历认证等手续,降低服务门槛,建立健全市场认定人才机制,完善永久居留证申办途径,为入外籍留学人员提供居留和出入境便利。

续表

地区	政策内容
江苏省	实施江苏省留学回国人员创新创业计划，推进留学回国人员创新创业园建设，鼓励留学人员以知识产权等无形资产入股方式创办企业。鼓励高校毕业生到社会组织就业，符合条件的可同等享受企业吸纳就业扶持政策。
浙江省	开展海外高层次人才服务"一卡通"试点，拓宽安居保障和医疗保健服务通道，分层分类安排高层次人才子女入学。探索华侨华人高层次人才来浙创新创业便利政策措施。开展在浙外国留学生毕业后直接就业试点。加快推进杭州、宁波国家海外人才离岸创新创业基地建设。
安徽省	提升归国和外籍人才创新创业便利化水平。加快省级留学人员创业园建设，遴选资助一批高层次人才回国创新创业项目。健全留学回国人才和外籍高层次人才服务机制，在签证、出入境、社会保险、知识产权保护、落户、永久居留、子女入学等方面进一步加大支持力度。
福建省	促进留学回国人员就业创业，实施留学人员回国创新创业启动支持计划，鼓励留学人员以知识产权等无形资产入股方式创办企业。按照有关规定简化留学人员学历认证等手续，降低服务门槛，依法为符合条件人才申请永久居留提供便利。大力吸引台、港、澳地区人才来闽就业创业。
河南省	实施留学回国人员创新创业启动支持计划，落实人才引进和扶持政策，吸引更多学有所成的留学回国人员来豫回豫创新创业，为留学回国人员和用人单位提供供需对接服务平台。鼓励留学回国人员以知识产权等无形资产入股方式创办企业。鼓励企业创业，弘扬企业家精神，发挥企业的资金、技术、人才优势，落实相关扶持政策，支持企业通过商业模式创新、产品创新、技术创新创办更多实体，提供更多就业岗位。
湖北省	打造人力资源服务企业"湖北军团"。建设一批人力资源服务产业园，举办国际性人力资本论坛和人力资源服务业博览会，引进一批具有国际先进水平的人力资源跨国机构，鼓励我省人力资源服务机构在境外设立分支机构，积极参与国际人才竞争与合作。
广东省	建设一批留学归国服务中心、留学人员创业园，将留学人员归国就业创业纳入相关政策支持范围，支持社会力量为留学人员归国就业创业提供服务。
广西壮族自治区	健全留学回国和外籍人才服务机制，开通"绿色通道"，在签证、出入境、工作许可、社会保险、落户、永久居留、子女入学等方面加大支持力度。落实国家和自治区为港澳居民、台湾同胞制定的创新创业优惠政策，吸引港澳台青年来桂创业。建设华侨回归创业园，打造智慧侨乡品牌。
海南省	实施留学人员回国创新创业启动支持计划，鼓励留学人员以知识产权等无形资产入股创办企业。简化留学人员学历认证等手续，依法为重点引才计划所引进的人才及由政府主管部门认定的海外高层次留学人才申请永久居留提供便利。

续表

地区	政策内容
重庆市	实施重庆市留学人员创新创业支持计划，打造一批市级留学人员创业园，每年择优资助一批创新创业项目，支持留学回国人员来渝就业创业。鼓励留学人员以知识产权等无形资产入股方式创办企业。按有关规定简化留学人员学历认证等手续，降低服务门槛，依法为全国重点引才计划引进及由政府主管部门认定的外籍高层次人才申请永久居留提供便利。实施"鸿雁计划"，认真落实人才引进和扶持政策，吸引更多人才回流，投身创业创新。
四川省	实施留学人员回国服务四川计划，简化学历认证等手续，降低服务门槛，搭建对接平台。依法为海外高层次留学人员入境、停居留和永久居留申请提供便利。鼓励留学人员以知识产权等无形资产入股方式创办企业，吸引更多学有所成的留学人员来川、回川创新创业。
贵州省	支持外国留学生在黔就业、创业。积极向国家移民管理局争取外国留学生便利出入境政策，为有关单位聘雇的外国留学生，按规定办理工作类居留许可。外国留学生依法申请注册成立企业的，可以凭相关材料申请工作许可和工作类居留许可。争取开展外国高层次人才服务"一卡通"试点，探索建立安居保障、子女入学和医疗保健服务通道。积极申报建立国家海外人才离岸创新创业基地，探索人才创新成果异地转化的运行机制和服务模式。
云南省	全面实施外国人来华工作许可制度，按照外国人来华工作许可规定，简化外国高层次人才工作许可办理程序，对外国高端人才实行"绿色通道"，放宽年龄限制，缩短审批时限，允许容缺受理，对无犯罪记录证明等材料采取承诺制。外国人依法申请注册创办企业的，可凭创办企业注册证明等材料向外专部门申请工作许可。采取"政府引导、市场调节、单位自主、契约管理、绩效激励"的方式，吸引海内外人才以灵活多样的方式提供智力支持服务。同时，聘期在1年以上的，经本人提出申请，可由用人单位向省人力资源和社会保障厅申请办理《云南省柔性引进人才聘任证书》，在我省工作生活期间，凭证享有系列优惠待遇。
青海省	实施留学人员回国创新创业启动支持计划，鼓励留学人员以知识产权等无形资产入股方式创办企业。简化留学人员学历认证等手续，降低服务门槛，依法为全国重点引才计划引进人才及由政府主管部门认定的海外高层次留学人才申请永久居留提供便利。实施有效的人才引进和扶持政策，吸引更多人才回流，投身创业创新。对登记失业的高校毕业生，自主创业后符合就业创业扶持政策规定条件的，可享受相应的创业补贴和奖励。
宁夏回族自治区	实施留学人员回国创新创业启动支持计划，留学人员可以以知识产权等无形资产入股方式创办企业，将留学回国人员纳入自治区"外语＋"复合型人才回乡创业"千百十"行动计划。

资料来源：本表中所列的政策内容主要摘录自各省、自治区、直辖市发布的《关于强化实施创新驱动发展战略进一步推进大众创业万众创新深入发展的意见》《关于支持大众创业促进就业的意见》《关于推动创新创业高质量发展打造"双创"升级版的实施意见》《关于做好当前和今后一段时期就业创业工作的实施意见》。

图书在版编目（CIP）数据

中国大学生创业报告. 2020/胡百精，毛基业主编
. --北京：中国人民大学出版社，2022.8
ISBN 978-7-300-30918-7

Ⅰ.①中… Ⅱ.①胡…②毛… Ⅲ.①大学生-创业
-研究报告-中国- 2020 Ⅳ.①G647.38

中国版本图书馆 CIP 数据核字（2022）第 149781 号

中国大学生创业报告 2020
顾　问　靳　诺　刘　伟
主　编　胡百精　毛基业
执行主编　田传锋　石明明　许艳芳
Zhongguo Daxuesheng Chuangye Baogao 2020

出版发行	中国人民大学出版社			
社　　址	北京中关村大街 31 号		邮政编码	100080
电　　话	010 - 62511242（总编室）		010 - 62511770（质管部）	
	010 - 82501766（邮购部）		010 - 62514148（门市部）	
	010 - 62515195（发行公司）		010 - 62515275（盗版举报）	
网　　址	http://www.crup.com.cn			
经　　销	新华书店			
印　　刷	唐山玺诚印务有限公司			
规　　格	185 mm×260 mm　16 开本		版　　次	2022 年 8 月第 1 版
印　　张	18.5 插页 1		印　　次	2022 年 8 月第 1 次印刷
字　　数	339 000		定　　价	59.00 元